LUCÍLIA SIQUEIRA

BENS E COSTUMES NA MANTIQUEIRA
O município de Socorro
no prelúdio da cafeicultura paulista
(1840-1895)

São Paulo / 2005

Editor: Fabio Humberg
Capa: Marina Siqueira
Projeto gráfico: João Carlos Porto
Revisão: Humberto Grenes

Dados Internacionais de Catalogação na Publicação (CIP)
(Câmara Brasileira do Livro, SP, Brasil)

Siqueira, Lucília
  Bens e costumes na Mantiqueira : o município de Socorro no prelúdio da cafeicultura paulista (1840-1895) / Lucília Siqueira. -- São Paulo : Editora CLA, 2005.

Bibliografia.

  1. Cafeicultura - São Paulo (Estado) - História - Século 19 2. Escravidão - São Paulo (Estado) - História - Século 19 3. Inventários de bens - Socorro (SP) - História - Século 19 4. Mantiqueira, Serra da 5. Socorro (SP) - História - Século 19 6. Socorro (SP) - Usos e costumes - Século 19 I. Título.

05-7973   CDD-981.61204

Índices para catálogo sistemático:
1. Socorro : São Paulo : Estado : História social : Século 19 981.61204

Todos os direitos reservados
Editora CLA Cultural Ltda.
Rua Coronel Jaime Americano 30 – salas 11/12/13
05351-060 – São Paulo – SP
Tel/fax: (11) 3766-9015   e-mail: editoracla@editoracla.com.br

Livro produzido com o apoio da

À memória de meu avô Alcindo,
que guiou meus primeiros olhares
para o passado e para a gente da zona rural.

"(...) tudo quanto é nome de homem vai aqui, tudo quanto é vida também, sobretudo se atribulada, principalmente se miserável, já que não podemos falar-lhes das vidas, por tantas serem, ao menos deixemos os nomes escritos, é essa a nossa obrigação, só para isso escrevemos, torná-los imortais, pois aí ficam, se de nós depende, Alcino, Brás, Cristóvão, Daniel, Egas, Firmino, Geraldo, Horácio, Isidro, Juvino, Luís, Marcolino, Nicanor, Onofre, Paulo, Quitério, Rufino, Sebastião, Tadeu, Ubaldo, Valério, Xavier, Zacarias, uma letra de cada um para ficarem todos representados, porventura nem todos estes nomes serão os próprios do tempo e do lugar, menos ainda da gente, mas enquanto não se acabar quem trabalhe, não se acabarão os trabalhos, e alguns destes estarão no futuro de alguns daqueles, à espera de quem vier a ter o nome e a profissão.(...)"

(José Saramago. **Memorial do Convento**)

Agradecimentos

Primeiramente, gostaria de agradecer aos funcionários do Fórum de Socorro, sobretudo a Francisco Moreno Tarifa, que, repetidas vezes, interrompeu seu trabalho para receber ou me entregar os pacotes de inventários *post mortem*.

Depois de mim, quem mais trabalhou para que esta pesquisa chegasse a se realizar foi o amigo Edson Moraes. Do início até quase o fim da tese, cuidou das coisas do computador. Em noites intermináveis, nos meados dos anos 90, fizemos e refizemos gráficos e tabelas, transferimos arquivos e inauguramos máquinas.

Minha irmã, Marina Siqueira, foi responsável pela apresentação gráfica e montou os quadros genealógicos, escolhendo a melhor cor e a melhor forma para cada informação que eu desejava fazer notar. Tio Alcindinho redesenhou o mapa do município de Socorro e fez um esquema de localização, de modo que ficasse mais agradável e eficiente para o leitor.

Agradeço a dedicação da orientadora e amiga Maria Odila, que, na última década e meia, transformou-me inteiramente. Com doçura e competência, empurrou-me para os arquivos, sempre com novas perguntas, diante dos documentos e diante da vida. Mais recentemente, releu e sugeriu novos acertos neste texto, cobrando insistentemente sua publicação.

Finalmente, sou grata às amigas que fiz na História/USP. Sem dúvida, são a melhor parte disso tudo: Ana Bergamin Neves, Ana Paula Megiani, Cláudia de Souza, Flávia Ricca Humberg, Lilian Starobinas, Luíta Brandão Kobashi e Renata Paiva. Lembro com saudade doída a amiga Cláudia Callari. Nestes muitos anos de convivência prazerosa, fraternal e instigante entre estudiosas da história, Maria Luiza Ferreira de Oliveira também esteve presente.

Publicar este livro por meio de Fabio Humberg é, especialmente, salientar o valor do bom convívio no desenvolvimento do trabalho intelectual.

Índice

Prefácio 9
Introdução 17
Apresentação do texto 31

CAPÍTULO 1
Os contornos desta sociedade 37
   A ocupação das terras 39
   Os inventários 44
   A dimensão das riquezas e das terras 48
   A escravidão 56
   A cafeicultura 62
   Os negócios 66
   Os grupos de inventariados 69

CAPÍTULO 2
Os Domingues, os tropeiros e a vida rural 77
   Os tropeiros nas montanhas de Socorro 81
   A vida rural nas lavouras, vendas e moradas 95

CAPÍTULO 3
Os Ferreira, os desmemoriados e os escravos 121
   Os desmemoriados: mentecaptos, tontos, mudos
   e caducos 126
   Os escravos: doentes, criminosos e fujões 148

CAPÍTULO 4
As Gertrudes, a religiosidade e o trabalho livre 173
   A religiosidade nos oratórios, funerais e promessas 180
   O trabalho livre dos camaradas e dos órfãos 192

Considerações finais 221
Fontes e bibliografia 229
   Documentos oficiais manuscritos 231
   Bibliografia 231
Mapas e Gráficos 241
Sobre a autora 256

Prefácio

Este livro traz uma contribuição original e inovadora para a historiografia social do Brasil, pois desvenda aspectos até agora pouco documentados da nossa história local. Intenso esforço de pesquisa foi investido pela autora para documentar a vida, os costumes, a cultura material e os movimentos no espaço dos moradores das montanhas de Socorro entre Bragança Paulista e a província de Minas Gerais. A historiadora, hábil na interpretação dos pormenores significativos de uma vasta documentação de cerca de 390 inventários, escreve com infinita paciência. Escrever com paciência significa construir significados a partir de indícios esparsos. À ampla documentação básica somou-se a consulta exaustiva de inumeráveis fontes de apoio, tais como os *Ofícios Diversos* do Arquivo do Estado e preciosos processos do Fórum de Socorro.

Este trabalho de Lucília Siqueira abarca diversos temas para os quais a autora teve que adequar métodos específicos de interpretação. A primeira parte deste livro estuda a economia e a sociedade de Socorro através de tabelas e índices da história econômica. A historiadora dividiu em grupos os montantes dos inventários, assim como as dívidas neles registradas. Engana-se quem se prepara para ler um livro de história quantitativa sobre a economia de Socorro, pois na segunda parte do livro a autora deixou de lado índices estatísticos e parâmetros globais da sociedade local como um todo, para explorar uma nova vanguarda, a historiografia do não-determinante, do singular e do fragmentado, qual seja a de uma narrativa dos destinos de homens pobres, que não foram enquadrados nem na história da pátria, como cidadãos, nem da nossa economia de exportação, como grandes fazendeiros de café. Os personagens principais de seu trabalho foram pequenos sitiantes, jornaleiros, escravos de proprietários pobres e cafeicultores de pequenos cafezais.

Trata-se de uma valiosa contribuição. A historiadora foi levada por sua documentação a passar ao largo da história das grandes propriedades. A vila de Socorro e seus arredores demoraram a entrar na economia cafeeira de exportação. A estrada de ferro chegou somente em 1909. Os investimentos no café foram pequenos, de modo que em meados da década de 1880 não passavam de pequenos cafezais misturados à agricultura de subsistência e à criação de animais de transporte.

Ao se dispor a interpretar inventários de família no período de 1840 a 1895, ao longo de quatro gerações sucessivas, mergulhou em dados fragmentados e pormenores dispersos, que muito desafiaram o fio de sua narrativa. Os seus dados abriam-se para temas tão diversos como os da estrutura e organização das famílias, dos limiares da sobrevivência no universo rural, das estratégias de viúvas e mulheres jovens para enfrentar a morte dos maridos e a ameaça representada pelas dívidas herdadas, assim como aspectos inusitados da cultura material, rústica e pobre, que necessitava ser confrontada com a de outras áreas de pequenos sitiantes para chegar a delinear as peculiaridades da dos moradores de Socorro.

Lucília Siqueira armou-se de conhecimentos novos e de ponta na historiografia contemporânea para interpretar minúcias e pistas coligidas nas diversas e múltiplas narrativas dos inventários. Ressalte-se o preparo teórico sofisticado da autora para enquadrar Socorro, no âmbito da historiografia nacional, confrontando-a com as vilas do café do Vale do Paraíba e do Oeste Paulista. A autora perseguiu diversas e variadas perspectivas de leitura, dentro e fora dos documentos, no correr dos parágrafos e nas entrelinhas, no sentido do discurso e a contrapelo, a fim de dar conta das diferenças, das histórias de vida, do drama dos muitos doentes e *desmemoriados*, do trabalho compulsório de órfãos tutelados, das relações de gênero e de conflitos na vida de cinco gerações sucessivas de Gertrudes. Foi preciso, como ocorre muitas vezes com trabalhos que exploram o desconhecido, que ela própria construísse os necessários parâmetros para estudar as sucessivas gerações de gente remediada e pobre de uma economia que se manteve periférica, apesar da lenta expansão do café em pequenas propriedades.

Neste livro, a historiadora pesquisou muito para delinear as singularidades, as diferenças e as especificidades da vida em Socorro. Ao estudar o processo lento de enriquecimento de famílias de tropeiros e dos pequenos plantadores de café, notou que, embora mais remediados, não chegavam a mudar suas casas, nem a poder substituir a sua cobertura de palha por telhas, que muito lentamente foram aparecendo nos inventários. A mesma parcimônia afetava a vida das mulheres, que continuaram a lidar com a rusticidade dos seus móveis e dos seus apetrechos domésticos. A necessidade de abandonar as lavouras de subsistência para cuidar do café mais rendoso dificultou-lhes a vida, pois nos primeiros tempos se endividaram ao comprar alimentos dos armazéns da vila.

Através das histórias das famílias, documentou as formas de ocupação das terras e finalmente a sua fragmentação com a subdivisão das heranças, culminando na formação de bairros rurais, que vieram até quase nossos dias.

Algumas das famílias estudadas tinham vindo de Bragança, de Amparo ou Atibaia para fixar-se junto à capela de Nossa Senhora do Socorro, mas a grande maioria das famílias inventariadas já ocupava as terras nas quais continuaram vivendo durante sucessivas gerações, no correr das quais permaneceram organizadas em torno dos progenitores.

Pouco se deslocavam no espaço, dado que construíam suas casas dentro das propriedades onde nasceram.

A autora documentou nesta pesquisa a vida de mulheres de diferentes condições sociais, tais como mulheres de sitiantes pobres ou de tropeiros prósperos. Em ambas as situações, trabalhavam incansavelmente para a sobrevivência do grupo familiar, muitas vezes sozinhas, com os maridos na vida ambulante de tropeiros. Muitas tinham filhos a cada dois anos, viviam muitas vezes em condições piores que a de seus pais, tinham que improvisar a sobrevivência dos filhos. Também nos conta a vida de algumas senhoras sós, donas de ranchos de tropeiros ou de pequenas vendas à beira da estrada, que enriqueceram ao longo dos anos e acabaram morando em casas bem situadas na vila, deixando pecúlio significativo nos seus testamentos.

Todos os fios narrativos explorados por Lucília Siqueira neste livro representaram desafios inovadores para a historiografia da família, do quotidiano, das relações de gênero. Os inventários propriamente ditos não permitem conclusões sobre os costumes familiares, se matrifocais ou patrifocais; para tanto seria preciso consultar outro tipo de fontes seriadas e devidamente analisadas com métodos da demografia. Entretanto, percebe-se que as filhas, quando mais remediadas, traziam os maridos para o seio de sua família, onde viviam mais protegidas. As muito pobres eram levadas para trabalhar para a família do marido, destino cruel e de desamparo, longe dos que a poderiam socorrer nos momentos de eventual violência. Às vezes ainda muito jovens, além do trabalho na roça, em meio à sua pobreza, foram ainda obrigadas a acolher e cuidar de membros doentes ou incapacitados da família do marido. Em Socorro perpetuava-se a pobreza ou dividiam-se pequenas fortunas arduamente acumuladas por tropeiros, vendedores de beira de estrada, donos de ranchos e cafeicultores. As pequenas fortunas amealhadas não chegavam a transformar a cultura material e a amenizar a árdua labuta do seu quotidiano. Vale dizer que as mulheres continuavam no duro trabalho da lavoura, cuidando dos animais e cozinhando em panelas de barro. Anna Gertrudes casou-se com um filho do seu padrasto e passou a vida na labuta ao lado de escravos, de jornaleiros, dos sitiantes vizinhos, que às vezes vinham ajudar nas tarefas familiares. Sua vida difícil e laboriosa pouco mudou até seu falecimento em 1861. *Os escravos e o café, sobretudo, parecem indicar prosperidade. Mas nada no mobiliário ou nos outros objetos da morada expunha mais requinte do que Anna Gertrudes experimentara na casa da mãe; tudo continuava restrito aos catres de cipó, um armário, bancos e caixas de madeira* (p. 180). Os domicílios seguiam o vai e vem dos ciclos de vida dos filhos e a família se estendia pelas vizinhanças da casa.

Um dos aspectos novos de seu trabalho consistiu em documentar no dia a dia-a-vida dos cafeicultores de Socorro. Após 1880, esses pequenos sitiantes, quando ampliaram seus cafezais, fizeram-no reunindo terras descontínuas, que foram comprando, de modo que passaram a ser *médios* proprietários de cafezais localizados em terrenos descontínuos.

Além disso, a autora enriqueceu sua obra com freqüentes incursões pela vida de outras localidades, como Campinas, Piracicaba, Limeira, Monte Sião, através das quais faz comparações para destacar peculiaridades de Socorro que a fazem diferir, por exemplo, das grandes propriedades do Vale do Paraíba, como a fazenda Resgate, em Bananal, que passou por sucessivas reformas arquitetônicas (p. 96). Em flagrante contraste, os cafeicultores de Socorro improvisavam pequenos terreiros em torno de suas casinhas de pau-a-pique cobertas por palha. O café não chegou em proporções tais que pudesse transformar e urbanizar rapidamente suas vidas, cobrir suas casas de telhas, revestir as fachadas de arquitetura neoclássica ou transformar-lhes os costumes austeros com novos objetos de consumo. *Nos documentos lidos não se encontram cafezais superiores a 20.000 pés antes de 1890, tampouco existem senhores demais de 15 escravos* (p.64).

Passo a passo, através de minúcias coligidas dos documentos, a historiadora documentou meandros singulares da sociedade local. *Não se deve esperar uma compreensão fácil das relações econômicas quando havia senhores enriquecendo com mulas ou café e, ao seu lado, permaneciam os casebres pobres, os forros ou fugitivos em atividades informais ou escondidas* (p. 68).

A autora explorou a lentidão das transformações que a economia cafeeira trouxe para Socorro (p.112). A economia cafeeira começou com endividamento dos próprios cafeicultores e com o empobrecimento de muitos pequenos sitiantes. Não corria moeda na economia local. O pagamento dos trabalhadores jornaleiros e depois dos colonos se fazia no armazém da cidade em espécie, sobretudo em gêneros alimentícios ou em raras roupas que ficavam na conta do cafeicultor (cf. p. 196, 202 e 216).

A autora percorreu exaustivamente a história de vida dos grupos familiares de Socorro, relacionados entre si, num círculo estreito de casamentos e prestações de serviços. Não desprezou situações inusitadas como a dos filhos de uma senhora surpreendidos com a denúncia de um escravo de que na verdade era ele o seu pai (p. 156). Incorporou na sua narrativa a sociabilidade endógama de famílias de tropeiros, acompanhando-os nos meandros do espaço além rio, aquém rio, para os lados de Minas, para os lados de Bragança, explorando o seu movimento na paisagem montanhosa de Socorro.

Descreveu a endogamia dos casamentos dentro de um processo crescente de divisão dos patrimônios e de fragmentação dos sítios entre os herdeiros. A economia de Socorro era deficitária, composta de endividados e de parcelamentos sucessivos dos poucos capitais amealhados.

Os inventários, ao passo que documentavam a vida das famílias, ocultavam do perscrutar inquisitivo da historiadora personagens fugidios ou visitas intermitentes, como a presença de órfãos, de jornaleiros, dos forros, dos andarilhos sem família e dos loucos ou *desmemoriados*. Com uma pesquisa complementar nos documentos do Fórum e nos cartórios da cidade, reuniu dados suficientes para documentar a vida dos trabalhadores que serviram as famílias e cruzaram suas histórias. Antes dos colonos estrangeiros, usavam a mão-de-obra do trabalhador nacional, homens solteiros nômades, que apareciam, trabalhavam temporariamente e iam embora dos sítios e dos documentos.

Foi preciso que desse conta de uma população de escravos que, embora relativamente pequena (não passou de 7% da população de Socorro), suscitou vários problemas de interpretação a desafiar a historiadora. Localidades como Vassouras ou Campinas, melhor pesquisadas, tinham entre 35 e 55% da população local como escravos. Amplamente lida na nova historiografia da escravidão, Lucília confrontou os mais diversos autores, os estudos sobre as mais variadas regiões e localidades de São Paulo, Rio de Janeiro, Minas, Bahia para situar o leitor perante a vida dos escravos de Socorro, ilhados por assim dizer, pois após a extinção do tráfico africano, em 1850, os preços aumentaram muito,os escravos mais jovens foram vendidos e ficaram os velhos, os doentes e um ou outro casal com filhos pequenos. *Theresa, crioula, que fora avaliada por 650$000 em 1853, agora, com 30 anos em 1865 foi avaliada por 1:400$000* (p. 61). Mesmo quando os cafezais aumentaram, não chegaram a ser aproveitados como mão-de-obra, sendo substituídos por imigrantes estrangeiros. Em Socorro os escravos eram sinais de um *status* social perdido ou eventualmente de *objetos* onerosos.

Há que ressaltar neste trabalho a novidade do estilo e a reconstrução minuciosa das narrativas de vida das famílias inventariadas, que Lucília acompanhou através de sucessivas gerações, documentando o costume dos casamentos endógamos e das sociabilidades estreitas com os vizinhos mais próximos. *As famílias que visitamos pelos inventários estavam eivadas de doentes, em todos os cantos havia os desmemoriados, os morpheticos, as mulheres acometidas de complicações pós-parto, os que abrigavam lombrigas, os recém-nascidos à beira da morte* (p. 157). A vida e o trabalho de pequenos sitiantes, de escravos, jornaleiros, de mulheres pobres, exigiram da autora táticas inovadoras para documentar uma pluralidade de sujeitos históricos. Captou-os com rara sensibilidade e arguto senso crítico, através de uma documentação difícil e ambígua, senão traiçoeira e movediça, como a dos inventários, cujas singularidades explorou para nos presentear neste livro com uma história social nova e inédita de Socorro.

Maria Odila Leite da Silva Dias
Novembro / 2005

Introdução

Socorro é uma cidadezinha que dista 135 quilômetros – a nordeste – da capital do Estado de São Paulo; é estância hidromineral desde 1945, inserida no "Circuito das Águas" que inclui Lindóia, Águas de Lindóia, Monte Alegre do Sul, Serra Negra e outras.

Conforme o censo do ano 2000, Socorro tem aproximadamente 33.000 habitantes e vem sofrendo veloz transformação nas características urbanísticas e culturais: está abarrotada de construções arquitetônicas e de jardins que remetem a tradições culturais de outras regiões, que são arremedos das cidades turísticas do sul do país, como o portal na estrada que vem de Águas de Lindóia. Não tendo conhecido processo de tombamento eficiente, o município vai perdendo seus exemplares de edificações do final do século XIX.

Em grande parte do que a caracteriza hoje, Socorro é parecida com muitas das pequenas cidades do interior paulista, até mesmo do interior de outros estados. A população – ao sabor das determinações eclesiásticas que enviam, um após outro, vigários com perfis distintos – assiste ao desaparecimento de manifestações culturais ligadas a um catolicismo mais tradicional e, ao mesmo tempo, mais popular: a procissão do Senhor Morto na Sexta-Feira Santa, as festas de São Sebastião e de outros santos, a congada e seus cantos de São Gonçalo, a procissão de São Benedito nas festas de aniversário da cidade. O que ocorre com as manifestações religiosas também pode ser visto nas demais esferas institucionais: a população vive à mercê de autoridades – policiais, jurídicas, médicas, educacionais – que vêm de outras localidades e que, assim que chegam, impõem outros rumos sobre aquilo que vinha sendo feito.

Desde a última década de 70, quando algumas indústrias, num audacioso projeto de marketing, inundaram o município com máquinas de fazer tricô, boa parte da população de baixa renda passou seus dias na confecção de roupas nessas máquinas. Todos se acostumaram ao ruído peculiar produzido pelo vaivém das agulhas mecanicamente condensadas num único *carro*, muita gente *arrematando*[1] os pedaços produzidos pela máquina, fazendo franjas, transportando as peças prontas e a lã, ou ainda vendendo essas mercadorias, que passaram a ser identificadas como o *típico* de Socorro.[2]

Pelas propriedades de sua água, pelo tricô, pela confecção de roupas de malha de algodão e pelo rio que oferece riscos aos que querem

---
[1] Os vocábulos "carro" e "arrematar" tricô fazem parte do jargão que se criou em torno dessa atividade.
[2] O tricô passou a ser identificado também como a oferta típica do artesanato de outras cidades vizinhas, como Lindóia, Águas de Lindóia, Monte Sião...

praticar "esportes de aventura" – estes dois últimos atrativos mais recentemente –, Socorro é atropelada por um fluxo turístico sem planejamento, ou seja, que depreda os recursos disponíveis e não promove enriquecimento ou distribuição de renda para a população local.

A especulação imobiliária criou uma desordenada ocupação dos subúrbios da cidade; há cerca de década e meia, esse processo se fazia em função de uma classe média emergente que buscava residir nos loteamentos mais luxuosos do município; em seguida, vieram as chácaras que, ainda hoje, são compradas pelos turistas; mais recentemente, há o surgimento das instalações de pequenas indústrias ou dos armazéns para os produtos da região. Quanto aos grupos que permanecem ligados à zona rural, fortaleceu-se economicamente nos últimos tempos aquele que se dedica aos empreendimentos turísticos, sejam as pousadas e hotéis, sejam os pesqueiros, onde o freguês paga para pescar tilápias, bagres e outras espécies, em lagos artificiais.

Na medida em que aumenta o número de turistas que chega ao município – a ponto de causar problemas no abastecimento de gêneros para a população local –, formata-se uma apresentação histórica de Socorro para atender a curiosidade dos que se vêem diante de um casario urbano peculiar e de práticas rurais desconhecidas. Assim, a história de Socorro é concentrada no período em que viveu o auge da produção cafeeira. Os elementos de seu passado estão restritos às primeiras décadas do século XX: grandes fazendas de café – em verdade, muito menores do que as do Vale do Paraíba ou do oeste paulista –, imigração italiana e edificações em estilo "eclético".

Neste sentido, a história apresentada nas páginas seguintes desconcerta a que vem sendo exposta na folheteria de divulgação; pois, ao invés dos sinais de progresso e riqueza – que também existiram na segunda metade do século XIX –, veremos aqui uma sociedade eivada de conflitos, doenças e dificuldades de sobrevivência para boa parte de sua gente, principalmente para os escravos.

Tudo que vem nascendo em Socorro ignora o que a localidade já foi, prescinde de raízes. Desde o princípio deste estudo fui tomada pelo desejo de buscar as experiências de vida dos moradores cujos antigos vestígios desaparecem de maneira assustadora nos anos recentes da história socorrense. Nas últimas duas décadas, por exemplo, tornou-se impossível distinguir entre os transeuntes quem é morador da cidade e quem vive na zona rural; todos se vestem de modo semelhante. Esse é apenas o traço mais aparente da mudança maior: todos têm o mesmo estilo de vida; seja na cidade ou no sítio, as casas dispõem de eletricidade, fogão a gás e televisão – para bem do conforto geral, diga-se.

Tornando-se freguesia em 1838, vila em 1871 e cidade em 1883, Socorro sofreu no século XIX mudanças significativas em sua administração e, igualmente, em seus limites geográficos. É grande a descontinuidade quando nos ocupamos em traçar uma linha de sua pertença às comarcas de Bragança, Campinas e Amparo,[3] bem como dos nomes de bairros que foram surgindo ao longo do tempo, ou desaparecendo.[4]

No final do século XIX, o município socorrense passou a fazer parte das regiões que se desenvolviam com a cafeicultura e começou a receber quantidade significativa de italianos e portugueses, fluxo que se estenderia até os primeiros tempos do século XX.

A cidade ganhou ramais férreos da Mogiana em 1909 e muitas outras melhorias urbanas nessa mesma década ou nas duas que lhe são mais próximas – como o telégrafo e a iluminação pública. Contou com várias associações políticas, grupos de música e de teatro e instituições recreativas até 1930, quando a crise provocada pela queda de preço do café parece ter retirado grande volume de capital do município.

A opção por estudar Socorro fez-se por nada haver de pesquisa historiográfica sobre o município e por minha história familiar – minha ascendência é socorrense pelos lados materno e paterno. A historiografia nacional, embora tenha mudado seus personagens, atentado para a gente comum, muito raramente estudou as pequenas vilas e cidades, regiões que não enriqueceram soberbamente, não se constituíram em grandes centros urbanos e tampouco em satélites dos mesmos.

Este livro nasceu da tese de doutoramento em História Social apresentada no final de 1999 à Universidade de São Paulo, orientada pela profª Maria Odila Leite da Silva Dias, intitulada **Bens e costumes na Mantiqueira. Socorro no prelúdio da cafeicultura paulista(1840-1895)**. Aqui, a intenção foi, por meio de inventários de 1840 a 1895, construir o cotidiano, os costumes[5] e as relações sócio-econômicas de indivíduos que passaram sua vida em Socorro.

Os inventários tomados emergiram de uma listagem com quase

---

[3] Há mais de uma década, quando iniciamos as leituras dos **Ofícios Diversos** nos Arquivos do Estado, já encontrávamos Socorro nas latas referentes a Bragança Paulista e a Amparo. Num documento de 1858, lata 1293, a Câmara da Villa de Bragança pede ao presidente da província que se firmem as divisas entre Amparo, Serra Negra, Bragança e outras freguesias vizinhas.

[4] Sobre as toponímias de Socorro, ver: VIEIRA, Zara Peixoto. **Estudo onomástico do Município de Socorro: reconstituição dos antropotopônimos e da memória da imigração**. São Paulo, 2000, Departamento de Letras/FFLCH/USP, dissertação de mestrado.

[5] "Costumes" foi o vocábulo escolhido desde o título porque carrega maior sentido de concretude do que outros. Afirma E.P.Thompson: *(...)o próprio termo*

600 exemplares originários do cartório de 1º ofício, que foram encontrados no arquivo morto do Fórum socorrense. Ficaram aqui trabalhados, alocados nos gráficos e análises sócio-econômicas, 380 inventários, compreendidos entre 1840 e 1895.

O limite último ficou posto em 1895 porque a partir dessa data não se verifica o crescimento constante do número de inventários ao longo dos anos. Sabido que não houve decrescimento populacional no final do século XIX e verificadas algumas informações com funcionários do Fórum, vimos que tocamos o tempo em que os documentos são utilizados para o andamento das questões patrimoniais do presente; melhor dizendo, os inventários abertos depois de 1895 são, por vezes, retirados do arquivo morto para uso do Fórum.

O livro é a tese com modificações formais, como de hábito. Dela foi retirado o último capítulo, referente à urbanização. Mas vão aqui também as alterações nascidas no dia da defesa, quando Hebe Mattos, Sheila Faria e Maria Helena P.T. Machado, com leituras cuidadosas, propuseram acréscimos que se constituíam, sobremaneira, em diálogos mais profícuos com a historiografia. Fique a elas minha gratidão pelo aperfeiçoamento que este trabalho eventualmente adquiriu desde então.

A história deste estudo inicia-se em 1988, quando visitei os primeiros arquivos socorrenses, como a Câmara Municipal, a Delegacia de Polícia, alguns acervos particulares, a Prefeitura Municipal e, finalmente, o Fórum.

Vale o relato da procura de fontes que viabilizassem a construção de uma história social daquele município. Diante das condições em que se encontram os arquivos por todo o país, visitá-los, ir aos museus das cidades vizinhas e ao Arquivo do Estado de São Paulo significou, antes de tudo, bastante espera, que acabava por não se justificar quando da resposta com o desapontamento da inexistência de documentos. Houve mesmo quem contasse que um prefeito socorrense da década de 1930, ao transferir a sede administrativa para um novo prédio, bradou *Prédio novo, vida nova!*, e pôs fora tudo que havia de *papel velho*. Outra justificativa muito usada foi a das enchentes; repetidas vezes o núcleo urba-

---

cultura, com sua invocação confortável de um consenso, pode distrair nossa atenção das contradições sociais e culturais, das fraturas e oposições existentes dentro do conjunto.(...); ainda Thompson, citando Gerald Sider: Os costumes realizam algo – não são formulações abstratas dos significados nem a busca de significados, embora possam transmitir um significado. Os costumes estão claramente associados e arraigados às realidades materiais e sociais da vida e do trabalho, embora não derivem simplesmente dessas realidades, nem as reexpressem.(...) in: THOMPSON,E.P. **Costumes em comum**. São Paulo: Companhia das Letras, 1998, p.17 e p.22, respectivamente.

no de Socorro foi tomado por mais de um metro de água, que levou ou estragou os arquivos existentes até então; esse foi o caso da Delegacia de Polícia, que nada oferecia que fosse anterior a 1970.

Na Câmara Municipal as atas eram referentes a alguns anos da década de 1870 e encontravam-se desfalcadas, pois alguns homens públicos, naquela altura da década de 1980, guardavam volumes de atas do século XIX em suas residências, para onde foram levadas por curiosidade e de onde não foram mais trazidas.

Nos museus municipais de Bragança e Amparo não há sequer referência a Socorro; nenhum dos dois municípios preserva como história – ao menos na catalogação de seus guardados – os territórios que foram perdendo com a pulverização de núcleos administrativos advinda do desenvolvimento da cafeicultura na região.

O quadro existente para os documentos antigos de Socorro é agravado na esmagadora maioria das cidades paulistas, visto que menos de 3% das mais de 600 municipalidades do Estado criaram seus arquivos, como ordena a Lei Federal nº 8.159, de 8 de janeiro de 1991. Documentos esparsos e mal armazenados redundam, invariavelmente, em documentos desaparecidos ou deteriorados; isto é, vai se tornar cada vez mais difícil construir a história do que foi São Paulo no passado.

Contudo, o Arquivo do Estado contém, sob a denominação **Ofícios Diversos** para Bragança, algumas comunicações de Socorro para o presidente da província que datam da metade do Oitocentos e podem sugerir o grau de (des)organização institucional da localidade. Nada disso – somado às informações contidas nas atas da Câmara Municipal – é precipuamente o objeto deste estudo, mas pôde colaborar no sentido de fornecer à historiadora a possibilidade de vislumbrar, além dos inventários, por onde andam homens e mulheres livres e escravos, de ter mais uma pista para compreender a vida daqueles indivíduos e tantos outros ajustes que puderam ir-se arquitetando.

Ao encontrar o arquivo do Fórum de Socorro, que possuía grande quantidade de inventários, recheados de preços, descrições de objetos, testamentos, elencos familiares, logo nos pareceu que a trilha de investigação sobre a localidade estaria alojada naquela salinha de quatro metros quadrados do Fórum, onde, atrás de muita poeira velha, escondem-se os pacotes de inventários. Os inventários foram, portanto, escolhidos como base documental mais por um fator contingencial – preservaram-se ao longo dos anos – e menos por uma eleição refletida. Historiadores estão permanentemente sob o imprevisível dos arquivos, sob a sua eficiência na preservação.

Aos poucos, estudando, dei-me conta de que para esse período não há sequer uma historiografia sobre a especificidade da área; os trabalhos têm sido feitos no sentido de configurá-la como uma região de passagem de tropas para a época da mineração, como parte da região bragantina para as relações comerciais de São Paulo com Minas Gerais do século XVII até o início do XX, como parte da região de Amparo para o tempo áureo do café.[6]

Os estudos proliferam quando se trata do período cafeeiro e da presença de imigrantes; parece que todos estão à procura das causas do desenvolvimento econômico do Estado de São Paulo. O foco recai sempre sobre os temas que possibilitam tratar daquilo que seria considerado como a "modernização" do país: fim da mão-de-obra escrava, perspectiva mais liberal da elite cafeicultora, melhorias urbanas em São Paulo e no Rio de Janeiro, criação das vias férreas, surtos de industrialização. Enfim, pouco ou nada conhecemos sobre as sociedades que se formaram entre a mineração e o café, exceção feita a alguns trabalhos que se voltam para outro grande acontecimento de caráter econômico: a produção açucareira na região de Campinas no final do século XVIII.[7]

---

[6] HOLANDA, Sérgio Buarque de. **Monções**. São Paulo: Alfa-Ômega, 1976; ZEMELLA, Mafalda P. **O abastecimento da capitania das Minas Gerais no século XVIII**. São Paulo: Hucitec/Edusp, 1990; LEITE, Beatriz Westin de Cerqueira. **Região bragantina: estudo econômico-social (1653-1836)**. Marília: Faculdade de Filosofia, Ciências e Letras, s/d; FERREIRA, Graça. **Nazaré Paulista e suas relações com a região bragantina e a grande São Paulo**. São Paulo: FFLCH/USP, 1976, dissertação de mestrado; MILLIET, Sérgio. **Roteiro do café e outros ensaios**. São Paulo: Hucitec/Instituto Nacional do Livro, 1982; MATOS, Odilon Nogueira de. **Café e ferrovias. A evolução ferroviária de São Paulo e o desenvolvimento da cultura cafeeira**. São Paulo: Alfa-Omega, 1974; MONBEIG, Pierre. **Pioneiros e fazendeiros de São Paulo**. São Paulo: Hucitec/Polis, 1984; STOLCKE, Verena. **Homens, mulheres e capital (1850-1980)**. São Paulo: Brasiliense, 1986; MELLO, Zélia Maria Cardoso de. **Metamorfoses da riqueza. São Paulo (1845-1895)**. São Paulo: Hucitec/Secretaria Municipal de Cultura, 1985; DELFIM NETTO, A. **O problema do café no Brasil**. São Paulo: IPE/USP, 1981.

[7] Há algumas obras que tratam do período de maneira menos globalizante e que ajudam a compreender o Brasil, ou mesmo São Paulo, através de informações não esquemáticas, mas que deixam aparecer certos grupos sociais e seus nexos com o todo social. Valeria lembrar: HOLANDA, Sérgio Buarque de. "A herança colonial - sua desagregração", in: **História Geral da Civilização Brasileira**. Tomo II, Livro Primeiro. São Paulo: Difel, 1985, p.9-39 – para compreender o período imediatamente anterior a este em estudo; MAIOR, Armando Souto. **Quebra-quilos: lutas sociais no outono do Império**. São Paulo/Brasília/Recife: Nacional/INL/Instituto Joaquim Nabuco de Pesquisas Sociais, 1978, Coleção Brasiliana, vol. 366 – para outras regiões do Império; MATTOSO, Kátia de Queirós. **Ser escravo no Brasil**. São Paulo: Brasiliense, 1982; MACHADO, Maria Helena P.T. **Crime e escravidão. Lavradores pobres na crise do trabalho escravo, 1830-1888**. São Paulo: Brasiliense, 1987; BEIGUELMAN,

Entre outros pontos a reparar, a historiografia que buscou desvendar a região não o fez sob o alvo da construção de uma história social, não contemplou os grupos sociais que viviam à margem do grande poder das oligarquias cafeicultoras e/ou açucareiras. A materialidade do passado foi buscada no sentido de constituir-se em uma explicação econômica – sobretudo na sua vertente da modernização –, jamais para trazer vislumbres de experiências de vida que não tenham concorrido para a riqueza do café, do açúcar, do ouro, do algodão.

A história de Socorro também é semelhante à de muitas cidades paulistas naquilo que viveram da cafeicultura. Como Socorro, várias dessas localidades cujo passado ainda não foi escrito experimentaram o auge do café e depois se recolheram, perdendo capital, população e vida citadina.

Mais recentemente, produziram-se – e publicaram-se – muitos trabalhos sobre a sociedade brasileira do século XIX. Foram estudos que se empenharam na construção do cotidiano da época, dos costumes, sobremaneira nos embates que viviam os escravos e forros. A maior parte desses textos, no entanto, ainda não trazia a população livre pobre, de pequenos proprietários – entre os quais, muitos cafeicultores – que os inventários de Socorro desvelavam. No geral, tratava-se de obras que privilegiavam os rápidos processos de urbanização por que passavam os municípios em que a cafeicultura exportadora fazia vigorosas fortunas, como São Paulo, Rio de Janeiro, Campinas, Santos.[8]

Nas últimas três décadas, numa perspectiva que procurava discu-

---

Paula. **A formação do povo no complexo cafeeiro. Aspectos políticos**. São Paulo: Pioneira, 1977; LEITE, Miriam Moreira (org.). **A condição feminina no Rio de Janeiro, século XIX**. São Paulo/Brasília: Hucitec/INL-Fundação Pró-Memória, 1984; MARCILIO, Maria Luiza. **Crescimento demográfico e evolução agrária paulista.1700-1836**. São Paulo: FFLCH/USP, 1974, tese de livre-docência; NASCIMENTO, Anna Amélia Vieira. **Dez freguesias da cidade do Salvador. Aspectos sociais e urbanos do século XIX**. Salvador: Fundação Cultural do Estado da Bahia, 1986.
[8] LANNA, Ana Lúcia Duarte. **Uma cidade na transição: Santos 1870-1913**. São Paulo: Hucitec, Santos: Prefeitura Municipal, 1996; CHALHOUB, Sidney. **Cidade febril. Cortiços e epidemias na Corte imperial**. São Paulo: Companhia das Letras, 1996; HAHNER, June E. **Pobreza e política. Os pobres urbanos no Brasil – 1870/1920**. Brasília: Edunb, 1993; PINTO, Maria Inez Machado Borges. **Cotidiano e sobrevivência. A vida do trabalhador pobre na cidade de São Paulo (1890-1914)**. São Paulo: Edusp/Fapesp, 1995; WISSENBACH, Maria Cristina Cortez. **Sonhos africanos, vivências ladinas. Escravos e forros em São Paulo (1850-1880)**. São Paulo: Hucitec/História Social-USP, 1998; FRAGA FILHO, Walter. **Mendigos, moleques e vadios na Bahia do século XIX**. São Paulo: Hucitec, Salvador: Edufba, 1996; LAPA, José Roberto do Amaral. **A cidade: os cantos e os antros. Campinas 1850-1900**. São Paulo: Edusp, 1996.

tir os pressupostos tornados convencionais da historiografia do período colonial, João Fragoso, Stuart Schwartz e Alcir Lenharo[9] – para citar os de maior penetração – apresentaram pesquisas fartamente documentadas em que o mercado interno erigia-se como um fato sólido, perturbador das análises que somente viam "sentido" na colonização que se fazia em função do mercado de exportação. Dessa maneira, continuavam a trilha aberta por Caio Prado Jr. e, ainda, por Maria Odila Leite da Silva Dias, em "A Interiorização da Metrópole (1808-1853)", rejeitando buscar no Brasil a semelhança com o liberalismo europeu, com a independência dos Estados Unidos e, principalmente, os mitos do surgimento de uma consciência nacional que implodira o jugo colonial.

Hebe Mattos e alguns outros – como Sheila Faria e Valter Martins, que neste estudo são mais citados [10] – têm buscado tratar, seja no período colonial ou monárquico, das gentes que não pertenciam à elite senhorial, mas que, tampouco, encontravam-se no grupo dos escravos. Assim, vêm surgindo estudos que tratam dos homens livres pobres, libertos, não mais como um apêndice ou alguns números de uma sociedade em que o centro estava em outro território, mas como sujeitos portadores de costumes, patrimônios, relações complexas de dependência e de igualdade com o universo escravista; em muitos casos produtores imbricados no mercado que não se destinava à exportação. Tais autores merecem relevo porque trazem a gente mais semelhante àquela que vivia em Socorro na segunda metade do Oitocentos.

Lembremos que aqui a intenção não era apenas mostrar a conformação de um mercado interno no mundo paulista do século XIX e, de certo modo, chegamos mesmo a um ponto que não se esperava no início da pesquisa. Aos poucos, este trabalho, que registrou cada troca de mercadoria, cada assentamento nas vendas de estrada ou nos grandes armazéns, permitiu ver uma realidade até então estranha: pequenos lavradores que produziam para o mercado externo, gente que, com poucos milhares de cafeeiros, acabava por ter seu excedente fora das fronteiras

---

[9] **Homens de grossa aventura: acumulação e hierarquia na praça mercantil do Rio de Janeiro (1790-1830)**. Rio de Janeiro: Civilização Brasileira, 1998; **Segredos internos. Engenhos e escravos na sociedade colonial.** São Paulo: Companhia das Letras, 1988; **As tropas da moderação**. São Paulo: Símbolo, 1979; respectivamente.

[10] Respectivamente: **Ao sul da história. Lavradores pobres na crise do trabalho escravo**. São Paulo: Brasiliense, 1987 e **Das cores do silêncio. Os significados da liberdade no Sudeste escravista, Brasil Século XIX**. Rio de Janeiro: Nova Fronteira, 1998; **A Colônia em movimento: fortuna e família no cotidiano colonial**. Rio de Janeiro: Nova Fronteira, 1998; **Nem senhores, nem escravos. Os pequenos agricultores em Campinas(1800-1850)**. Campinas: Unicamp, 1996.

nacionais.

Busquei estudar Socorro antes do grande volume de produção na cafeicultura, do telégrafo, da chegada da Mogiana, da iluminação pública. O contato foi com uma sociedade fluida, voltada para a produção de gêneros de primeira necessidade e de café, fragilmente definida sob o aspecto político-institucional, onde os papéis sociais estavam por ser desvendados.

Fugir da periodização tradicional – 1870: crise da cafeicultura do Vale do Paraíba e entrada da mesma na economia paulista – e correr na direção do que se passou antes do café não implica uma opção pelas coisas que permanecem; ao contrário, tencionei captar mudanças mais fortes, porque mais próximas da vida cotidiana dos indivíduos. Haver rejeitado as grandes transformações do final do século XIX não implicou a busca de um período das permanências, significou apenas uma periodização que privilegia descontinuidades de outra natureza, não aquelas engendradas pelo fluxo de capital ou por medidas administrativas. O movimento do tempo e das transformações para os homens aqui estudados não se faz, exclusivamente, à mercê de estímulos econômicos exógenos. Certamente, a escolha recaiu sobre uma história que não era a do centro de poder e que possibilitou mostrar novos personagens.

Rompi com a periodização oficial porque a política imperial nada tocava a experiência cotidiana da gente socorrense, e também com a periodização que buscava calcar os motores do café para o andamento da economia nacional.

Beatriz Westin Cerqueira Leite pretendeu estudar a Bragantina como região secundária, anterior ao café, e tomá-la na direção da capital.[11] Aqui, não se pretende ver Socorro como parte de uma região ou época secundária – o que supõe hierarquização a partir da cafeicultura – e, ainda, busca-se olhar mais para o interior da província, para aquilo que não prenunciava ou contribuía para a megalópole do século XX.

A bibliografia que possibilita introduzir-se no campo desta pesquisa baseada em inventários está povoada de estudos sobre a família, pois, ainda que se recorte a população estudada em grupos específicos de interesse, é fato incontestável que as pessoas chegam até o historiador, por meio do inventário, agrupadas em família. Embora o objeto de estudo se concretize em grupos sociais distintos, a interpretação desses grupos sempre tangencia a organização familiar. Desta forma, são imprescindíveis os trabalhos dos historiadores que, sobretudo na década de 80,

---

[11] Op.cit., p.160.

investigaram as famílias brasileiras: Eni de Mesquita Samara,[12] Flávia Arlanch Martins de Oliveira,[13] Angela Mendes de Almeida,[14] Ronaldo Vainfas[15] e tantos outros[16]. De toda maneira, como afirmou P. Greven, a história de famílias é uma das formas de se chegar à história das experiências religiosas e a outras histórias, como a política, por exemplo.[17]

No manuseio dos inventários socorrenses não há uma intenção demográfica porque não pretendia construir um modelo de família para aquela localidade, tampouco aproximar aquelas famílias de um dos modelos já existentes – patriarcal, nuclear etc.–; preocupava-me descrever a maneira de viver daquela gente, com quem e como moravam.

Neste caso, a família é uma marca do documento e da realidade em que viviam os sujeitos estudados. Para a gente que vivia em Socorro, fosse na zona urbana ou no sítio, o contato com o mundo fazia-se pela vivência na família. A experiência em família é determinante de muitos aspectos da vida dos indivíduos; a família inunda suas vidas muito mais que o trabalho, o consumo, a vida religiosa – no sentido institucional –; todas as práticas aqui descritas – trabalhar, manifestar-se religiosamente, comprar ... – são vividas em família, ou por meio desta.

A história do cotidiano, seja ela das práticas ou das representações, deve ser crítica, deve cuidar para não enveredar pela compilação de um amontoado de atitudes íntimas do passado, escorregando na sedução do exótico.

---

[12] **A família na sociedade paulista do século XIX**. São Paulo: FFLCH/USP, 1980, tese de doutoramento; **A constituição da família na população livre (São Paulo no século XIX)**. Águas de São Pedro: ABEP, 1984; "Estratégias matrimoniais no Brasil do Século XIX", in: **Revista Brasileira de História**. São Paulo, vol. 15, set/fev 1988, p. 91-105; etc.

[13] "Famílias proprietárias e estratégias de poder local no século passado", in: **Revista Brasileira de História**. São Paulo: ANPUH/Marco Zero, vol. 9, no. 17, set 1988/fev 1989, p.65-85. Esse estudo, que se concentra no município de Jaú, transformar-se-ia em doutoramento defendido na FFLCH/USP.

[14] **Pensando a família no Brasil**. Rio de Janeiro: Espaço e Tempo/UFRJ, 1987; onde se reúnem textos expressivos das reflexões que se faziam naquele momento.

[15] **História e sexualidade no Brasil**. Rio de Janeiro: Graal, 1986; onde os artigos reunidos não objetivam precipuamente discutir a família, mas acabam por fazê-lo. Basta lembrar "Casamento e ilegitimidade no cotidiano da justiça", um estudo de Celeste Zenha sobre como, e por que, se davam os casamentos em Capivary/RJ, no século XIX.

[16] Ver SAMARA, Eni de Mesquita."A história da família no Brasil", in: **Revista Brasileira de História**. São Paulo: ANPUH/Marco Zero, vol. 9, no. 17, set 1988/fev 1989, p.7-35.

[17] GREVEN JR, Philip J. **Four generations: population, land and family in colonial Andover, Massachusetts**. Ithaca: Cornell University, 1974, p.275-277 e 280.

Certas obras, quando não incorrem no anedótico, fazendo partículas gravitarem em torno de um nada, resvalam na sedução de tomar como ponto de partida informações explicativas já existentes na historiografia; para o século XIX paulista são informações de cunho infra-estrutural – "processo de industrialização", "valorização do café", "novas exigências do capitalismo" – ou originárias da construção de uma história das mentalidades européia em seu período de modernização, o que faz usar para a família brasileira, por exemplo, conceitos como *autovigilância*.[18] Precisamos não descurar do perigo de, na vontade de interrogar o passado de maneira inovadora, fazê-lo apenas pela rama, mantendo como horizonte subliminar o que está dado por pesquisadores que não buscavam as particularidades, ou as buscavam em período e localidade específicos.

Para esse manejo com os inventários, valeu a interpretação, interrogar esses documentos oficiais de distintas maneiras, fazê-los tomar múltiplas feições e adentrá-los em diversas direções. Nesta pesquisa, procurei a compreeensão de clivagens marcadas pelos diferentes grupos sociais encontrados: deficientes ou doentes mentais, mulheres livres, escravos, moradores da zona rural, moradores do núcleo urbano, comerciantes e trabalhadores livres.

Investigar uma região não estudada deixou-me à vontade diante dos documentos; não havia sequer como intuir o que ocorreria com os bens e indivíduos presentes nos inventários do final do século XIX em Socorro.

Para a pesquisadora, mulher da cidade, quando é (d)escrita uma localidade, a imagem que se constrói é a de imensidão que se une ao desconhecido; entretanto, para o depoente de século e meio atrás, que está diante do escrivão, trata-se do trivial. Paradoxalmente, em outras situações descritivas da documentação, pode-se apreender pouco, imaginar de modo restrito, quando sempre haverá a vastidão da vida humana em suas multiplicidades de pensamento, imaginação, sentimento, vida religiosa, moralidade.

A expectativa foi a de alcançar, de fato, romper com o esquadrinhamento que muito se procurou fazer com a vida social, construindo para o leitor os conflitos que permeavam as experiências cotidianas dos indivíduos que viviam em Socorro no século XIX. Segundo Arlette Farge, desta construção sai um texto rugoso,[19] apropriado ao uso de certo fio narrativo.

---

[18] D'INCAO, Maria Angela (org.). **Amor e Família no Brasil**. São Paulo: Contexto, 1989, p.70.
[19] FARGE, Arlette. **La vie fragile. Violence, pouvoirs et solidarities à Paris au XVIIIe siècle**. Paris: Hachette, 1986, p.12.

Apresentação do texto

O texto que segue requer leitura lenta. São muitas vidas apresentadas, muitas informações sobre os diferentes patrimônios e jeitos de viver que, às vezes, aparecem fragmentadas, colhidas em diferentes documentos e, aos poucos, adquirem sentido.

O primeiro capítulo procura desvendar o início do povoamento da região, situando-a na história da província paulista. Depois, o capítulo apresenta um perfil sócio-econômico da população socorrense, montado a partir dos inventários, em que há um dimensionamento da riqueza dos socorrenses, da sua cafeicultura e da presença dos escravos nos patrimônios.

Essa é a parte mais "quantitativa" do estudo, que exigiu outras habilidades operacionais e conceituais. Com a construção do quadro econômico socorrense na segunda metade do Oitocentos, pretendo não apenas colaborar para a reescrita da história paulista no tempo da cafeicultura, mas, sobremaneira, dar contornos para a história social que é o fim deste estudo.

Os Capítulos 2, 3, e 4 têm, cada um, como fio narrativo, a história de uma família. Foram escolhidas as famílias que apresentaram maior número de gerações inventariadas e que favoreciam o tratamento dos temas propostos.

Simultaneamente, houve o movimento inverso: famílias cujos inventários estavam recheados de personagens e histórias interessantes fizeram emergir seus próprios temas. Os Domingues tinham grande número de tropeiros e moravam quase todos na zona rural; assim, suscitaram o tratamento da gente tropeira e dos sitiantes. Os Xavier Ferreira, por sua vez, traziam muitas histórias de escravos e vários *desmemoriados* nos inventários da família, o que levou a um capítulo especialmente dedicado a esses dois grupos. E, por último, os inventários da família das Gertrudes apresentaram muitos casos envolvendo trabalhadores livres e costumes religiosos, que acabaram se tornando os temas do último capítulo.

Para cada capítulo há um quadro, nas páginas finais do livro, contendo o esquema genealógico da família em questão, o que possibilita ao leitor localizar qualquer pessoa daquele grupo familiar, saber se teve os bens inventariados, se era um *desmemoriado*, qual a sua geração, qual a dimensão de sua riqueza e se morava no núcleo urbano ou na zona rural.

Também para ajudar no acompanhamento das sucessivas gerações, vem sublinhado o nome de pessoa pertencente ao grupo familiar analisado no capítulo. Assim, temos três observações sobre os modos de grafar os personagens da história socorrense:

- sublinhado: designa o aparecimento de uma pessoa pertencente ao grupo familiar central do capítulo, inventariada ou não. Seu nome pode ser encontrado no quadro genealógico respectivo;
- acompanhado de ano entre parênteses: designa, sempre, uma pessoa inventariada. O ano exposto é o da abertura do inventário que, nem sempre, coincide com o ano do falecimento. Por exemplo: Antonio Bento de Oliveira (1887), falecido em 1886;
- não sublinhado: trata-se de pessoa, inventariada ou não, cuja história permite incrementar a discussão do tema em questão. Por exemplo, o sapateiro José Mendes Cruz (1855), falecido em 1855 e com inventário aberto no mesmo ano, é citado nos três capítulos finais, embora não seja membro de nenhuma das famílias analisadas nesses capítulos. A vida do sapateiro, no entanto, ajuda-nos a entender como eram criados os animais em ambiente urbano, como eram comprados os muares das tropas socorrenses e, ainda, como se caracterizava o grupo dos trabalhadores livres de Socorro.

Ter o ano de abertura do inventário entre parênteses permite ao leitor conhecer o documento de onde foram retiradas as informações que lhe são apresentadas. Sem ver o texto coberto de referências, pode-se saber qual foi a fonte utilizada, já que todos os inventários têm a mesma origem: o Fórum socorrense, onde não se encontram catalogados.

Além dos inventários – designados pelo ano de abertura após o nome do inventariado –, há outros tipos de fonte que foram utilizadas nesta pesquisa. Há as fontes que pertencem ao acervo do Arquivo do Estado de São Paulo, sob a rubrica **Ofícios Diversos**, e serão citadas no texto devidamente acompanhadas das latas em que se encontram no dito arquivo, sob a rubrica AE. Existem as atas da Câmara Municipal de Socorro, todas retiradas do **Livro Primeiro de Atas** que, no tempo em que foi consultado, estava na sede da Prefeitura Municipal. Há, ainda, referência a trechos do primeiro **Livro do Tombo da Capella de Nossa Senhora do Soccorro** – depois, tornada matriz –, que, na altura em que foi lido, encontrava-se no arquivo particular do professor Alcindo de Oliveira Santos, residente em Socorro, falecido em 1994. E, finalmente, há uma grande quantidade de documentos que aqui são utilizados e que foram encontrados na Biblioteca do Fórum de Socorro, onde estavam amontoados sem classificação ou catalogação; pertencem a esse conjunto da Biblioteca do Fórum todos os documentos que, nas páginas que seguem, não trazem sua origem registrada; é o caso dos contratos de órfão e de serviço, bem como das licenças de casamento.

A transcrição dos excertos de documentos está feita com a grafia do escrivão – sem *sic* –, a fim de mostrar a concretude do que foi notado, tornar mais expressivo o emaranhado dos discursos. A propósito, como já se viu até este ponto, todo discurso estranho ao desta pesquisadora está grafado em itálico, seja o das fontes "primárias", seja o das fontes "secundárias".

O segundo capítulo, paralelamente à história dos Domingues, tratando dos tropeiros, possibilita ver como viviam os que, de maneira acanhada, tinham relações com outras localidades, para além do centro urbano.

Se havia os tropeiros que muito viajavam, havia os socorrenses que ficavam no sítio, mais isolados, plantando para dar de comer à família ou para vender aos vizinhos, mas que viram o incremento por que passou o meio rural nas últimas décadas do Oitocentos. Nesse capítulo entendemos como viviam os que habitavam a zona rural, como se configuravam os sítios, suas plantações e criações, as moradas e as benfeitorias.

No centro do terceiro capítulo, a família Xavier Ferreira trouxe juntos os escravos e os *desmemoriados*. Vivendo próximos no cotidiano dos Ferreira, os escravos e os doentes e deficientes mentais estavam muito distantes no lugar que ocupavam na estrutura econômica da sociedade socorrense. No chão dessa hierarquia social, os negros cativos resistiram ao que lhes era imposto pela escravidão.

Desde os primeiros inventários lidos, notei a recorrência dos deficientes mentais, das crianças *tontas, surdas-mudas, mentecaptas*, que apareciam em duplas ou em trios, no mínimo, em meio a uma dezena de irmãos. Tornaram-se um dos temas desta pesquisa, visto que as prestações de contas dos tutores permitem acompanhar a vida de cada um desses órfãos por períodos superiores a uma década.

Conforme mostra o primeiro capítulo, Socorro apresentou uma escravidão peculiar, que aos poucos vem sendo desvelada pela historiografia: a dos senhores pobres. Escravo e *desmemoriado*, se tão distantes numa análise material/econômica, são próximos na concretude do dia-a-dia, sem poder ir e vir, à mercê das determinações do senhor e tutor. O Capítulo 3, além de caracterizar essa escravidão, traz os escravos não mais como bens dos senhores, mas como sujeitos que buscaram agir, mesmo na sua condição – o que os faz muito diferentes dos *desmemoriados*.

Nem todos os socorrenses podiam comprar nas lojas e armazéns da freguesia; mas mesmo os mais pobres entre as famílias dos inventariados chegavam a adquirir os tecidos e miudezas necessários para o funeral do falecido. Com tantos dados sobre esses ritos, associados a outros tantos esparsos na documentação – como os testamentos –, foi possível estabelecer a vida religiosa como tema do Capítulo 4.

Juntamente com a vida religiosa, os trabalhadores livres são tema do quarto capítulo, na zona rural e na zona urbana. É onde aparecem os primeiros imigrantes, ligados ao comércio e a ofícios como sapateiro e carpinteiro. É também a vez dos forros e dos órfãos pobres, contratados para prestação de serviços em moradas alheias.

Nesse capítulo, conduzindo-nos pelos costumes religiosos e pela vida dos trabalhadores livres, está a família das Gertrudes, em que cada uma de quatro gerações de mulheres apresenta pelo menos uma Gertrudes.

Principiando no Bairro do Pico Agudo, no sudoeste, no Capítulo 2, cruzando o rio e passando às Lavras, no nordeste do município, no terceiro capítulo e, finalmente, invadindo o Bairro do Jabuticabal, no lado noroeste de Socorro, no quarto capítulo, temos percorridos todos os cantos do município. O núcleo urbano é retratado em todos os capítulos, já que, de uma forma ou de outra, fosse pelo comércio ou pela religiosidade, quase todos os socorrenses acabavam por estabelecer relações com a freguesia. O leitor notará, ainda, que a parte sudeste, onde estão o Moquém, o Camanducaia, os Rubins e a Lagoa, será a mais contemplada no restante dos casos mostrados, daqueles outros indivíduos que, permanentemente, permearam a história da família central de cada capítulo.

CAPÍTULO 1
Os contornos desta sociedade

A ocupação das terras

A mobilidade do paulista nos três séculos de colonização é notada por Sérgio Buarque de Holanda – que a estudou descrevendo-a nas menores trilhas e nos traços mais gerais[1] – e reiterada por Antonio Cândido[2]. Logo no início de **Monções** afirma Sérgio Buarque de Holanda acerca dos primeiros tempos da capitania de Martim Afonso:

> (...) Sua vocação estaria no caminho, que convida ao movimento; não na grande propriedade rural, que cria indivíduos sedentários (...) [3]

Sem valor comercial, a terra, desocupada ou não, dispensava registros. A confusão acentuou-se após a suspensão da doação de sesmarias em 1822. Depois dessa data, o primeiro ensaio de regulamentação foi a Lei de Terras de 1850. De qualquer maneira, sabemos que, tanto na legislação das sesmarias como na Lei de Terras, o que garantia a posse da terra era sua ocupação econômica.[4]

Recentemente, a ampliação dos estudos acerca do litoral nordestino nos primeiros séculos de colonização – a busca por vê-lo mais dinâmico, além dos limites dos engenhos ou dos enfrentamentos políticos locais – tem permitido encontrar os paulistas na relação com as demais capitanias, nos conflitos com a metrópole e com os jesuítas.[5]

Procurando descrições que pudessem auxiliar na compreensão do surgimento de Socorro, pouco encontrei que contemplasse aquelas primeiras décadas do século XIX, tampouco aquelas fronteiras com Minas Gerais; em geral, esse foi um período pouco considerado pelos estudiosos, preocupados com a colonização inicial e, posteriormente, com a cafeicultura.

---

[1] Ver: "São Paulo" in: **História Geral da Civilização Brasileira**. Tomo II, vol 2. São Paulo: Difel, 1985, p.415-472; **Caminhos e Fronteiras**. Rio de Janeiro: José Olympio, 1975; **Monções**. São Paulo: Alfa-Omega, 1976.
[2] **Os parceiros do Rio Bonito. Estudo sobre o caipira paulista e a transformação dos seus meios de vida**. São Paulo: Duas Cidades, 1987.
[3] Na edição citada na nota 6 da Introdução, à página 24.
[4] OLIVEIRA, Flávia Arlanch Martins de. "Famílias Proprietárias e Estratégias de Poder Local no Século Passado" in: **Revista Brasileira de História**. São Paulo, v.9, nº17, set.88/fev.89, p. 65-85. MATTOSO, Kátia Maria de Queirós. op.cit., p. 528: (...) *Apesar de a Lei de Terras de 1850 não reconhecer que o desbravamento ou a simples posse gerassem direitos definitivos, essas – e não a compra, como determinava a lei – foram as formas mais comuns de formação das propriedades rurais no Brasil.(...)*.
[5] Ver, por exemplo, o sexto capítulo de **O Trato dos Viventes**, de Luiz Felipe de Alencastro e os citados por esse autor, como John Monteiro e muitos outros.

Existem algumas informações sobre o passado de Socorro cuja origem não pude localizar: em folhetos oficiais, elaborados pela Prefeitura Municipal ou pela Secretaria de Esportes e Turismo do Estado, destinados à divulgação para turismo, consta que o início de povoamento de

> (...)uma pequena faixa de terra ao lado do belo e atrativo Rio do Peixe(...) deu-se por (...) tropeiros cansados que se destinavam à região de Bragança.[6]

O século XVIII é apontado para o início dessa ocupação e as pistas de sua investigação estão no estudo das atividades econômicas da região bragantina e do comércio que existe no período entre São Paulo e as Minas Gerais.[7]

Há, ainda, os que se voltaram para o povoamento no sentido do Vale do Paraíba, como Lucila Hermann,[8] ou os estudos que, passando rente a Socorro, investigaram a ocupação do nordeste paulista, rumando na direção das minas que foram descobertas em Goiás na terceira década do Setecentos.[9]

Como apontara Caio Prado Jr. em **Formação do Brasil Contemporâneo**, São Paulo colonial era uma *zona de passagem*, fosse para Minas Gerais, para Goiás, para as zonas de criação do Sul, enfim, um entreposto do litoral para o interior, sobretudo quando se tratava das proximidades do planalto.

De todo modo, nenhuma dessas trilhas cortou a região de Socorro; a que passou mais perto foi a de Goiás – alguns quilômetros, ou *léguas*, a oeste –, para a qual a região nordeste paulista configurou-se nos pequenos povoados e ranchos de abastecimento para quem viajava.

Alheia à existência como pouso de tropas, a data de fundação do município de Socorro está posta em agosto de 1829, quando da inauguração de sua pia batismal, e seu herói fundador é o Capitão Roque de Oliveira Dorta, nascido em Bragança.

Não era somente a mim que interessava conhecer o que ocorrera

---

[6] Folheto da Prefeitura Municipal de Socorro, da década de 1970: **Vale a pena conhecer Socorro**. Estância Hidromineral.
[7] LEITE, Beatriz Westin de Cerqueira.op.cit.; ZEMELLA, Mafalda. op.cit.; HOLANDA, Sérgio Buarque de. **Caminhos e Fronteiras**. Talvez esta trilha passe pelo estudo da produção açucareira em Campinas, como em PETRONE, I. **A lavoura canavieira em São Paulo. Expansão e declínio (1765-1851)**. São Paulo: Difel, 1968.
[8] HERMANN, Lucila. **Evolução da estrutura social de Guaratinguetá num período de 300 anos**. São Paulo: IPE, 1986.
[9] BRIOSCHI, Lucila Reis. **Criando história: paulistas e mineiros no nordeste de São Paulo (1725-1835)**. São Paulo: FFLCH/USP, 1995, tese de doutorado.

em torno do início dos serviços religiosos em Socorro. Durante os últimos encontros com o conjunto da documentação do Fórum de Socorro, veio até meus olhos um documento de 1886: **Autuação de uma portaria para diligencias concernentes a restauração do patrimonio da Matris desta Cidade**,[10] elaborada pelo *Juizo Provedor de Capellas da Cidade do Soccorro*.

Diz o juiz da Igreja que, nos anos entre 1820 e 1830, Pedro da Silva e *um tal Vicente*, moradores de Bragança, doaram alguns terrenos para Nossa Senhora do Perpétuo Socorro, para que se fizesse uma capela sob a invocação da santa, começando uma povoação.

Passados tantos anos – em 1886, já estavam a mais de sessenta anos daquele fato –, foi preciso regularizar uma situação que fugira ao controle da Igreja; o documento trata de recuperar as condições sob as quais os bragantinos fizeram a referida doação, ou seja, quanto cada pioneiro que desejasse instalar-se *no Soccorro* deveria pagar para a Capela de Nossa Senhora e, ainda, onde o dinheiro arrecadado fora aplicado.

No mesmo ano de 1886, várias *pessoas antigas* da cidade foram chamadas para depor, como Coronel Germano Pereira de Toledo, nascido em Bragança, que estava viúvo, com 73 anos. Em geral, os depoentes diziam ter nascido em Bragança ou Atibaia, mudado para Socorro nos anos de 1830 a 1840 e, conforme era necessário naquele tempo em que chegaram, compraram seus terrenos do Capitão Roque, primeiro administrador da capela.

Por último, compareceu Ignacio Alves de Oliveira, senhor de 73 anos, casado, natural de *Nazareth*, que disse viver em Socorro desde 1821, conhecer esse lugar

> (...) *nas duas phases porque tem passado: a primeira como sertão, e a segunda desde quando se fez a Capella de N.Senhora do Soccorro, onde hoje está erecta a Matris.*

Temos então que pelo menos desde o início dos anos 20 do século XIX havia gente que morava nessa localidade, cujos terrenos pertenciam a dois homens de Bragança Paulista: Pedro da Silva e Vicente Correa de Moraes. Estes doaram suas propriedades a Nossa Senhora do Perpé-

---

[10] Este documento estava entre uma centena de outros que, além de estarem sem catalogação, encontravam-se fora do arquivo morto do Fórum, em uma pequena sala de sua biblioteca. Doravante, todos os documentos encontrados nessa situação serão dispensados da indicação de sua origem. Os demais virão acompanhados da devida referência: Arquivo do Estado, Livro de Atas da Câmara etc.

tuo Socorro, a fim de que nelas se construísse uma capela para formar um núcleo urbano.

O encarregado de erguer a capela e administrá-la foi o Capitão Roque de Oliveira Dorta, que vendia os terrenos da Igreja àqueles que ali desejassem construir; depois disso, o comprador ia ao local de sua futura casa com um arruador, que demarcava o terreno e autorizava a edificação. Claro está que, com o correr do tempo, muita gente começou a chegar, a ir morando, sem que nada lhes fosse cobrado.

Por outro lado, o primeiro livro de registros da capela abre em junho de 1829,[11] atendendo a uma petição do Capitão Roque e de outros moradores do *Bairro do Rio do Peixe* que, já tendo construído sua capela, queriam vê-la em funcionamento, também com pia batismal.

Para isso, começa o livro com a autorização do bispado de São Paulo para o envio do Padre José Jacinto Pereira a Socorro, com o objetivo de

> (...) *vizitar a Capella, Imagens, e Paramentos, e estando tudo suficientemente decente, benzer a ditta Capella e juntamente o Adro competente.*(...)

Assim, em 9 de agosto de 1829, relatou José Jacinto Pereira:

> (...) *depois de feita aminha vizita, e benta a ditta Capella pelas faculdades a mim concedidas* (...) *levantouse a Pia baptismal na mesma Capella, tudo com a decencia devida, na forma determinada.*(...)

Depois, o próximo registro no livro já é de 1832 e, como os seus seguintes, narra visitas de clérigos a Socorro.

Como se vê, a capela existia antes de 9 de agosto de 1829, data em que foi inaugurada.

Da mesma forma, vê-se que muita gente vivia em Socorro antes mesmo que o lugar recebesse esse nome, antes de começarem a construir ali uma capela, quando ainda era *sertão*, como afirmou o senhor Ignacio em 1886.

Assim, refazendo-se a história da fundação de Socorro, pode-se ver além da versão oficial, em que o único personagem da trama é o fundador, Capitão Roque de Oliveira Dorta, criador da capela.

Tocamos o começo do núcleo urbano socorrense, mas ainda pou-

---

[11] **Primeiro Livro do Tombo da Capela de Nossa Senhora do Socorro.**

co podemos assegurar acerca da ocupação das terras, da formação dos sítios. Certo retrato aproximado da paisagem dos primeiros vinte anos do Oitocentos deixam-nos Spix e Martius:

> (...)Na proximidade da pobre Vila de São João de Atibaia (...) Afora uns miseráveis ranchos, habitados por mamelucos e outra gente de cor, não se encontra vestígio do homem nestas terras solitárias.(...)

> (...)A fronteira [de São Paulo com Minas Gerais] é formada em todo este lado por altas montanhas na maior parte cobertas de selvas fechadas, por onde passam, na direção de Minas, somente poucos caminhos secundários, impraticáveis durante grande parte do ano.(...) Somente poucas miseráveis cabanas, habitadas em geral por mulatos, encontramos nestes ermos sombrios e, além de um pouco de leite e feijão preto, não se podia contar com mais alimento algum.[12]

A região descrita pelos viajantes é justamente aquela de Socorro, pois se encontravam a poucos quilômetros do lugar de interesse desta pesquisa; hoje, a paisagem natural é outra, as *selvas* foram destruídas com o alargamento da cafeicultura. A proximidade de Socorro é notada na entrada da capitania vizinha:

> (...) a primeira povoação de Minas Gerais, o arraial de Camanducaia(...)[13]

> Após dois curtos dias de viagem, a partir de Atibaia, chegamos à fronteira da Capitania de São Paulo, na qual está estabelecido ao pé da serra um Registro(...)[14].

Juntando os fragmentos de que dispomos para vislumbrar Socorro nas primeiras décadas do século XIX – antes de 1840, data de abertura do primeiro inventário de nossa listagem – colhemos as informações apresentadas em 1835 pelo marechal Müller. Segundo seu quadro esta-

---

[12] SPIX, Johann Baptist von e MARTIUS, Carl Friedrich Philipp von. **Viagem pelo Brasil: 1817-1820**, trad Lúcia Furquim Lahmeyer. Belo Horizonte/São Paulo: Itatiaia/Edusp, 1981, p. 176 e 178.
[13] Socorro confina com Camanducaia e com Monte Sião, dois municípios mineiros. Com o primeiro teve disputas territoriais que se estenderam até o século XX.
[14] SPIX,J.B.von e MARTIUS,C.F.P. von. op.cit., p. 177. Segundo MATOS, Raimundo José da Cunha (**Corografia Histórica da Província de Minas Gerais (1837)**. Belo Horizonte: Itatiaia, São Paulo: Edusp, 1981. vol 2, p. 79), os registros fiscais do comércio de Minas Gerais com São Paulo são Mantiqueira, Jaguary, Toledo e Caldas do Ouro Fino.

tístico, Socorro está a nove léguas de Bragança, é seu segundo distrito, com 15 quarteirões, quando Amparo tem apenas 10; Socorro dista de Bragança o mesmo que esta de São Carlos. Mogi Mirim, Ouro Fino, Cabo Verde, São Carlos e Bragança são áreas contíguas.[15]

Para 1837, a **Corografia Histórica da Província de Minas Gerais**, de Raimundo José da Cunha Matos, traz elementos para dimensionar a vizinhança: Serra Negra, nos dois distritos, tem 217 fogos e 1.313 almas;[16] Camanducaia, do Bispado de São Paulo, tem 25 fogos no arraial e 201 em todo o distrito, com 1.075 almas; Rio do Peixe e Capela de Cambuí – pequeno distrito de Camanducaia – têm 134 fogos e 794 almas; Ouro Fino, sujeito ao Bispado de São Paulo, tem em todo o distrito 322 fogos e 1.511 almas; Campanha do Toledo, pertencente a Ouro Fino, tem 189 fogos e 1.321 almas.[17]

Nessa **Corografia** não há nenhuma informação sobre as localidades que, próximas a Socorro, pertenciam ao Bispado de São Paulo; o autor pedira ao bispo que lhe cedesse as datas de fundação e alguns dados financeiros acerca dessas paróquias e estes não lhe chegaram às mãos.[18]

No **Mapa Geral dos abitantes que existem na Capella d N.S. do Soccorro do Rio do Peixe no anno de 1832,**[19] enviado pelo *curato* Roque de Oliveira Dorta – o *herói fundador* acima mencionado –, Socorro apresentava 1.822 habitantes, dos quais 1.639 eram livres e 183 eram escravos.

Os inventários

A base documental deste estudo está no arquivo morto do Fórum de Socorro; do conjunto de 600 inventários, teríamos um total de 397 produzidos entre 1840 e 1895, dos quais retiramos 17 que não ofereciam condições sequer para a inclusão dos dados mínimos nas planilhas. Os excluídos são casos em que o inventário foi aberto, mas encerrado imediatamente, pois o inventariado não dispunha do *monte* mínimo necessário

---

[15] MÜLLER, Marechal Daniel Pedro. **Ensaio d'um Quadro Estatistico da Provincia de São Paulo. Ordenado pelas Leis Provinciaes de 11 de Abril de 1836 e 10 de Março de 1837.** São Paulo: O Estado de S.Paulo, 1923, reedição literal.
[16] vol 2, p. 135.
[17] Idem, p. 146.
[18] Ibidem, p. 177.
[19] Entre os **Maços de População** microfilmados do Arquivo do Estado – AE. Após essa data, Socorro volta a surgir nas contagens de habitantes apenas nos censos de 1872 e 1890.

para tal; são aqueles documentos que, sem causa justificada, foram abandonados, sem chegar à descrição dos bens. Embora não se prestem à abordagem sócio-econômica deste capítulo primeiro, alguns dos 17 inventários aqui desprezados são fontes de valiosas informações para os costumes e a vida material doméstica da gente socorrense.

Os documentos iniciados até 1890 são mais interessantes, porque menos enxutos, mais descritivos, prestando-se mais às outras abordagens, que vêm após a montagem do quadro sócio-econômico.

Dado que o Fórum de Socorro não dispõe de uma listagem geral de seu acervo documental concernente ao século XIX, tampouco de uma sistemática de catalogação e classificação desses documentos, os inventários serão, doravante, citados pelo nome do inventariado e o ano de sua abertura, sem apresentarem, portanto, sua localização precisa no arquivo morto do Fórum, isto é, o pacote, a lata ou a caixa em que poderiam ser encontrados. Todas as vezes em que o ano de falecimento do inventariado não coincidir com a abertura do inventário, explicitarei a discrepância, apresentando as duas datas.

Levando-se em conta a natureza e a qualidade das informações contidas nos inventários – o que dependia, inclusive, da aplicação do escrivão em exercício –, bem como o número de documentos distribuídos ao longo dos 56 anos, podemos afirmar que para o período em torno de 1870, e para a década de 1870, principalmente, dispomos de maior volume de dados, ou ainda, do período mais profícuo para a construção dessa história fundada nos inventários. Compensando a interrupção dos anos de 1874/1875 – em que há pouquíssimos inventários à disposição –, temos o máximo de abertura de inventários no ano de 1879, com 20 exemplares.

A origem dos inventariados, ou melhor, sua naturalidade, estava, até 1870, na seguinte ordem: o maior número dos inventariados viera de Bragança, em seguida, estavam os nascidos em Socorro e, em terceiro lugar, os vindos de Atibaia. Além dessas localidades, havia alguns de Serra Negra, Jaguary, Ouro Fino e Santa Catarina.

Nos últimos 25 anos – de 1871 a 1895 – invertem-se as primeiras posições. Há mais nascidos em Socorro e, em segundo lugar, vêm os de Bragança. Permanece, portanto, a marca bragantina entre os socorrenses.

Contudo, passados os últimos anos da década de 1870, nem sempre são apontadas as origens dos inventariados; os documentos, ou aqueles que os fazem, parecem cada vez mais apressados.

Conforme veremos adiante, nos próximos capítulos, Socorro era um pólo de atração, sobretudo para a gente da região, na primeira metade do século XIX. À época, a região vivia da expansão de sua fronteira agrícola e, como testemunharam os depoentes que em 1886 tentavam reconstituir o início do povoado, nas primeiras décadas do século as pessoas iam chegando às terras desocupadas e arranjando suas moradas. Com a virada para a segunda metade do XIX, principalmente depois da década de 1870, os inventários mostram que duas, às vezes três, gerações de gente nascida em Socorro já residiam nos sítios ou na vila.

Nos últimos trinta anos do século quem não parava de chegar eram os estrangeiros, que começam a se mostrar em todos os documentos, sejam inventários, processos-crime ou contratos de órfão. Ainda assim, no censo de 1872 os estrangeiros livres constituíam apenas 0,5% da população em Socorro, enquanto na Província já eram quase 3%.[20]

No conjunto dos inventários analisados, temos uma presença quase eqüitativa de homens e mulheres. Contamos perto de 45% de inventariadas – com a quantia de 169 documentos – e pouco mais de 50% de inventários de homens, com 193 exemplares. Os 18 restantes – menos de 5% – referem-se a inventários conjuntos, com mais de um inventariado; em todos os casos verificados, são inventários de casais falecidos havia mais de um ano.

Para a residência dos inventariados, separando os documentos entre rurais e urbanos, temos 88% das famílias residindo na zona rural e apenas 12% no núcleo urbano.

Para se proceder ao estudo das condições materiais em que viviam os indivíduos que moravam em Socorro de 1840 a 1895, foi necessário arranjar os dados disponíveis, ou seja, dispô-los de maneira apropriada. Para refletir sobre a estrutura econômica e suas relações com a vida social, tornava-se imprescindível enxergar os sulcos dessa sociedade, de que maneira os grupos estavam divididos em função daquilo que possuíam, de seu poder econômico. Sendo assim, os inventariados foram apartados em cinco grupos, de acordo com o *monte* de seu inventário:

Grupo 1: até 1:000$000 (um conto de réis)

Grupo 2: 1:001$000 a 3:000$000 (três contos de réis)

Grupo 3: 3:001$000 a 6:000$000 (seis contos de réis)

---

[20] Para as informações do recenseamento geral do Império de 1872 aqui apresentadas foram utilizados os dados da pesquisa "Medindo a crise do Império: os recenseamentos gerais de 1872 e de 1890", desenvolvida no Cebrap pelos pesquisadores Pedro Puntoni e Miriam Dolhnikoff; com exceção daquelas informações retiradas das obras historiográficas, devidamente citadas.

Grupo 4: 6:001$000 a 10:000$000 (dez contos de réis)

Grupo 5: acima de 10:000$000.

Descrevendo os cinco grupos, o que faço é apenas tirar as arestas, mostrando que as grandes variações devem-se mais aos soluços de uma história pessoal e menos a uma marcha de um modo de vida "típico" daqueles que estão sendo descritos. Desenhando os grupos, marco, sobremaneira, as fronteiras de um para outro.

Separar riquezas sem levar em conta os anos que passam por elas pode criar distorções. Mas o mínimo desvelo consegue fazer o pesquisador discernir entre um senhor que tem uma dezena de escravos em 1845, por suposição, e outro que tenha a mesma quantidade de cativos num período posterior a 1850. Certamente o primeiro estará em grupo mais pobre que o segundo; a valorização pela qual passaram os escravos após a interrupção do tráfico faz com que as somas dos inventários dos senhores cresçam substancialmente. Voltando a nossos hipotéticos senhores, o primeiro não pertence à mesma faixa que o segundo porque morreu antes; tivesse vivido mais alguns anos e sua riqueza alcançaria os valores dos mais abastados.

As associações de inventários conforme seu patrimônio iniciam a diferenciação das famílias, começam a mostrar em que medida se distanciava a vida material do comerciante urbano daquela levada pelo pequeno plantador de roças, cujo milho não ia além dos próprios porcos. Mas a compreensão das divisões sociais não se esgota no valor total dos bens dos inventários; alguns casais mostrarão como podem ser falsas as sistematizações. Quando do estudo da transmissão de patrimônio ao longo das gerações, vemos viúvas e viúvos cujos montantes não expressam a dimensão da riqueza que se via no inventário do primeiro cônjuge falecido. Há comerciantes urbanos, ou grandes proprietários de terra que, se estudados pelo inventário de suas esposas, mostram-se travestidos de gente modesta.

Para a pesquisa, os cinco grupos de riqueza servem, sobremaneira, como facilitadores na manipulação de tantos dados. Traçam algumas linhas de separação; cabe à historiadora afrouxar ou apertar a linha, para deixar passar ou prender alguém que, apesar de um determinado montante, deva ser conduzido a outro pela vida que levava.

A dimensão das riquezas e das terras

Trabalhar com números não significa fazer a parte mais precisa desta história; os dados numéricos, nos documentos, sofreram aproximações e alterações para facilidade do percurso burocrático. Várias vezes os dotes de irmãos, com distâncias superiores a dez anos entre si, tinham seus valores forjados de modo a se igualarem e se constituírem num apêndice que não estorvasse os cálculos referentes à partilha.[21]

A debilidade e a ausência da administração pública, sobretudo na zona rural, tornavam a omissão de alguns bens um trajeto seguro para a fuga dos impostos, sobretudo daqueles que seriam pagos imediatamente após o encerramento da partilha.

Fazer esta história sócio-econômica tem como objetivo, também, exercitar várias formas de construção da história. Pode-se juntar experiências cotidianas, modos de viver e costumes, mas nem por isso escapar às explicações maiores, aos contornos mais estruturais, às redes das linhas das tabelas, às formas mais sólidas de opressão, como a distribuição da terra, o cativeiro etc.

Desde o começo, o que movia o interesse na direção dos valores e quantidades não era a captação da variação da moeda ao longo do tempo – a conhecida inflação do final do século XIX –,[22] mas o que correspondia, na concretude dos bens, a ter um conto de réis em 1850 ou tê-lo em 1890. Para a historiadora, menos importa a diferença de valores e mais a diferença na maneira de viver que se expressa nessas cifras.

Mesmo cinqüenta anos depois do início do período em estudo, com valores monetários talvez muito distintos, permanece a idéia primordial: ainda se trata de cinco grupos formados a partir do total de suas riquezas; continuamos lidando com os mais pobres, os menos pobres, os

---

[21] Ao tentar estudar a balança comercial, Katia M. de Queirós Mattoso – in: **Bahia, século XIX** – deparou-se com valores falsos, inferiores aos de mercado, um artifício para pagar menos impostos ou taxas. Doravante, essa obra da autora surgirá indicada apenas como "op.cit.", visto ser a mais relevante para este estudo; as demais publicações da autora serão enunciadas.
[22] HAHNER, June. **Pobreza e Política. Os pobres urbanos no Brasil – 1870/1920**. Brasília: Edunb, 1993, p. 45: *O déficit orçamentário e a emissão de papel-moeda durante a Guerra do Paraguai (1865-1870) contribuíram para a inflação e a diminuição do poder aquisitivo. Ao final da década de 1870, a situação começou a melhorar.(...)*. Na segunda metade do século XIX sobe muito o preço dos gêneros alimentícios, tema apresentado por diversas obras historiográficas sobre o período. Essa alta é lembrada, inclusive, em: MACHADO, Maria Helena P.T. **Crime e Escravidão. Lavradores pobres na crise do trabalho escravo. 1830-1888**. São Paulo: Brasiliense, 1987, p. 95.

mais ricos..., em cinco camadas dessa sociedade.

Escolástica Maria de Jesus (1840), que morrera em 1838, era nascida em Atibaia e casada com Gordiano Correa Barbosa, nascido em Bragança. O casal, com seus cinco filhos, dos quais três *tontos*, vivia na fronteira com as terras mineiras.

No inventário de Escolástica, não há menção a negócios ou qualquer excedente que pudesse ser vendido. O mesmo ocorre com o de Gordiano (1848), em que há muitas dívidas a receber, mas nenhum vestígio do que fora o elemento negociado.

Depois da morte de Escolástica, Gordiano casou-se com Francisca Maria de Lima, com quem teve dois filhos que não sobreviveram à primeira infância. Dez anos passados, Francisca ficou viúva e casou-se com Aleixo de Souza Siqueira, homem vindo de fora, e foi morar na *Capella do Espirito Santo da Freguezia de Mojy Guassu*.

Da vida dessas quatro pessoas apreendemos muito pouco. Tudo escapa, foge de Socorro e do acesso do pesquisador, porque muda muito de lugar, de jeito e de parceiro. Mesmo percebendo-o credor de muitos, não chegamos a saber o que vendia Gordiano.

Buscando desenhar os contornos gerais, somos desconhecidos das pessoas, permanecemos fora das moradas; depois, nos capítulos seguintes, perguntaremos quem está em casa e, tendo entrado, saberemos como vive.

A participação de cada grupo de riqueza na quantidade de inventários é, em certa medida, regular, pois temos os grupos 1, 3 e 5 com uma participação em torno de 20% dos inventários e apenas os grupos 2 e 4 com partes mais diferentes no conjunto da documentação, tendo o primeiro 32% e o outro apenas 9% de todos os inventários.

Tomada a distribuição dos grupos no conjunto da riqueza dos inventários, expõe-se, de maneira clara, a distribuição desigual da riqueza em Socorro. Se 21% dos inventariados pertencem ao grupo 1, apenas 2% de toda a riqueza contida nos documentos cabe a eles. Com diferença ainda maior, temos o grupo 2 com 32% dos falecidos em estudo e com 9% da riqueza. No outro extremo, o grupo 5 é formado por 20% dos inventários, cuja soma dos patrimônios atinge 66% da riqueza total.[23]

---
[23] Lembre-se:
Grupo 1: até 1:000$000 (um conto de réis)
Grupo 2: 1:001$000 a 3:000$000 (três contos de réis)
Grupo 3: 3:001$000 a 6:000$000 (seis contos de réis)
Grupo 4: 6:001$000 a 10:000$000 (dez contos de réis)
Grupo 5: acima de 10:000$000 (dez contos de réis)

Para melhor junção dos dados acima com os que virão, ainda neste capítulo, veja-se, na página 245, a tabela 1, expondo os inventários segundo o tempo e a estrutura social, onde notamos como cada grupo comportou-se ao longo do período.

Temos, nessa tabela, que o lugar de maior grupo, aquele que congrega o maior número de inventários, foi mantido pelo grupo 2 durante quase todo o período em estudo. Há mais inventários de outro grupo nos anos que vão de 1861 a 1875, quando o grupo mais pobre, o grupo 1, chega a ter, no máximo, três exemplares de inventários a mais que o grupo 2. Assim, vê-se que, durante os 56 anos estudados, mais da metade dos inventariados cuja vida foi analisada tinha patrimônios inferiores a três contos de réis.

Os demais grupos, de riqueza superior a três contos de réis, crescem em participação no conjunto da quantidade de inventários a partir do último qüinqüênio, ou seja, contaram, para tanto, com o início do desenvolvimento da cafeicultura que se fazia havia duas ou três décadas e, certamente, com a valorização de suas terras.

A riqueza total contida nos inventários, a somatória dos montantes de todos os 380 inventários, ultrapassa a quantia de 2.000 contos de réis, precisamente 2.521:423$000. A riqueza total entre os inventários atinge as maiores cifras nos períodos de 1876 a 1880, 350 contos, e de 1891 a 1895, somando 716 contos de réis; valores que, no entanto, devem ser nuançados pela inflação.

Para conhecermos ainda mais as cercas do campo em que estamos, seguem os maiores montantes de inventários ao longo dos 56 anos:

- Jacinto Fermino Peruche   (1849)   26:467$000;
- Luis de Souza Pinto   (1869)   40:000$000;
- Fructuoso Pereira de Araújo (1871) 50:382$000;
- Anna Maria de Jesus   (1873)   83:848$000;
- Joaquim Xavier Ferreira   (1895) 112:734$000.

Noutra tabela, a de *Flutuações Cambiais do Real*, de Westphalen, Bach & Krohn, apresentada por Kátia de Queirós Mattoso,[24] a moeda nacional variou, em relação à moeda inglesa, de 1840 a 1889, no máximo em 82%, índice que aponta os valores nos biênios 1868/1869 e 1885/1886. De maneira geral, há certa estabilidade, em que a moeda nacional varia,

---

[24] **Ser escravo no Brasil**. São Paulo: Brasiliense, 1982, p. 254.

no máximo, em até 25%.

Segundo Flávio Saes,

A política monetária e creditícia do início da República brasileira, associada ao comportamento desfavorável dos fluxos internacionais de capitais, precipitou a desvalorização da moeda brasileira desde o começo dos anos noventa.(...)[25]

Adiante, o autor afirma que a dita crise cambial, até a metade dos anos 90, favorecia os cafeicultores, que muito arrecadavam em moeda brasileira através das exportações, mas era perversa para as empresas ferroviárias, que dependiam de importações para sobreviver.[26] Assim, os preços do café caíam externamente, mas eram compensados pela desvalorização da moeda.[27]

A situação modificou-se em 1895, ano de nosso último inventário, quando

(...)também o preço em moeda nacional começou a declinar fazendo com que o acréscimo das tarifas – de transporte ferroviário – se tornasse excessivamente oneroso.(...)[28]

No período todo, entre 1840 e 1895, a riqueza compôs-se da seguinte maneira entre os inventários estudados: para o gráfico 1 (na página 246), o item "outros" refere-se a partes dos bens do inventariado que não são sua morada, nem suas terras, animais, ou tampouco seus escravos e dívidas, mas são bens de expressão, descritos pelo escrivão com os imóveis, geralmente benfeitorias junto às moradas, como engenho, prensa de mandioca, alambique..., ou ainda mercadorias e objetos de seu negócio; mas, de maneira mais freqüente, na planilha geral, "outros" constitui-se de milho – plantado ou colhido, cuja quantidade não se pode precisar, somente seu valor – e de dinheiro que a família do inventariado possuía em casa ao tempo de sua morte.

Igualmente, "resto" ou "restante" designa os bens móveis de menor valor – cuja quantidade nem sempre pode ser expressada – que

---

[25] "Estradas de ferro e diversificação da atividade econômica na expansão cafeeira em São Paulo, 1870-1900" in: SZMRECSÁNYI, Tamás e LAPA, José Roberto do Amaral (org). **História Econômica da Independência e do Império**. Coletânea de textos apresentados no I Congresso Brasileiro de História Econômica (Campus da USP, setembro de 1993). São Paulo: Hucitec: Fapesp: Associação Brasileira de Pesquisadores em História Econômica, 1996, p. 183.
[26] *(...) combustíveis, lubrificantes, material rodante, equipamentos etc. (...)*. Idem.
[27] Ibidem, p. 183-184.
[28] Ibidem, p. 184.

são primeiramente elencados num inventário: mobiliário, objetos de uso doméstico, objetos de trabalho, arreios, armas de fogo, livros etc. Aquilo que nesta etapa chama-se "restante" será o centro das análises em próximas abordagens, nos capítulos seguintes.

Onde quase 60% da riqueza constitui-se de terras e escravos, existe, certamente, um predomínio de unidades de produção sobre eventuais unidades de consumo,[29] se é que poderíamos encontrar qualquer modo de vida em Socorro que se permitisse conceituar como "unidade de consumo".

No gráfico 2 (página 246), vemos de que maneira a composição da riqueza transformou-se durante o período estudado.

Os elementos que pouco transformaram sua participação junto à riqueza durante os 56 anos são as moradas e os animais, que permaneceram em torno dos 10%, pouco variando para cima ou para baixo desse índice. Nesse mundo onde ainda não chegou a ferrovia, os animais – sobretudo os de montaria e transporte, que se constituíam na porção mais valiosa das criações – seguiam, sempre, carregando seu quinhão de importância junto aos patrimônios; com tais estradas e montanhas, os animais eram indispensáveis.

Por outro lado, os escravos e o café são os que tiveram maiores variações – refletindo o que se deu em nível nacional –, com os maiores investimentos de capital destinados a esses elementos em meados do século XIX, em tempos não muito próximos.

Se no gráfico 1 (página 246) as terras constituíam-se na maior parte da riqueza geral – 39% –, vemos no gráfico 2 que nem sempre ocuparam a primeira posição entre os bens dos inventários; entre os qüinqüênios 1846/1850 e 1866/1870 a terra perdeu para os escravos, não porque estes tivessem aumentado em quantidade junto aos patrimônios socorrenses, mas porque seu valor cresceu em todo o mercado nacional. Como ocorreu em outras áreas do Brasil, os escravos de um senhor socorrense, ainda que poucos, eram mais valiosos que seus imóveis.

Neste sentido, o alto preço do cativo tornou-o, depois de iniciada

---

[29] No mesmo sentido, ver NAZZARI, Muriel. "Dotes paulistas: composição e transformações (1600-1870)" in: **Revista Brasileira de História**. São Paulo: ANPUH/Marco Zero, vol.9, no. 17, set1988/fev1989, p. 87-100. Recentemente essa pesquisa foi publicada, em livro, pela Companhia das Letras, sob o título **O Desaparecimento do Dote. Mulheres, famílias e mudança social em São Paulo, Brasil, 1600-1900**. Ver Capítulo 4, p. 190, sobre as reflexões de P.Laslett acerca da família anterior à industrialização, como unidade de parentesco e de trabalho.

a década de 1870, quase inacessível para os proprietários de Socorro, de riqueza bastante diminuta se comparada às de regiões onde o café já prosperava havia algumas décadas, como as fazendas do Vale do Paraíba, por exemplo. Mesmo assim, até nas regiões mais prósperas já se documentou a concentração da propriedade escrava nos decênios anteriores à Abolição.

As histórias das famílias nos próximos capítulos exibirão o quadro da escravidão socorrense nos últimos 25 anos do período analisado: ficam os escravos menos valiosos, velhos e doentios, desligados dos cafezais. Daí a discrepância dos traços para escravos e para terras no gráfico 2: enquanto aqueles decrescem, embora tenham seu preço aumentado no mercado, estas tendem a valorizar-se porque são, diretamente, a possibilidade de viabilização da cafeicultura.

Quando vemos os socorrenses em nosso estudo, estão assentados em suas terras, tendo morrido em suas casas. Trabalhamos menos com um processo de ocupação – que, de fato, já se iniciara e não terminaria até a entrada do século XX – e mais com famílias em uma situação determinada, de pouca ou muita estabilidade, à mercê de como, e quando, a morte os atingira.

Em Socorro, quando temos nos documentos as medidas apontadas no arrolamento dos imóveis, vemos que eram poucas as propriedades superiores a 100 alqueires depois de 1870, pois então algumas gerações já dividiram heranças entre muitos, causando um esfacelamento dos grandes sítios.[30]

É preciso matizar a diferença entre cuidar de pequenas ou de grandes propriedades em Socorro, visto que não se pode produzir muito sem capital, tecnologia e mão-de-obra em boa quantidade. Melhor dizendo, apoiada no quadro que Hebe Mattos encontrou em Capivary no mesmo período: as diferenças entre os produtores agrícolas devem-se, principalmente, ao número de braços de que dispõem para lavrar a terra e, ainda, à dimensão de sua exploração agrícola; de nada vale ter imensas terras e não poder cultivá-las.[31]

A fragmentação sucessiva dos patrimônios acentuou-se a partir de 1880, quando os proprietários passaram a apresentar cafezais em vários pontos do mesmo bairro ou de bairros diferentes. É ainda a herança que nos faculta ver, nos inventários, o grau de valorização das terras que,

---
[30] Outros estudos também notam a fragmentação das terras como decorrência das sucessivas transmissões de patrimônio. MATTOSO, K.M.de Q. op.cit., p. 138 e CASTRO, Hebe Mattos de. **Ao sul da história**, p.133 são alguns deles.
[31] **Ao sul da história**. São Paulo: Brasiliense, 1987, p. 48.

sendo de uma mesma família, foram avaliadas em datas distintas.

As terras tendiam a aumentar de preço à medida que o café penetrava nos morros da divisa com Minas Gerais.[32] Entretanto, um terreno destinado ao plantio do café jamais atingiu o valor dos gramados e pastos, que eram as partes mais valiosas de todas as propriedades rurais, desde a primeira metade do século até seu final. Eis, então, mais um ponto a que os inventários socorrenses deram saliência: a valorização das porções dos sítios que viabilizavam a criação para montaria e transporte.

Afora os gramados destinados às pastagens e os cafezais, poucas vezes os inventários registram quais eram as lavouras existentes. Outros autores apresentaram a região próxima a Socorro no seu aspecto agrícola, como o marechal Müller:

> (...) *Bragança, Atibaia, e Nazareth são, por assim dizer, os celleiros da Capital, cultivão o feijão, milho, e arroz, e crião Porcos.*[33]

Mais adiante, afirmou que naquelas povoações havia também aguardente, algodão em rama e farinha de milho.[34]

Caio Prado Jr., em **Formação do Brasil Contemporâneo**, mostra como se desenvolveu a lavoura nas regiões – como as vizinhas a Socorro – que viam passar os muares:

> *Outras áreas particulares em que a agricultura de subsistência encontra condições propícias é ao longo das grandes vias de comunicação, freqüentadas pelas numerosas tropas de bestas, que fazem todo o transporte por terra na colônia, (...) é preciso abastecer estas tropas durante a sua viagem, alimentar os condutores e os animais. Não se julgue que este trânsito é pequeno (...).*[35]

Em seu texto para a **História Geral da Civilização Brasileira**, Sérgio Buarque de Holanda distingue transformações em São Paulo desde o início do século XIX:

> *(...)pode dizer-se que a Capitania de São Paulo constitui, agora, uma espécie de zona intermediária, (...) a gran-*

---

[32] Como há tempos mostrou-nos José de Souza Martins em **O cativeiro da terra**. São Paulo: LECH-Livraria Editora Ciências Humanas, 1981: a terra também valorizava na medida em que passava a ocupar o lugar do escravo como investimento de capital. Ver, principalmente, p. 23-34.
[33] Op.cit., p. 25.
[34] Idem, p. 126.
[35] São Paulo: Brasiliense, 1965, 8ª edição, p. 157.

de lavoura começa a ocupar espaço crescente na vida econômica de uma região dedicada até pouco antes ao pastoreio, além das simples culturas de subsistência.[36]

Como uma região de passagem de tropas e de criadores de porcos, Socorro abrigou muitos plantadores de milho. O consumo de milho por esses animais é relatado em todos os estudos sobre as tropas nos séculos passados[37] e pode ser visto nos inventários analisados, onde os suínos eram sempre acompanhados de paiol, com milho colhido, ou de alguns alqueires de milho plantado. Era o primeiro produto em incidência depois do café, embora só passasse a adquirir valor no final da década de 60, quando alguns passaram a produzi-lo em quantidade suficiente para comercialização.

Em nenhuma das famílias que tinham em torno de 1.000 pés de café e que, provavelmente, vendiam-no para vizinhos ou localidades próximas, a cafeicultura foi a única atividade produtiva; muitos anos se passariam até que, na virada do século, viessem as fazendas monocultoras.[38]

O fumo, produção baiana para exportação no século XIX,[39] e também de algumas regiões mineiras,[40] cresceu intensamente nas lavouras socorrenses no século XX. No período em análise, contudo, encontra-se em maior volume nas terras de Luis de Sousa Pinto (1869), o homem mais rico de Socorro na época, que, como os outros grandes plantadores, também cultivava o milho e o algodão.[41]

O algodão é cultura que somente aparece nas famílias de bom desempenho na lavoura; surge em 1852[42] e jamais como plantação única ou volumosa.[43] Também não há menção alguma à venda desse produto para outra região – Bragança, Campinas ou Santos. O último inventário em que há sinal de algodão é o de Francisco de Lima César (1887), homem

---

[36] "São Paulo", p. 431.
[37] Além das obras mais recentes, viajantes – como Saint-Hilaire – relatam as bestas consumindo milho; ver **Segunda viagem do Rio de Janeiro a Minas Gerais e a São Paulo (1822)**. Belo Horizonte: Itatiaia, São Paulo: Edusp, 1974.
[38] LEITE,B.W.C. op.cit., p. 140 e 144. A autora mostra que a região bragantina é farta em fazendas mistas, que juntam o milho, o feijão, a pecuária.
[39] MELLO, Evaldo Cabral de. **O norte agrário e o império (1871-1889)**. Rio de Janeiro: Nova Fronteira, Brasília: INL, 1984, p. 23.
[40] Em seu estudo sobre a região bragantina, à página 184, B.W.C.Leite diz que os paulistas importavam de Minas Gerais o fumo que consumiam.
[41] O algodão atingiu 400$000 no patrimônio de Luís de Souza Pinto.
[42] No inventário de Dorotéa Paes Cardosa (1852).
[43] Em CANABRAVA, A.P. **O desenvolvimento da cultura do algodão na Província de São Paulo (1861-75)**. São Paulo: Ed. do Autor, 1951, vê-se que a Guerra de Secessão chegou a provocar o desenvolvimento da cultura algodoeira entre alguns grupos de médios e pequenos proprietários rurais no Brasil.

solteiro que morreu em seu sítio, onde vivia com outros irmãos casados, nas terras herdadas do pai; na realidade, não há no documento indício do plantio de algodão, mas havia entre os objetos uma máquina de beneficiar algodão.

Também a alta incidência de *rodas de fiar* entre os objetos domésticos dos diferentes grupos de riqueza faz crer que os socorrenses, de algum modo, compravam algodão em rama de outra região. Menos provável parece ser o ocultamento, na descrição e avaliação dos imóveis, de tantas ou tamanhas plantações de algodão, que justificassem a máquina de beneficiar acima e as inúmeras rodas de madeira.

Os inventários pouco informam sobre as lavouras existentes nos sítios. Em quase todos os documentos são apresentados os cafezais e as *terras de cultura*, sem explicitação do que venham a ser os seus produtos. Às vezes, podemos saber que havia laranjeiras e mamoeiros entre os pés de café, que havia algumas bananeiras em torno da casa.

Fabianno José Penteado (1861), morto em 1861, deixava 1.200 pés de café entremeados por laranjeiras e, próximo a sua casa, pouco abaixo do terreno, *hum terreno que cerve de horta*.

Theodora Maria de Jesus (1866) morreu deixando quatro filhos casados, 14 escravos e Fidelis, seu filho solteiro, que ficou cuidando do negócio que mantinham no Bairro das Lavras de Cima. É em seu sítio que vemos as primeiras plantações de arroz – que serão poucas ao longo de todo o período –, acompanhadas de um tanto de algodão, milho e 2.800 pés de café.

Da mesma maneira que a horta de Fabianno José Penteado, os pomares sempre foram descritos como parte da morada ou de lavoura mais valiosa, sem avaliação específica e sem explicitação de seu conteúdo. Nas terras do Capitão Joaquim da Rocha Campos (1885) – falecido em 1885, inventário terminado em 1892 – o pomar era juntado a um cafezal, àquele que ficava logo acima da morada, que tinha 2.000 pés.

Quanto ao número de inventários em que aparecem, depois do café e do milho, as lavouras incidem na seguinte ordem: algodão, feijão e fumo.

A escravidão

Intentamos aqui neste capítulo, sobretudo, dimensionar a escravidão em Socorro, revelar quem possuía escravos e com que finalidade os empregava como mão-de-obra.[44]

---

[44] Demais aspectos da experiência escrava são abordados no Capítulo 3.

Os inventários devem ser valorizados como fonte para o estudo da escravidão, pois, como afirmou R. Conrad:

> (...)*Antes de 1872, no Brasil, não havia qualquer necessidade de registrar os escravos e os proprietários não tinham recibos para os escravos importados ilegalmente.(...)*[45]

Nas linhas do gráfico 2 (página 246), apesar de se constituírem na maior porção da riqueza no período entre os qüinqüênios 1846/1850 e 1866/1870, os escravos caem na participação junto à riqueza total a partir do começo da década de 1860, quando termina seu período de maior expressão, iniciado com as especulações que antecederam a extinção do tráfico. Em Socorro, o movimento da representação dos escravos junto aos bens repetia o ocorrido em outras localidades brasileiras quando a linha, entrados os anos 50, aponta para cima; todavia, quando, a partir dos anos 1861-1865, a linha dos escravos no gráfico 2 começa a declinar constantemente, Socorro está percorrendo um caminho distinto daquele trilhado por outras localidades também adentradas pelo café, para onde continuavam afluindo levas de negros escravizados.

O valor do escravo em relação aos demais bens diminuiu nas províncias do norte ao longo do tempo; entretanto, nas regiões produtoras de café essa supremacia do valor do escravo permaneceu até a década de 1880. Ao longo da segunda metade do século XIX, o aumento do valor do escravo restringiu o acesso ao cativo e houve crescente concentração da propriedade escrava. Justamente por ser tão caro, o escravo tendia a desaparecer dos patrimônios socorrenses.

Em Socorro, os anos depois da década de 1870 foram marcados pelo desenvolvimento de uma cafeicultura que já não se assentava sobre a mão-de-obra escrava. Restaram entre poucos senhores apenas cativos mais velhos e doentes, comumente escravas idosas ligadas ao serviço doméstico. Quando havia escravos jovens, qualificados para algum ofício e sadios – casos raros nos últimos anos de escravidão em Socorro, onde eram poucas as fortunas mais vultosas –, tendiam a constituir-se na maior parte do patrimônio em que estavam inseridos.

Os 19% representados pelos escravos no gráfico 1 (página 246) – como média de sua expressão junto à riqueza de todos os inventários – pouco refletem a realidade anterior a 1875, conforme pode ser visto no gráfico 2. Até essa data, os cativos sempre representaram mais de 20% da riqueza.

---

[45] CONRAD, Robert. **Os últimos anos da escravatura no Brasil: 1850-1888**. Rio de Janeiro: Civilização Brasileira, 1978, p. 55.

Da mesma forma, a média trazida pelo gráfico 2 é contestada pelos gráficos seguintes, que expressam a riqueza tal como se apresenta para cada uma das camadas sociais criadas para análise. Se lembrarmos que apenas 130 inventários contêm escravos, ou seja, menos da metade das famílias estudadas eram senhoras de escravos, teremos que a expressão dos escravos em cada uma delas e o valor que estes alcançaram devem ser vistos como maiores do que os gráficos pretendem mostrar. Ainda assim, há que se dar relevo ao fato de que, num conjunto de patrimônios tão modestos, é expressivo o número daqueles que contêm escravos.

O primeiro inventariado a possuir escravos foi o alferes José Pires de Oliveira, morto em 1844. Mas a primeira vez que os cativos superaram a metade do patrimônio de uma família ocorreu em 1852, no inventário de Maria Angélica Vaz de Lima, casada pela segunda vez, cujo montante é de 2:800$000, mas com dívidas que passam de 2:100$000.

Estudando a Bahia, Kátia de Queirós Mattoso afirma que, ao longo do século XIX, a participação das terras nas fortunas dos proprietários rurais diminuiu – sobretudo a partir de 1850 – e a participação dos escravos aumentou, pois estes tiveram seus preços aumentados.[46] Para Socorro, o gráfico 2 reitera o crescimento da participação dos escravos, mas contradiz o declínio das terras que, a partir dos anos 1846/1850, têm lento e permanente crescimento junto à riqueza total dos inventários, variando de pouco menos de 20% a 40%.

Com a interrupção do tráfico negreiro, a escravidão não ficou ameaçada imediatamente; havia garantia para mais uma geração e os senhores puderam contar com os escravos como mão-de-obra e como investimento. Assim, nas regiões em franco desenvolvimento, investiram-se fortunas nos escravos, seus valores aumentaram e, conseqüentemente, alargaram-se os patrimônios e a participação dos cativos nos mesmos.[47]

Em Socorro, conforme mostra o gráfico 2 (página 246), a participação dos cativos na composição da riqueza é praticamente a mesma em 1840 e em 1875, com o intervalo entre os anos de 1856 a 1865, quando assistimos a um pico de sua participação, chegando a superar as terras na totalidade dos montantes. Na realidade, por trás dessa inversão na liderança de participação há a mudança na relação que cada um desses elementos – escravos e terras – mantém com a cafeicultura. Isto é, desenvolvia-se a cafeicultura em Socorro e, nesse movimento, fazia-se cada

---
[46] Op.cit., p. 636.
[47] CONRAD, R. op.cit., p. 39-40 e p. 43. Ver, também, STEIN, Stanley J. **Grandeza e decadência do café no Vale do Paraíba, com referência especial ao Município de Vassouras**. São Paulo: Brasiliense, 1961.

vez mais independente do braço escravo e cada vez mais dependente de solos para o plantio dos cafeeiros. Afirma Hebe Mattos, a partir dos inventários em que buscava a transformação por que passou o acesso à terra durante o século XIX:

> (...)*os objetivos econômicos dos lavradores de roça deslocavam-se, na segunda metade do século, da propriedade escrava para a propriedade da terra.(...)*[48]

No início deste estudo parti para os documentos na segurança de que poucos escravos encontraria em Socorro no século XIX. A constituição da população que vivia em Socorro até o começo dos anos 70 do século XX – sem nenhuma tonalidade negra em sua pele – e a idéia de que a cafeicultura entrara nas lavouras socorrenses apenas nas duas últimas décadas do século XIX, com a chegada dos imigrantes italianos e portugueses, faziam-me crer na ausência da mão-de-obra escrava. Enganava-me; pois me esquecia do cativo como investimento, como aquele que confere *status* ao senhor pobre; ainda não atentara para os dados da historiografia que tratam da grande quantidade de escravos que romperam as fronteiras de Minas Gerais e de São Paulo depois de 1850.

Emília Viotti da Costa apresenta as seguintes cifras para dimensionar o tráfico interprovincial: em 1823, Minas Gerais, Rio de Janeiro e São Paulo têm 386.000 escravos e Bahia, Pernambuco e Maranhão têm 484.000. Cinquenta anos depois, estas últimas províncias têm 346.000 enquanto que as zonas do café têm 800.000.[49]

Nos Maços de População, em 1832, os cativos eram 10% da população total – 1.822 almas – da *Capella de N.S. do Soccorro*. Destes 183 escravos, 64 eram africanos – aproximadamente a terça parte – e os demais nasceram no Brasil.

O movimento da migração dos negros cativos no território nacional é pouco a pouco desvendado por Robert Conrad, que os alcança em diferentes paradas, em distintos documentos, para concluir que estes não proporcionam um quadro seguro do que ocorreu no período, pois o aumento da população escrava em São Paulo foi muito maior do que os registros atestam. Segundo esse autor, de 1852 a 1862 quase 35.000 escravos chegaram ao porto do Rio de Janeiro vindos do norte, sem contar os que vinham por terra, para escapar à fiscalização. Em 1874, São Paulo tinha 174.000 escravos, tendo aumentado seu número sobretudo depois

---
[48] **Das cores do silêncio. Os significados da liberdade no Sudeste escravista – Brasil, século XIX**. Rio de Janeiro: Nova Fronteira, 1998, p. 85.
[49] "O escravo na grande lavoura", p. 156. in: **História Geral da Civilização Brasileira**. Tomo II, Livro Segundo, Capítulo I. São Paulo: Difel, 1985, p. 145-157.

de 1864; na mesma época, 1874, mais da metade dos escravos estava nas regiões do café. Dois anos antes, a maior parte dos escravos em melhor idade para produção, entre 11 e 20 anos, estava em Minas Gerais; e Campinas, produzindo café, contava com 13.685 cativos para uma população livre de 6.887 pessoas.[50]

Robert Slenes também detecta crescimento da população escrava em Campinas por todo o século XIX. Antes do final do tráfico, o crescimento da população cativa foi maior e se fez com a entrada significativa de homens africanos; como vimos em Socorro, em 1832, com um terço dos escravos oriundos da África. Na altura do censo de 1872, os quase 14.000 escravos de Campinas eram na sua maioria gente crioula, já nascida no Brasil. É apenas na entrada da década de 1880 que a compra de cativos diminui na região.[51]

Encravada nos vales e morros por onde passava a gente que ia para Minas – que teve mais escravos que São Paulo no período de 1872 a 1884 –[52] e estando tão próxima a Campinas, a vila de Socorro não poderia manter-se impermeável à grande presença de escravos.

Nos **Apontamentos históricos, geográficos, biográficos, estatísticos e noticiosos da Província de São Paulo**,[53] usando dados de 1874, Azevedo Marques atribui a Amparo 11.756 habitantes, dos quais 2.130 escravos; para Bragança dá 11.623 almas, sendo 1.975 escravos; a Socorro, 7.872 almas e 547 escravos. Existiam naquele ano apenas 20 eleitores em Socorro, mas Bragança e Amparo contavam, cada uma, somente 29. Amparo e Bragança tinham população total quase 50% maior do que aquela que estava em Socorro. A diferença entre essas localidades e Socorro acentua-se para a porcentagem de escravos: Amparo e Bragança tinham por volta de 18% de sua população constituída de cativos, enquanto Socorro tinha apenas 7% de escravos no início dos anos 70 do século XIX.

Os números de Azevedo Marques repetem o censo de 1872; vale acrescentar que, naquela altura, no início da década de 1870, os africanos já não eram a terça parte do plantel socorrense, como em 1832, mas cons-

---

[50] CONRAD,R. op.cit., p. 74-79 e p. 7.
[51] **Na senzala, uma flor. Esperanças e recordações na formação da família escrava – Brasil Sudeste, século XIX**. Rio de Janeiro: Nova Fronteira, 1999, p. 70-71.
[52] CONRAD, R. op.cit., p. 81.
[53] MARQUES, Manuel Eufrásio de Azevedo. **Apontamentos históricos, geográficos, biográficos, estatísticos e noticiosos da Província de São Paulo: seguidos da cronologia dos acontecimentos mais notáveis desde a fundação da Capitania de São Vicente até o ano de 1876**. Belo Horizonte: Itatiaia, São Paulo: Edusp, 1980, vols. 1 e 2, p. 47, 149 e 272.

tituíam pouco mais de 2% da população escrava, índice inferior àqueles alcançados pela província paulista – naquele momento com aproximadamente 9% de africanos entre os escravos – e pelo Império – cujos escravos eram constituídos aproximadamente de 10% de africanos.

De qualquer maneira, o quadro geral para 1884 é de 2/3 dos escravos do território nacional no centro-sul. Naquele momento, o número de escravos em São Paulo já se estabilizara, pois declinava a população escrava no Brasil.[54]

Segundo Emília Viotti, o preço do escravo quase triplicou entre 1855 e 1875.[55] Kátia Mattoso apresenta valores muito próximos daqueles encontrados para os escravos de Socorro:

> (...)logo após a interrupção do tráfico, ainda se podiam comprar escravos a preços relativamente baixos: o preço médio era, na época, 874.000 réis por homem e 695.000 réis por mulher. Entre 1860 e 1880 os preços médios subiram: 924.000 réis por mulher e 1:164.000 de réis por homem.(...).[56]

Aos preços acima é preciso dar nuanças; a autora indica que o preço das escravas adultas oscilou entre 71% e 85% do preço dos escravos. A mulher valia menos porque, em se tratando de meio urbano, eram sobretudo os homens que podiam ser vendidos para outras províncias.[57] Na vila de Socorro, seja no arraial ou no sítio, as maiores flutuações são percebidas nas diferenças de idade.

Em 1853 morreu Antonio José dos Santos (1853), deixando um patrimônio de 9:100$000, em que 40% eram constituídos pelos sete escravos que possuía, entre os quais havia duas crianças e a velha Catharina, com 53 anos, avaliada por 200$000.

No ano de 1865 foi aberto o inventário da viúva de Antonio José, Maria Cardoso de Oliveira (1865), que, casada pela segunda vez, deixava bens que somavam mais de 11 contos. Entre eles, estavam nove escravos – aumentados pela reprodução natural, pois continuavam existindo crianças e dois casais haviam se formado nos últimos 12 anos. Theresa, crioula, que fora avaliada por 650$000 em 1853, agora, com 30 anos, em 1865, é avaliada por 1:400$000. A mesma variação sofreu o preço do escravo Francisco, crioulo de 32 anos em 1865.

---

[54] CONRAD, R. op.cit., p. 76 e p. 77.
[55] COSTA, E.V. da. "O escravo na grande lavoura". op.cit., p. 155.
[56] MATTOSO, K.M. de Q., op.cit., p. 539.
[57] Idem, p. 636.

Nesse plantel de *Maria Cardosa* o escravo mais valioso era Thomas, de 33 anos, casado com uma outra escrava da casa, que, tendo ofício de ferreiro, foi avaliado por 1:600$000. Nos pedidos para partilha, todos os herdeiros queriam usufruir seus serviços e ficar com as ferramentas necessárias para isso.

Se o preço dos escravos em boa idade para o trabalho subiu mais de duas vezes, o valor de Catharina, a idosa de 70 anos, em 1865, caiu para a metade, sendo então de 100$000. A variação do valor do escravo não foi apenas aquela que ocorreu à mercê dos tempos do mercado, mas a que veio com aqueles anos que passaram duramente para os negros.

No ano de 1872, na relação dos escravos com mais de 60 anos elaborada pela Câmara, havia 28 pessoas, com distintas *profissões*: cozinheiras, lavradores, farinheiras, de *serviços domésticos*.

Em região cuja economia não chegava a ter a força de outras localidades produtoras de café naquele tempo, os senhores de Socorro gozaram a possibilidade de ter escravos durante um bom período, ainda que velhos, pois a libertação dos negros com mais de 60 anos – pela lei, sem indenização – só veio em 1884.

Em Salvador,

(...)os inventários mostram que menor número de baianos passou a possuir menor número de escravos.[58]

Parece que o mesmo se deu no Rio de Janeiro – cidade e província – e em outras cidades.[59] O que notamos em Socorro, ademais, é que os escravos dos mais pobres eram sempre menos valiosos, mais velhos ou menos saudáveis e que, estes ou outros, poucas vezes foram usados exclusivamente nas grandes lavouras.

A cafeicultura

O café esteve presente nas lavouras de Socorro desde a década de 1840, quando já era vendido aos vizinhos ou às localidades próximas. Alguns coadores de café nas listagens dos objetos de cozinha mostram que esses lavradores produziam-no também para consumo próprio. Igualmente o atesta o fato de os moradores do núcleo urbano plantarem café nos terrenos que possuíam nos subúrbios, em pequena escala, e como

---

[58] Ibidem, p. 637-638.
[59] Ver, por exemplo: GRAHAM, Sandra Lauderdale. **Proteção e obediência: criadas e seus patrões no Rio de Janeiro (1860-1910)**. São Paulo: Companhia das Letras, 1992, e ainda: Hebe Mattos em **Das Cores do Silêncio**, cf. nota 48.

única modalidade de cultura.

Nos meados do XIX, quase toda morada tinha uma chocolateira – que o escrivão invariavelmente grafa *chiculateira*. Na medida em que os cafezais cresciam na maior parte dos sítios, as chocolateiras desapareciam; nas últimas décadas do século já não havia nenhum exemplar entre os trastes inventariados.

Todavia, ainda em 1851, Floriano Gomes de Azevedo (1851) possuir 500$000 em pés de café é sinal inequívoco de cafeicultura com finalidade de venda, mesmo que destinada às proximidades.

Assim, 1870, data freqüentemente apontada pela historiografia como de crise da cafeicultura no Vale do Paraíba, não vale como marco para o início desse plantio na região paulista em estudo; em 1836, Bragança tinha dez fazendas de café.[60] Maria Helena P.T. Machado esclarece:

> (...)A economia cafeeira de Campinas (...) iniciou sua expansão em época posterior àquela valeparaibana e encontrou seu ápice de desenvolvimento após 1850.(...)[61]

Sérgio Milliet aponta a data de 1854 para o começo da presença do café na região de Bragança,[62] contrariando as dez fazendas cafeicultoras que Beatriz Cerqueira Leite encontra em 1836 e os casos existentes em nossos inventários.

Nos levantamentos de Milliet vê-se que, embora a região da Mogiana tivesse produzido 81.750 arrobas de café em 1854 e 821 em 1836, Socorro não apresentou produção – exportada da localidade – em nenhuma das duas datas. A partir da década de 1880, todos o sabem, a produção cafeeira da região aumentou vertiginosamente. S. Milliet aponta 40.000 arrobas para o ano de 1886, 138.533 para 1920 e, finalmente, antes do declínio, 183.432 arrobas para o ano de 1935.[63]

Nesta pesquisa, existem nove inventários referentes à década de 1840, dos quais apenas um apresenta café. Para a década de 50, temos 54 inventários, dos quais 12 apresentam café, ou seja, 22%. Para as décadas de 60, 70, 80 e os cinco primeiros anos da década de 90, o índice de inventários com café cresce constantemente, sendo, respectivamente, de: 27%, 33%, 45% e 65%.

Mais complexo que datar o início do plantio de café em Socorro é

---

[60] LEITE, B.W.C. op.cit., p. 144.
[61] **Crime e escravidão. Lavradores pobres na crise do trabalho escravo. 1830-1888**, p. 48.
[62] MILLIET, Sérgio.op.cit., p. 43.
[63] Idem, p. 53.

dimensioná-lo, procurar contrastá-lo com aquele existente em outras localidades. Pierre Monbeig, citando Martinho Prado Júnior, em **Pioneiros e fazendeiros de São Paulo**, diz da necessidade de pelo menos 20 escravos para plantar um *cafezal pequeno*.[64] Roger Bastide, em **Brasil: terra de contrastes**, estima que um escravo garantia o cuidado de 1.000 pés de café.[65] Ora, nos documentos lidos, não se encontram cafezais superiores a 20.000 pés antes de 1890,[66] tampouco existem senhores de mais de 15 escravos.[67] Flávia Arlanch Martins de Oliveira levanta outro indicador: 5.000 pés de café, em 1846, faziam um cafezal pequeno.[68]

Um tanto semelhante à maior parte do que se encontra no período analisado em Socorro é o entendimento de Kátia Mattoso para as lavouras em Salvador:

> *(...)Fumo, café e cacau eram pois plantados em unidades familiares, de pequenas dimensões, que só sazonalmente demandavam uma mão-de-obra complementar.*[69]

Há pouco os historiadores atentaram para as atividades econômicas que não se destinavam à exportação. Valter Martins, investigando os pequenos agricultores de Campinas na primeira metade do século XIX – passando por Simonsen, Furtado e Prado Jr. –, queixa-se de que a historiografia sempre viu nas pequenas produções agrícolas e na agricultura de subsistência uma formação secundária, quando não a tratou como marginal. Na medida em que crescem as interpretações que procuram ver o período colonial com novas perspectivas, ou seja, que entendem a América portuguesa como uma formação social e econômica de maior complexidade, não voltada exclusivamente para o mercado externo, ganhamos um olhar mais atento e tolerante para com as inúmeras atividades produtivas dirigidas ao abastecimento das várias capitanias, e suas respectivas configurações sociais. Tal ampliação de perspectiva tem se estendido para o período imperial, embora com mais vagar.

Como se vê – e veremos mais de perto no capítulo quarto –, pouco há nas obras que se debruçaram sobre a cafeicultura que possibilite fincar

---

[64] p. 102.
[65] BASTIDE, Roger. "Itinerário do Café" in: **Brasil: terra de contrastes**. São Paulo: Difel, 1973, p. 131.
[66] A exceção está duas páginas adiante, no patrimônio de Antonio Batista de Oliveira.
[67] A exceção está no inventário de Anna Maria de Jesus (1873), mulher do coronel Germano, onde são listados 24 cativos, dos quais sete menores de 10 anos.
[68] Op.cit., p. 67.
[69] Op.cit., p. 528.

parâmetros rígidos para a região e o período em estudo. É preciso ir comparando aos poucos, descrevendo um tanto, desmontando e montando.

O primeiro cafezal encontrado que reúne mais de 5.000 pés é o de Antonio José dos Santos (1853).[70] Depois desse, o próximo pertencia à família de Fructuosa Maria do Rosário (1859) que, dispondo de nove escravos – entre os quais uma velha e duas crianças de colo –, plantava milho e mantinha 8.000 cafeeiros. Vinte anos depois, morre seu marido: o tenente João Correa Pinto (1879), que havia se casado pela segunda vez com a viúva de Antonio José dos Santos, duplicado o patrimônio – deixou 40 contos de montante – e mantido o tamanho do cafezal.

Ao lado dos pequenos cafezais havia alguns consumidores que muito levemente são apreendidos através de seus coadores de café ou de pequenas dívidas. Generozo Cardoso de Oliveira (1868), morto em 1868, deixou uma dívida para com *uma tal Genoveva*, de quem comprara café; prática que seria corrente, mas pouco notada pela burocracia dos inventários.

O gráfico 2 (página 246) mostrava que a linha de crescimento da participação do café junto à riqueza dos inventários inicia sua maior curva ascendente nos anos 1871-1875; pois foi nesse período que os cafezais menores, com menos de 1.000 pés, começaram a rarear; ou seja, alguns anos antes da década de 1870 os agricultores socorrenses plantavam café para vender. Até 1870, o homem mais rico de Socorro, falecido, foi Luis de Sousa Pinto (1869)[71], que deixou apenas 2.000 pés de café entre todo o patrimônio.

Na **Carta Precatoria Executoria em que é Executante o Juizo Commercial de Pouso Alegre e Executado o Juizo Commercial do Termo do Soccorro**, em 1879, a firma Camara & Andrade, do Rio de Janeiro, cobrava a dívida de mais de 50:000$000 de Antonio Batista de Oliveira, residente à Fazenda Monte Alegre. Ao cabo, o juiz mandou penhorar os bens de Antonio. A fazenda de que trata o documento tinha 200 alqueires de terras de cultura, paiol, monjolo, tulhas, engenho de cana, moinho, olaria, tudo coberto de telhas e bem construído e, o mais surpreendente, 80.000 pés de café. Além dessa propriedade, o devedor tinha ainda a Fazenda Cachoeira, em Monte Sião, que pôde conservar, sem perdê-la no pagamento da dívida.

O caso de Antonio Baptista de Oliveira desperta muito interesse

---
[70] Ver página 62, quando analisamos os valores de seus escravos, comparando-os aos de sua esposa, falecida em 1865.
[71] Ver página 55, onde tratamos das lavouras de fumo e algodão presentes nesse inventário.

para este estudo não apenas porque, ainda nos anos 70, podíamos ter 80.000 pés de café numa só propriedade em Socorro; mas, sobremaneira, porque esse número vultoso – que é visto numa cobrança de dívida – jamais teve semelhante em qualquer dos inventários abertos durante o século XIX; riqueza cafeeira dessa dimensão certamente viria nos patrimônios expostos pelos inventários das primeiras décadas do século XX.

Dona Anna Teixeira da Silva (1890) morreu em 1887, mas seu marido só abriu inventário em 1890. Nessa data o viúvo pediu para vender a parte dos filhos na fazenda de café, chamada São João, com 35.000 cafeeiros, alegando não poder

> (...)o supplicante administrar por si a dita Fazenda, em vista de achar-se soffrendo de sua saude, motivo que o obriga a mudar-se para a cidade de Santos(...).

Assim, prometia aplicar o produto da venda

> (...)em predios na cidade de Santos, cuja administração é mais facil e rendimento mais certo.

Justamente quando nos defrontamos com o maior cafezal entre todos os inventários, os 35.000 pés de Dona Anna Teixeira da Silva, vemos seu proprietário a querer livrar-se do empreendimento.

Desde a entrada da década de 1890 até quando nos despedimos dos plantadores de café, em 1895, podemos vê-los com os investimentos destinados para essa lavoura. Todos os sítios que traziam cafeeiros produzindo tinham outros recém-plantados, valendo menos de 1$000 o pé. Esses lavradores não investiam somente capital, aplicavam no café a maior parte de seu tempo de trabalho; já havia algum tempo, o café era trocado por mercadorias com os grandes comerciantes que se encarregavam de levá-lo para fora de Socorro, e quase todo cafezal comportava pequenas casas de palha, onde viviam – ou se abrigavam – mais proximamente os que por ele eram responsáveis.

Os negócios

Francisco Rodrigues Buenno (1866) morreu em 1866, em seu sítio no Bairro do Rio do Peixe Acima; fora casado três vezes e preso por ter matado sua segunda mulher, Joanna. Dos 3:200$000 que deixou como patrimônio, boa parte correspondia aos valores das seis bestas, quatro cavalares, dois bovinos e 10 porcos que tinha como criação. As dívidas para receber e os 30 alqueires de sal indicam que Francisco comerciava na zona rural.

Assim como Francisco, que sabemos por um escravo fugitivo, andava pelas bandas de Goiás e do sul, muita gente ia e vinha de Socorro. Muitos se queixavam dos caminhos que levavam do sítio à freguesia, de Socorro a Bragança ou a Campinas.[72] Entretanto, as relações que vemos intensas com Bragança nas décadas de 1840 e 1850 permaneceram nas décadas seguintes e foram ampliadas com Campinas – ou *São Carlos* – na década de 1860, Monte Sião – ou *Campo Mystico* – na década de 1880, para serem depois reduzidas nos primeiros anos dos 90. As relações a que nos referimos são as encontradas nos inventários daqueles que não eram comerciantes, que compravam nessas localidades vizinhas para consumo próprio, fossem fazendas, animais ou remédios.

Para as lojas, os comerciantes compravam, sobretudo, em Santos e no Rio de Janeiro até os anos 70; depois, surgiram os fornecedores de São Paulo e, pouco menos, os de Bragança.

Nossos inventários foram produzidos em época posterior às tratadas por Sérgio Buarque de Holanda e June E. Hahner nas obras que escreveram acerca de São Paulo e do Rio de Janeiro; no entanto, mostram que, quanto à circulação de mercadorias, conservaram-se as relações com Santos e Rio de Janeiro durante a primeira metade do século XIX, e que apenas os anos de 1870 viram outras localidades abrigarem os credores dos socorrenses.

O alferes José Pires de Oliveira (1844), oriundo de Atibaia, tinha um negócio de molhados na *rua do commercio*, onde morava. Tanto em seu inventário como no de sua mulher, em 1852, há dívidas para com homens de Santos.

Jacinto Fermino Peruche (1849), comerciante e fabricante de chapéus, abastecia sua loja no Rio de Janeiro e em Santos; ainda trazia mercadorias para outros comerciantes socorrenses e fornecia para lojas de Sorocaba, Ouro Fino e Bragança, decerto para que todos pudessem pagar uma única viagem tão custosa.

Com loja de fazendas na freguesia, Theodora Domingues de Oliveira (1856) morreu em 1856, devendo quase três contos a uma firma do

---

[72] Há muitos relatos à Presidência da Província – encontrados nos **Ofícios Diversos – Bragança Paulista** no Arquivo do Estado, lata 1293 – em que líderes de Socorro reclamam da sorte de suas estradas, da dificuldade de fazer os fazendeiros e sitiantes assumirem seu cuidado. Sobre as estradas após a independência, Sérgio Buarque de Holanda, em "São Paulo", op.cit., p. 459, afirma que os governos da província priorizavam a sua construção; contudo, os proprietários, apesar de as quererem, não permitiam que atravessassem suas terras; segundo o autor, os transtornos com transporte só iriam desaparecer com as ferrovias.

Rio de Janeiro, onde o marido Anastácio fora comprar mercadoria meses antes de sua morte. Já órfã de pai e mãe, a filha de Theodora, Maria Domingues das Dores, continuou o comércio dos pais no *largo da Cadea*, com fornecedores também do Rio de Janeiro.

O farmacêutico Antonio Leopoldino de Toledo (1888) é dos poucos homens do século XIX que, mesmo pobre e sem título de capitão ou coronel, tem hoje lugar na memória de Socorro, sendo nome de rua na cidade. Morto em 1888, deixando todos os filhos solteiros, Antonio Leopoldino teve seu patrimônio reduzido aos *trastes e drogas* de sua farmácia, que alcançaram 360$000. Tinha muitos pequenos devedores entre os socorrenses, mas nada do que possuía fazia frente às pesadas dívidas para com seus fornecedores de drogas do Rio de Janeiro e de *São Carlos do Pinhal*.

Devemos firmar o foco do olhar para não perder os matizes da sociedade em estudo. Se temos gente que comprava no Rio de Janeiro, que tinha ações da companhia ferroviária em 1879,[73] temos também, em maior número, famílias cuja criação não atingia cinco animais, cujas compras nunca foram além das fazendas roxas e pretas que compraram, uma vez na vida, de um comerciante local para o funeral do parente.

Nesse período do Oitocentos, desde a segunda década até o seu fim, não se podia ver, em momento algum, um panorama econômico homogêneo. Sempre houve, junto a um novo toque de riqueza, um batuque de pobreza; não se deve esperar uma compreensão fácil das relações econômicas quando havia senhores enriquecendo com mulas ou café e, ao seu lado, permaneciam os casebres pobres, os forros ou fugitivos em atividades informais e escondidas.

Na tabulação e análise dos dados alocados nas planilhas surgiram informações significativas que não foram expressas nos gráficos. Entre elas, estão as referentes ao endividamento da população socorrense tomada no seu geral. As dívidas *a pagar* representaram mais de 10% da riqueza presente no conjunto dos inventários, num total de quase 270 contos de réis. A diferença entre as dívidas *a pagar* e aquelas *a receber* atinge, no período, aproximadamente 100 contos. Portanto, temos uma economia deficitária quanto a seus pagamentos, que necessitou de recursos exteriores para sustentar-se; mesmo que ponderemos com a existência de muitos credores vivos entre os socorrenses, que ainda não tiveram suas quantias *a receber* apontadas nos inventários lidos.

---

[73] No inventário de Maria Angélica (1876). Depois dessa data, há ainda dois documentos que trazem ações de companhia ferroviária entre os bens: os herdeiros de Joaquim da Silva de Oliveira (1860) adquirem-nas em 1882 e Wenceslau Barbosa da Costa Guimarães (1885) as possuía quando morreu, em 1885.

Os grupos de inventariados

No exame da distribuição da riqueza entre os distintos níveis de patrimônios mostrou-se a grande desigualdade existente na sociedade socorrense no século XIX. Vimos que o grupo 5,[74] com 20% da quantidade de inventários, foi senhor de 66% da riqueza presente em todos os documentos.

Na realidade, o quadro era ainda mais grave, visto que entre os inventariados estavam 100% dos homens de patrimônio minimamente forte falecidos no período em questão, enquanto muitos dos mortos pobres – especialmente aqueles que fariam parte do grupo 1 – não devem ter tido inventário aberto.

A gente mais simples que existia naquele lugar, aqui parcialmente representada por 21% de nossos inventários – os do grupo 1 – tinha, nos documentos estudados, apenas 2% da riqueza total.

Assim, a partir da página 247 podem ser vistos os gráficos referentes à riqueza de cada grupo, caminhando do 1 ao 5, passando pelas terras, escravos, café, criações e lavouras, dívidas e morada.[75] Todos os gráficos apresentados referem-se à totalidade do período estudado, ou seja, todos os gráficos comportam dados referentes aos anos de 1840 a 1895.

As informações de que dispomos para o grupo 1 cabem menos em números que em palavras, suas sutilezas e fragilidades requerem um discurso descansado, sem pressa (ver gráficos 3 e 4, página 247).

O primeiro inventário com montante inferior a um conto de réis é de 1852, o que explica as linhas do gráfico 4 iniciarem no qüinqüênio 1846-1850, no ponto zero.

Em montantes diminutos, pequenas variações de valor causam grandes movimentos nas linhas. Os 20% representados pelos escravos em 1881-1885 devem-se exclusivamente a Vicente, 23 anos, avaliado por 700$000, de Francisca de Paula Barbosa (1885), morta em 1885.[76] O mesmo

---

[74] Lembre-se:
Grupo 1: até 1:000$000 (um conto de réis)
Grupo 2: 1:001$000 a 3:000$000 (três contos de réis)
Grupo 3: 3:001$000 a 6:000$000 (seis contos de réis)
Grupo 4: 6:001$000 a 10:000$000 (dez contos de réis)
Grupo 5: acima de 10:000$000.
[75] Lembre-se que "outros" refere-se a benfeitorias, milho ou dinheiro, enquanto "restante" constitui-se de mobiliário, objetos domésticos e pessoais.
[76] Além de Vicente, Francisca deixava, para o segundo marido e os quatro filhos, 2,5 alqueires de terra no sítio de outra família e uma dívida de 400$000.

ocorre com o café, cujo pico – no mesmo qüinqüênio – é provocado pelos 1.500 pés de Gabriel de Lima Franco (1885), avaliados por 450$000. Além do cafezal, a família de Gabriel, composta pela esposa e seis filhos menores de 21 anos, dispunha apenas de 1,5 alqueire de terra e algumas arrobas de café colhido; sequer a casa em que moravam lhes pertencia.

Boa parte dos inventários do grupo 1 não traz avaliação das moradas, pelo tempo decorrido depois da morte do inventariado e pelo valor acanhado que tinham as frágeis construções, geralmente cobertas de palha. Em se tratando dos últimos 15 anos, muitas famílias viviam em casas e sítios de outros, onde trabalhavam a terra, sendo proprietários de pequenos terrenos, próximos ou contíguos a sua morada. Talvez a família de Gabriel Lima Franco seja um exemplo desse arranjo de vida.

Nos primeiros anos da década de 1880 apenas duas casas foram descritas nos documentos, uma de 14$000, inacabada,[77] e outra de 10$000, *ordinária*.[78] Para o qüinqüênio seguinte, 1886-1890, o grupo 1 oferece a maior quantidade de inventários que, diferentes de seus anteriores, são precisos nas informações referentes aos montantes e às moradas; daí termos subida acentuada destas últimas e queda das demais partes.

Junto a sua casa, a gente pobre do grupo 1 mantinha um monjolo e um pequeno cercado para os animais, na maioria das vezes criados conjuntamente com os de outras famílias de parentes.

As terras têm, nesses ínfimos montantes, a maior participação entre todos os grupos. No grupo 1 a expressão das terras nunca foi inferior a 40%, chegando a 58% a média geral para todo o período e a quase 90% por volta de 1870, quando se tornou a maior participação verificada em toda a pesquisa, levando-se em conta todos os elementos de composição de riqueza, para todos os grupos.

Também diferentemente do que ocorreu com as outras camadas sociais, as terras do grupo 1 foram, sempre, parte maior que os escravos, porções incidentais desses patrimônios.

Num percurso do grupo 1 ao grupo 5, a participação da terra nos patrimônios diminui constantemente. Caindo de 58% a 35%, a terra revela que, quanto mais pobre, menos o indivíduo possuía além do chão em que plantava e morava.

Com uma participação geral de 9% e começando a despontar significativamente somente em meados da década de 1870, o café não termina o período em curva ascendente; diferente de sua expressão nos de-

---
[77] Rufina Maria de Jesus (1880).
[78] Umbelina Ribeiro da Silva (1885).

mais grupos, o café nos sítios mais pobres esteve em queda desde o início dos 80.

Como seria fácil supor, dívidas a receber sequer aparecem no gráfico 4 (página 247), e os 4% do gráfico 3 (página 247) justificam-se nos três credores existentes entre todos os inventariados do grupo. O mais forte deles é Antonio Leopoldino (1888), com mais de uma centena de devedores, fregueses de sua farmácia.[79] Em 1868, Francisco José de Paula (1868) morreu sem que tivesse recebido a quantia de uma besta vendida, que os filhos ganharam do padrinho. Adão Pereira da Silva Borba (1879) era um preto forro, sacristão, que, ao que indica o andamento de seu inventário, devia prestar serviços também na casa do padre; faleceu credor de uma negociante do distrito do Bom Retiro, por um empréstimo de 50$000.

As dívidas a pagar eram, até meados dos anos 70, em geral, relacionadas a parentes, referindo-se a despesas com o funeral ou a troca de algum animal. Dessa época em diante, surgiram as pequenas dívidas para com os comerciantes locais, geradas, também, pela compra de fazendas pretas e roxas que a família e o defunto deveriam usar nos funerais.

Comprar ou vender para fora de Socorro é algo que essas famílias, na sua maioria de modestos lavradores, não costumavam fazer. Os que tinham relações com outras localidades estão na fronteira com outros grupos, como Antonio Leopoldino e Anna Joaquina Buena (1852), morta em 1852, viúva do alferes José Pires de Oliveira (1844), cuja vida já invadimos algumas páginas atrás. Esses dois casos bem revelam que, no grupo 1, moradias valiosas, porções substanciais de terra e cativos eram indícios de uma configuração patrimonial anterior à que observamos no elenco de bens do inventariado; geralmente, vinham de herança, dote ou doação.

Com forte presença dos escravos até o início dos anos 70 – o que surpreende, dada a exigüidade dos patrimônios – os inventários do grupo 2 (ver gráficos 5 e 6, página 248) assistem ao decréscimo da participação dos cativos na sua riqueza desde a década de 1860, quando a queda para estes torna-se constante e a linha de participação das terras distancia-se cada vez mais, tornando-se, a partir de então, a maior parte de todas, sempre em torno da metade dos patrimônios analisados.

Nos primeiros 30 anos, há escravos em 45% dos inventários; juntando-se o período após 1870, são 24% dos patrimônios inferiores a três contos que têm cativos entre seus bens. Ainda que bem marcada a cres-

---

[79] Antonio Leopoldino (1888), o farmacêutico tratado acima, foge às características gerais dos inventariados do grupo 1; não fossem as dívidas, seu modo de vida e seu ofício fariam-no participar de grupos mais ricos nesta pesquisa.

cente concentração da propriedade escrava, permanece a existência de senhores de escravos com propriedades e vidas modestas.

Os 15% dos escravos no gráfico 5 (página 248) quase nada mostram da realidade vivida por essa gente livre. Entre os anos 1851-1875 os escravos representaram entre 25% e 50% dos patrimônios. Nos anos de 1876 a 1880, ficaram por volta dos 15% anunciados. Mas, no restante dos anos, a participação dos mesmos foi insignificante.

Durante toda a década de 1850 os escravos foram mais representativos que a terra. Tomados comparativamente, os gráficos 3 e 5 diferenciam-se, sobretudo, na porção reservada aos escravos. Passando a fronteira dos patrimônios de até um conto de réis, a primeira relevância no terreno são os 15% da riqueza do grupo 2 representados pelos cativos.

No grupo 1 tínhamos, principalmente, pequenos proprietários que lavravam a terra e praticamente nada compravam além dos limites de seus sítios, que nem cerca possuíam.

O grupo 2, por sua vez, é marcado pelos sitiantes que plantavam milho e criavam porcos, alguns deles para vendas de pouca monta. Encontram-se entre suas dívidas algumas relações de troca, quase todas informais, excetuando-se os comerciantes da década de 40, como o alferes José Pires de Oliveira (1844) e Gordiano Correa Barbosa (1848) que *vivia de seus negócios* no Bairro do Ribeirão das Antas, embora tivesse parte numa casa na Rua da Bica.

Distinguindo-se dos animais das outras camadas sociais, no grupo 2 essa parte dos bens tem sua expressão declinando desde meados dos anos 40 até o final do período estudado, mas mantém sua média geral de participação muito próxima daquelas dos grupos 1 e 3.

O primeiro cafezal a atingir 1.000 pés estava nas terras de José Justiniano Barbosa (1854),[80] onde também se faziam mudas de cafeeiro para vender.

O café ultrapassou os 10% em 1876-1880, manteve-se nesse patamar por dez anos, e dobrou sua participação no último qüinqüênio. O índice atingido pelo café nos anos 90 mostra que a cafeicultura não existiu apenas nas grandes fazendas, em que dezenas de colonos imigrantes trabalhavam, como o retrato convencional pintado pela historiografia para a monocultura de exportação paulista.

Esse grupo abriga famílias em diversas situações. Há comercian-

---

[80] Primeiro marido de Francisca de Paula Barbosa (1885), de cujo escravo Vicente tratamos na análise dos patrimônios do grupo 1, quatro páginas atrás.

tes da zona rural, tropeiros e agricultores (ver gráficos 7 e 8, página 249).

Deixando os mais pobres, no gráfico 8 é a primeira vez que encontramos patrimônios sólidos cujos escravos formavam a maior porção até 1870. Enquanto no grupo 2 os cativos caíam na participação por volta de 1860, nesse grupo é quando começa seu crescimento, que vai até o começo da década de 1870.

Sofrendo a mais forte valorização a partir de meados dos anos 80, a terra ultrapassou os escravos em dois períodos: 1856-1860 e 1876-1880, mostrando a diversidade de atividades a que se dedicavam esses proprietários, cujos terrenos estavam em boa parte empregados nas criações.

Além de estarem junto aos tropeiros, cujos bens serão analisados adiante, no Capítulo 2, os muares estavam em quase todos os sítios. Ainda assim, concentrando a maior parte de proprietários dos animais mais valiosos da segunda metade do século XIX – os muares – e os mais importantes tropeiros de Socorro, o grupo 3 tem 7% de sua riqueza composta pelos animais, índice que pouco se distancia dos demais grupos.

O primeiro plantador de café que vemos nesse grupo morreu em meados da década de 1850. Era José Preto Cardoso (1854), morador do Bairro do Jabuticabal, onde também plantava milho, algodão e cana; com dois escravos, ainda criava três cavalos, cinco bestas, 12 cabeças de vaca e 45 porcos. A esse tempo, José não vendia café, tampouco milho ou algodão, que eram produzidos em pequena escala; mas negociava com os porcos e vendia um pouco da rapadura que fazia no engenho.

Entrados os anos 70, são raros os inventários em que não há cafezal. Depois de 1885, quase todos têm mais de 3.000 cafeeiros.

Após o parto de seu filho Joaquim, Manoela Domingues de Faria (1877) morreu, em 1871. No seu inventário vemos 3.300 pés de café plantados, uma pequena roça de milho, um cavalo, três bestas e 18 porcos. Mais de uma década depois, morreu seu marido, Fructuoso José Pereira (1887), que havia se casado com Januária, ganhado mais dois filhos e aumentado seus cafezais para 6.000 pés. Sempre com filhos pequenos e sem escravos, Fructuoso, Manoela e Januária deixaram-nos sem saber como lidavam com tanto café.

Talvez o que mais caracterize os inventariados do grupo 3 é terem sido todos moradores da zona rural, com exceção de dois casos. Nos seus sítios, tinham maiores investimentos que os grupos 1 e 2, produziam mais na lavoura, criavam mais animais.

Em virtude de seu primeiro inventário ter sido aberto em 1851, o grupo 4 tem as linhas do gráfico 8 iniciadas no 0% do marco 1846-1850, da mesma maneira que o ocorrido com o gráfico 4.

Juntamente com as famílias do grupo 3, esses patrimônios que variam entre seis e 10 contos de réis são os que comportam vidas menos homogêneas, menos parecidas entre si (ver gráficos 9 e 10, página 250).

Com apenas 33 inventários, o grupo 4 tem 20 documentos apresentando cativos, ou seja, 60% desses inventariados são senhores de escravos. Apesar de terem uma média geral de participação bastante próxima daquela vista no grupo 3, os patrimônios do grupo 4 têm, em geral, maior número de escravos para cada família.

Na mesma senda dos grandes cafeicultores da província, os homens dos grupos 4 e 5 deixaram de investir em escravos antes dos demais senhores socorrenses, de patrimônios mais reduzidos. A linha de participação dos escravos nesses grupos declina constantemente a partir de meados da década de 70. Espreitando através dos inventários, vemos que os fazendeiros começaram a usar camaradas e colonos como mão-de-obra.

O contínuo desaparecimento de escravos anunciado nos gráficos 8 e 10 foi claramente distinto daquele que se deu com os senhores do grupo 2. Estes deixaram de possuir cativos porque seu alto preço não mais era suportado pelos acanhados montantes de que dispunham.

No quarto grupo, somente quatro inventariados moravam na zona urbana, sendo todos comerciantes, mais e menos fortes.

Theodora de Oliveira Cezar (1852) era casada com Cândido Furquim de Campos – oriundo de Bragança, para onde voltou depois de viúvo. Com montante de 9:300$000, a família de Theodora morava numa grande casa na *rua do commercio*, que abrigava também sua loja de secos e molhados. Senhores de quatro escravos adultos e uma criança, tinham pedaços de terra na zona rural de Socorro, de Bragança, e ainda uma casa nesta cidade.

Filho do grande comerciante Fructuoso Pereira de Araújo (1871), que morrera deixando um patrimônio de 50 contos, Francisco Fructuoso (1892) morreu em 1892, quando tocava um negócio de molhados na *rua das Palmeiras*, na casa de seis contos, que concentrava quase todo seu montante de 7:500$000.

Nos anos 50 e 60 havia nove criadores com mais de duas dezenas de porcos. A partir do final dos 70 todos os sítios estavam cobertos pelos cafezais e muito poucos animais e roças eram vistos nesses morros.

Para plantar café, as famílias do grupo 4 foram obrigadas a endividar-se. Não o fizeram na mesma dimensão daqueles que tinham montantes superiores a 10 contos, mas, para o tamanho de seus patrimônios, contraíram empréstimos robustos.

José Bueno Pereira Sobrinho (1891) era dono do maior cafezal do grupo 4: 10.000 pés, que valiam seis contos. Ao morrer, José devia quase 10 contos ao negociante de café José Maria de Oliveira Santos, português, pois a ele pedira empréstimos para plantio, limpeza do cafezal, colheita e ainda levara muitos gêneros do armazém do português para casa, no Bairro do Agudo. Nas contas apresentadas pelo credor, de vez em quando despontavam pequenos pagamentos que José Bueno fazia em café.

O quinto grupo tem 19% de sua riqueza constituídos de escravos, como mostra o gráfico 11 (ver página 251). Tem, portanto, menos que o grupo 4, com 26% de participação dos cativos nos patrimônios, e menos que o grupo 3, com uma participação de 21%. As razões para essa inferioridade estão no fato de boa parte dos inventariados desse grupo serem comerciantes, prescindindo de braços escravos para a lavoura; isso também se explica pelo grande volume de documentos com data posterior a 1890; ou, ainda, pelo fato de, sendo mais ricos e poderosos, esses homens terem conseguido livrar-se dos escravos, arranjando-se com colonos estrangeiros e camaradas antes dos demais senhores, apegados a uma solução que se tornava mais e mais custosa.

Assim mesmo, 60% dos inventários constituintes do grupo 5 contêm escravos, que permaneceram mais valiosos que a terra desde os anos 40 até o começo dos 70. As linhas do gráfico 12 (página 251), se comparadas àquelas dos gráficos anteriores, mostram que é no grupo 5 que os escravos menos se distanciaram das terras na sua expressão em meio à riqueza.

Coincidindo com a valorização das terras, no começo da década de 1870 o café iniciou seu crescimento. No qüinqüênio 1886-1890 atingiu seu ápice, com mais de 30% de participação nos patrimônios mais sólidos de Socorro. Nos últimos cinco anos, o café teve queda de expressão pouco considerável, menos de 10%. Isso não significa que os proprietários rurais estivessem investindo menos na cafeicultura; suas terras, por exemplo, cresciam junto aos bens nesse mesmo período.

As diferenças mais clamorosas que os inventariados do grupo 5 apresentam em relação aos demais são, conforme o gráfico 11 (página 251), a participação de 15% que o café tem diante de sua riqueza total – enquanto os grupos de 1 a 4 não chegavam a ter 10% de seus bens destinados à cafeicultura – e os 9% indicadores das dívidas que têm a receber.

Com esses dois índices, chegamos às mais significantes características do grupo 5. Os maiores cafeicultores de Socorro estavam entre os homens mais ricos e, ainda, com a maior porcentagem de inventariados residentes no meio urbano – 23%, ao passo que os outros grupos têm, no máximo, 14%; 15 comerciantes estão no quinto grupo.

Os inventários dos comerciantes são pródigos em informação, trazendo imóveis, mercadorias em profusão, escravos, credores etc. Por outro lado, por dominarem melhor os códigos da institucionalização e dos negócios, os comerciantes eram mais capazes de burlar a burocracia. Lendo os inventários de Salvador, Kátia Mattoso percebeu que nos exemplares de comerciantes e negociantes há

> (...)indícios claros de uma tendência a escamotear toda informação precisa sobre os estoques de mercadorias e seus valores.(...),[81]

sendo a maior parte avaliada globalmente. E o que havia de moeda também parecia muito pouco, pois decerto teria sido escondida imediatamente após a morte por parentes e íntimos do inventariado.

Por volta de 1870 iniciou-se o crescimento do café junto ao patrimônio das famílias mais ricas, conforme vimos no gráfico 11. Nesse período, os inventários também expõem negociantes da zona rural; havia, inclusive, comerciantes que atuavam no meio rural e no meio urbano, como os casos de Joaquim Xavier Ferreira (1895) e coronel Olympio, ambos tratados no Capítulo 2.

Coronel Olympio, juntamente com coronel Germano – o homem mais presente em todos os autos –, com Floriano Barbosa de Azevedo e uns outros poucos eram chamados de *capitalistas* porque, mesmo comerciantes, marcavam mais pelos empréstimos que concediam, fosse para bancar funerais, plantar café ou pagar os camaradas encarregados de uma *apanhação*.

A situação econômica favoreceu os comerciantes e/ou *capitalistas* em várias partes do Brasil, onde a escassez de dinheiro em circulação, a concentração fundiária, a carência de alimentos e a imensa dificuldade para gerar riqueza faziam a dependência dos homens pobres para com os tais negociantes, tornando estes os credores permanentes daqueles.

---

[81] Op.cit., p. 631.

CAPÍTULO 2

Os Domingues, os tropeiros e a *vida rural*

Fellipe Francisco Rodrigues (1853) é o sitiante por quem começamos a contar a história da família Domingues. Ele morreu casado pela segunda vez, em seu sítio, no Bairro do Pico Agudo, a sudoeste do povoado urbano, perto do Rio Camanducaia. Batizado em Bragança, fora casado primeiramente com Gertrudes Maria de Jesus, com quem tivera seis filhos.

No ano de sua morte, 1853, Fellipe Rodrigues tinha bens que somavam quase dois contos de réis. Todos os filhos estavam casados e residiam nas terras do pai, as filhas com os genros, os filhos com as noras.

Permanecer no bairro dos antepassados, continuar morando nas terras que seriam herdadas foi uma marca nas famílias socorrenses estudadas, em todos os grupos sociais. P. Greven Jr. considerou esses aglomerados de parentes na mesma localidade determinantes da construção da sociedade que estudou, pois, numa vida rural, a relação com a terra é bastante reveladora da arquitetura social:[1]

> (...) foi muito significativo para as estruturas familiares e a natureza da vida comunitária no século XVII de Andover o fato de que a esmagadora maioria da segunda geração estabeleceu-se permanentemente na localidade em que seus pais estavam instalados.(...) [2]

Em Andover, para casar, um filho precisava contar com a ajuda do pai, sobretudo para que este lhe provesse a terra.[3] Seguramente, para a gente de Socorro, dava-se o mesmo; muitas vezes, os empreendimentos e bens de diferentes gerações eram comuns, sendo apartados apenas para o cumprimento da tarefa de inventariá-los. Sheila Faria encontrou o mesmo no Norte Fluminense do século XVIII: viver na terra dos pais era mais do que ganhar moradia no início do casamento, constituía-se num meio de partilhar benfeitorias, pastos e prevenir-se contra invasões.[4]

Na casa da morada de Fellipe Rodrigues com a segunda esposa, Antonia Domingues de Faria, no início dos anos 1850, na propriedade do Pico Agudo, de pouco mais de um conto, havia uma dezena de animais – entre bois, cavalos e bestas –, 20 porcos, 600 pés de café, paiol de milho e monjolo. Nessa casa, o mobiliário reduzia-se a três bancos diferentes –

---

[1] **Four Generations: Population, Land and Family in Colonial Andover**, **Massachusetts**. Ithaca: Cornell University, 1974, p. 9 e 41.
[2] *(...) significant for the structures of families and the nature of community life in seventeenth-century Andover was the fact that the overwhelming majority of the second generation remained permanently settled in the town which their fathers had established.(...)* Idem, p. 39.
[3] Ibidem, p. 37.
[4] **A colônia em movimento: fortuna e família no cotidiano colonial**. Rio de Janeiro: Nova Fronteira, 1998, p. 51.

um alto, um de assento comprido e um redondo –, dois catres, duas caixas, roda de fiar e descaroçador de algodão, oratório com imagens. As poucas louças – uma bacia branca, dois pratos, um meio quebrado, bule, tigela e duas xícaras – lembram que houvera o tempo da bonança, quando foram compradas, e que por ora o uso das ditas peças não era costumeiro, pois não permitiam uma refeição conjunta da família à mesa, não eram nem mesmo acompanhadas de talheres. De seu, Fellipe Francisco deixava uma calça, um colete e um poncho, uma espingarda e o espelho com navalhas.

Na freguesia, à *rua da bica*, a família de Fellipe tinha uma pequena casa, com duas mesas, catre de cipó e um banco comprido, e um terreno anexo para os animais. Não se tratava de localização próxima da matriz ou da *rua do commercio*, mas era uma casa mais valiosa do que aquela em que moravam no sítio, quase o dobro desta.

Não conhecemos o parentesco que unia Antonia a Fellipe antes de se casarem, mas seria proveitoso sabê-lo, pois neste grupo do Pico Agudo era comum a prática de uniões entre parentes, primo e prima, tio e sobrinha etc. Além disso, desperta atenção os herdeiros de Fellipe, todos filhos do primeiro casamento, terem carregado o sobrenome da madrasta: Domingues de Faria.

Sondando as estratégias de casamento em Minas entre os séculos XVIII e XIX, Ida Lewkowicz achou grandes taxas de consangüinidade, cujas razões, pensa a autora, foram as mais variadas:

> *(...) A união entre parentes não resultava então apenas do desejo de restringir o acesso a patrimônios familiares. Os casos mencionados*[5] *testemunham o afeto que podia nascer entre parentes próximos como tios, sobrinhas e primos em diferentes graus. No setecentismo paulista chegou-se a projetar um índice de consangüinidade perto de 42%.(...)* [6]

Depois da morte do pai, conhecemos o destino de três filhos de Fellipe e Gertrudes: <u>Manoel Domingues de Faria</u> (1871), <u>Esperança Maria de Jesus</u> (1871) e <u>Anna</u>. Os dois primeiros, Manoel e Esperança, tiveram os bens inventariados e a vida de Anna tocamos através dos inventários dos sogros, pais de <u>João de Oliveira Dorta</u>.[7]

---

[5] A autora refere-se a documentos de Dispensas Matrimoniais do Arquivo Eclesiástico da Arquidiocese de Mariana, mais precisamente do armário 3, gaveta primeira, pasta 25, sendo um caso de 1859 e outro de 1845.
[6] "As mulheres mineiras e o casamento: estratégias individuais e familiares nos séculos XVIII e XIX" in: **História**, São Paulo, v.12, 1993, p.17.
[7] Ignacio José Ramalho (1849) e Escolástica de Souza (1853).

Anna casou-se com João em 1838 e o trouxe para viver na terra de seus pais, no Pico Agudo. Como dote, João levava um potro e uma novilha. Solteiro, morava no Bairro do Barrocão, que alguns chamavam de *bairro dos Martins*, sobrenome dos seus avós. Vindo do Barrocão para o Agudo, João ficava mais longe da freguesia, mais perto do caminho de Bragança, onde os morros são bem mais altos e a água é mais farta, pois os afluentes do Camanducaia correm nos baixos das montanhas, fazendo lagoas em alguns cantos.

Unindo-se a João, Anna fazia a família caminhar no mesmo terreno de riqueza. Seu sogro, Ignacio José Ramalho, tinha 1:300$000 em bens; morto em 1849, deixava, como seu pai, uma pequena casa na *rua da bica* e poucos animais. Mas João vinha de uma família que ainda não plantava café – cultivavam apenas milho para os animais e umas laranjeiras perto da morada – e tinha menos terras que Fellipe Rodrigues, pai de Anna. Na vida doméstica do tempo de solteiro, dentro da morada e nos arredores, João convivia com menos móveis do que Anna, e com seus três irmãos *mudos*: Joaquim, de 25 anos, e as duas Gertrudes, a primeira, Gertrudes Maria, com 20 anos, e a outra, apenas Gertrudes, com 18 anos.

Em 1853, contando quinze anos de casada, Anna recebeu para morar consigo os três cunhados *desmemoriados*, agora órfãos em virtude da morte de Dona Escolástica, sua sogra. A última notícia que temos de sua casa é de 1872, quando Anna, com todos os filhos casados, vivia apenas com o marido e a cunhada Gertrudes, já passada dos 40 anos.

Os tropeiros nas montanhas de Socorro

O primeiro filho de Fellipe Francisco Rodrigues a falecer foi Manoel Domingues de Faria (1871). Morreu em 1871, deixando cinco filhos casados e cinco solteiros morando com a mãe, Albina Maria de Jesus (1892), que morreria duas décadas depois, em 1892, ainda no sítio do Pico Agudo.

Manoel era tropeiro e, por isso, juntou riqueza muito maior do que aquela que recebera do pai; o legado para seus herdeiros superava os 10 contos de réis. Nos vinte anos que viveu a mais que o pai, Manoel diferenciou-se pela dúzia de bestas – às quais chamava *criolo, veludo, relogio, caboclo, brinquedo, paxolla, valente, brinquinho, coelho, chibante* ...–, pela quantidade de terras – avaliadas em quase cinco contos, mas onde não se encontravam cafeeiros – e, sobretudo, por ter se tornado um senhor de escravos, possuindo cinco cativos.[8]

---

[8] Juntos, os escravos de Manoel Domingues de Faria somavam 3:250$000. Entre eles, havia um idoso e uma criança.

Com dinheiro para receber de alguns homens de Amparo, por serviços de transporte que fizera, Manoel ainda vivia com a família numa morada modesta, mantendo o mobiliário tal qual conhecera na casa do pai, com bancos e catres. Nem as posses, tampouco os vinte anos que passaram, foram capazes de transformar o modo de viver doméstico dessa família.

Em 1892, quando da morte de Albina, mulher de Manoel, somados vinte anos ao tempo – quatro décadas depois da morte de Fellipe Rodrigues –, todos os filhos estavam casados, os móveis permaneciam os mesmos, nenhuma cadeira ou mesa de melhor qualidade, existiam apenas cinco bancos, dois catres e uma canastra; na cozinha, havia somente um tacho, duas panelas, uma chaleira, uma bacia e um gamelão. O que mais se alterou foram as condições do sítio; com os filhos ausentes da lida diária, sem escravos, Albina vivia agora num sítio em que as pastagens, a morada, o paiol e outras benfeitorias foram descritos como *estragados*.

O animal mais presente junto às criações dos socorrenses era o *cavalar*. Depois, o bovino. Em terceiro lugar vinham os porcos e os muares, praticamente juntos na incidência entre os inventários. Não chegavam a cinco as famílias que, em todos esses anos, tinham cabras e galinhas arroladas entre os bens.

Tratando de Bragança, afirma o marechal Müller:

(...) criam-se bastantes porcos, e gado, principalmente vaccum. Sustentam tambem tropas de bestas, que se empregão no transporte de generos.[9]

Quanto mais diminutos os bens, maiores as chances de provocarem o desdém da burocracia. Muita gente tinha porcos e galinhas que, tão poucos, magros e pequenos, na certa não foram listados com os demais *semoventes*. Se havia mais famílias pobres, devia haver mais gente que criava porcos do que aqueles que mantinham cavalares, pois estes necessitavam mais terras e mais recursos, além de um investimento maior para sua aquisição.

Por vezes tateamos, temos apreensão um tanto débil de coisas que, para aqueles que as experimentaram no passado, talvez fossem óbvias, simples, concretas, como aponta Pesez:

(...) Na época em que a escrita é rara, em que ela é o

---

[9] **Ensaio d'um Quadro Estatistico da Provincia de São Paulo. Ordenado pelas Leis Provinciaes de 11 de Abril de 1836 e 10 de Março de 1837**. São Paulo: O Estado de S.Paulo, 1923, reedição literal, p. 55.

privilégio da minoria, em que sua raridade a valoriza a ponto de conferir-lhe um caráter quase sagrado (...) O letrado evita se atardar no que consideraria um falatório inócuo: descrever o que seu leitor conhece perfeitamente por estar presenciando, o que é familiar a todos por ser cotidiano.(...) [10]

A criação de animais tinha dimensões razoáveis na província no início do século XIX. Como lembra Sérgio Buarque de Holanda,[11] muitos viajantes, já nas primeiras décadas do Oitocentos, pensavam que o futuro econômico da província estava na pecuária e não na agricultura.

Spix e Martius, na vizinhança de Socorro, como marechal Müller, viram a presença dos muares:

(...) Além da criação de gado vacum, alguns fazendeiros da capitania de São Paulo cuidam também da criação de cavalos e de mulas, esta porém é exercida em muito maior escala sobretudo no Rio Grande do Sul.(...)

Para as longas viagens são preferíveis aos cavalos, pois resistem melhor à fome e à sede, e aguentam cargas maiores com mais segurança, na média de oito arrobas. Também não se passa por fazenda alguma nestas regiões, onde não se criem alguns jumentos ordinários para procriação(...) .[12]

As famílias dos grupos 1 e 2 – montantes até três contos – criavam os animais conjuntamente; os herdeiros pediam para receber este ou aquele animal – descreviam-no pelo nome, pela cor, pelo porte – que, sendo já de sua responsabilidade, vivia entre a criação do pai; existiram muitas situações em que, após avaliado, um animal foi retirado do *monte* por pertencer, de fato, a um irmão, filho ou pai do inventariado.

Os animais mais valiosos eram sempre os muares. Quando eram criados pelas famílias mais pobres, além de indicarem antepassados que viveram em melhor situação, os muares mostravam que, apesar de necessários, só existiam naqueles inventários que contavam com um ou dois cavalares e, pelo menos, uma vaca com cria. Mais importante que trans-

---

[10] PESEZ, Jean-Marie. "História da cultura material" in: LE GOFF, J. **A História Nova**. São Paulo: Martins Fontes, 1990, p.196 e p.203.
[11] "São Paulo" in: **História Geral da Civilização Brasileira**. Tomo II, vol 2. São Paulo: Difel, 1985, p.431.
[12] SPIX, Johann Baptist von e MARTIUS, Carl Friedrich Philipp von. **Viagem pelo Brasil: 1817-1820**. Belo Horizonte: Itatiaia, São Paulo: Edusp, 1981, v.1, p. 170-171.

portar produtos era transportar-se, fazer com que o cavalo o levasse até a freguesia, ou até onde fosse possível comprar alguns gêneros, quando se podia fazê-lo, ou festejar algum santo.

Qualquer produto das terras que fosse necessário levar para fora das cercas do sítio, para troca ou venda, exigia a cangalha dos machos e bestas. Os carros de boi surgem entre os bens inventariados, mas em muito menor incidência que os muares e, sobretudo, nas propriedades localizadas nas partes menos altas.

Mawe – aqui visto por meio de S.B.de Holanda – observou, no período anterior à independência, a grande importância do porto de Santos para São Paulo, fenômeno recente que se deveu à melhoria de comunicações com os centros produtores do interior:

> *(...) num único dia, várias centenas de mulas desciam carregadas de produtos da terra para levar depois, de volta, gêneros tais como sal, ferro, cobre e artefatos europeus.*[13]

Buscando compreender a cidade do Rio de Janeiro, June E. Hahner traçou as linhas de suas relações com o sul de Minas Gerais:

> *(...) Alimentos básicos, (...), tais como feijão, farinha de mandioca, milho, toicinho, carne e açúcar, eram trazidos (para a cidade do Rio de Janeiro) por navios desde pequenos portos na costa da província do Rio de Janeiro ou por caravanas de mulas do sul de Minas Gerais. No século XVIII, o sul de Minas Gerais supria a região aurífera com gado bovino, mulas e alimentos, mas a crise da mineração forçou a região a procurar outros mercados. No início do século XIX, a economia regional foi reorganizada e dirigida para o mercado do Rio de Janeiro, em fase de lento crescimento. (...)* [14]

Região de passagem e parte da Mantiqueira, Socorro utilizou-se intensamente dos muares até a metade do século XX, quando as rodovias ganharam posição central nos transportes nacionais. Seguramente, o relevo montanhoso de Socorro foi uma das razões que a forçaram a esperar pelo trem até 1909. Ainda com o trem restaram as mulas, a transportar o café dos sítios para a estação.

No período aqui investigado, a gente socorrense tinha muares arranjados em pequenas tropas; em geral, uma dezena de cabeças. Os

---
[13] Apud HOLANDA, S.B.de."São Paulo" in: op.cit., p. 417.
[14] Op.cit., p. 24. Ver, também, **As tropas da moderação**, de Alcir Lenharo.

proprietários que não chegavam a formar um lote de tropa tinham, quase sempre, um quarteto de bestas, entre as quais figurava correntemente um exemplar de montaria, descrito no documento como *besta de sela*, com valor cerca de 50% maior do que as demais.

Quando poucas, as mulas poderiam ser adquiridas ali mesmo, fruto da procriação. Sendo muitas, como no caso de alguns tropeiros, com mais de 10 exemplares, vieram de outras localidades, como Pouso Alegre, Sorocaba, ou do sul; em alguns autos encontram-se dívidas para com homens de tais cidades, não necessariamente contraídas *in loco*, ou seja, os socorrenses não precisavam acorrer às feiras de Sorocaba, Pouso Alegre ou Jundiaí para comprar suas bestas, havia quem as trouxesse.

O sapateiro José Mendes da Cruz[15] morreu em 1855, já *sem juiso, vagando pelas estradas*. No tempo em que exercia seu ofício, morava na Rua da Bica, numa pequena casa rodeada de pastos e de uma diminuta plantação de milho. Entre as dívidas que deixou, estava a de 48$000 para um tal de Manoel Franco, de *Moji mirim*, arranjada por meio de José Xavier Ferreira. O sapateiro comprara três bestas de Xavier Ferreira, encarregado de vender uma tropa para o tal homem de Mogi. O negócio acabou ficando sem comprovante porque a obrigação não foi passada na ocasião e, quando Manoel Franco quis fazê-lo, José da Cruz já *tinha perdido o juiso e por isso não se achava mais em estado de a passar*.

O subúrbio em que vivia José Mendes da Cruz congregava a vida rural e a urbana, uma configuração social em que há o serviço oferecido pelo sapateiro e a frágil divisão do trabalho, pois que todos, de alguma maneira, mantinham animais e pequenas roças. As famílias urbanas um tanto mais pobres, se não podiam ter uma chácara, habitavam ruas com menor ocupação e, pegado a suas casas, mantinham um quintal ou pastinho onde abrigavam, principalmente, o animal de montaria e alguns bichos pequenos.

Práticas distintas conviviam, misturando o rural e o urbano, como em Cuiabá, no mesmo período, onde casas ou chácaras nos subúrbios e arredores eram de tamanho que permitia atividades produtivas, com escravos e agregados trabalhando e, embora margeassem cursos d'água, seguiam também o traçado das ruas ou caminhos da cidade,[16] como as chácaras que até hoje insistem em marcar a paisagem urbana de Socorro.

---

[15] Ver páginas finais do Capítulo 3 e aquelas referentes aos trabalhadores livres no Capítulo 4.
[16] VOLPATO, Luiza Rios Ricci. **Cativos do sertão. Vida cotidiana e escravidão em Cuiabá (1850-1888)**. São Paulo: Marco Zero, Cuiabá: Univ. Fed. Mato Grosso, 1993, p.115.

Benedicta Maria de Jesus era outra moradora dos subúrbios que, tendo morrido em 1864, deixou dívida de compra de muar

> (...) de cincoenta mil réis a um tropeiro andante cujo nome ignora (...) importancia de uma besta braba, que comprou, cujo credor he negociante de tropas soltas, e ignora a sua morada.(...)

Neste estudo, o que chamamos "tropeiro" é o homem que, com os muares arreados, faz do transporte um negócio, levando e trazendo cargas que, além de próprias, destinadas à sua morada, à sua venda ou ao comércio de excedentes, podem pertencer a outros, pagantes do serviço de transporte, às vezes do *aluguel de bestas*, como trazem os autos. O tropeiro tratado aqui é o que Maria Sylvia de Carvalho Franco, em **Homens livres na ordem escravocrata**, à página 64, chama de

> (...) condutor de tropas, ocupado propriamente com o mister de transportar mercadorias. (...)

Por "tropeiro", em outras regiões e estudos, pode-se compreender o criador e negociador de muares[17] como o homem a que se referiu o inventariante de Benedicta.

Beatriz W.C. Leite, estudando Bragança, encontra dez tropeiros no final do século XVIII, os quais caracteriza como proprietários de tropas de aluguel para Santos, São Paulo, Minas Gerais, municípios vizinhos, entre os sítios, da zona rural para a cidade e desta para o sítio.[18] Mais adiante, na mesma obra, a autora afirma que os tropeiros, em geral, mantinham pequenas propriedades e, como em outros ofícios, preservavam ainda o cultivo de alimentos.[19] Esse era, também, o perfil dos tropeiros de Socorro, que em nada se pareciam com o vale-paraibano, cujas mulas ocupavam terras cedidas por um fazendeiro por alguns meses, tempo em que negociava os animais na região; depois de vendida a tropa toda, o homem deixava a localidade, retornando no ano seguinte.[20]

As bestas nunca foram exclusivas nas criações dos sítios socorrenses. No convívio com outras espécies, somente os muares eram brindados com nomes; a maior parte dos nomes encontrados nas listagens coincide com os apresentados em **O folclore das tropas, tropeiros e cargueiros no Vale do Paraíba**, por Tom Maia e Thereza Regina de

---

[17] Como aponta Aluísio de Almeida em **Vida e morte do tropeiro**. São Paulo: Martins, 1971, p. 21.
[18] **Região Bragantina: estudo econômico-social (1653-1836)**. Marília: Faculdade de Filosofia, Ciências e Letras, s/d, p. 178.
[19] Idem, p. 210-211.
[20] Conforme descrito em FRANCO, Maria Sylvia de Carvalho. **Homens livres na ordem escravocrata**. São Paulo: Kairós, 1983, p.63-64.

Camargo Maia,[21] senão por semelhança, por aproximação, como no caso de pássaros – sabiá, rolinha... – e atributos de caráter – valente, teimoso etc. Raramente, em algumas propriedades, uma ou outra vaca, com cria, leiteira, ou um boi de carro foram dignos de serem chamados por um nome particular. Nem mesmo os cavalos, que marchavam por gerações entre as famílias e também não se destinavam à alimentação humana, receberam nomes nos inventários.

Em meados do século XIX, encontravam-se mais facilmente as propriedades rurais em que se realizavam várias atividades produtivas e criação de animais de diferentes espécies; com o caminhar do tempo, tudo foi se convertendo em esforços para a cafeicultura: terras, investimentos, mão-de-obra..., e os animais foram rareando em todos os sítios. Sobretudo depois da década de 1870, quando a cafeicultura transformou-se em investimento pesado, quase não havia mais laranjeiras e mamoeiros nos cafezais; toda a força e o espaço da terra eram dados para os cafeeiros.

Até chegar esse tempo, São Paulo não era um vazio. Mais recentemente, os pesquisadores têm insistido em ver o Brasil, desde o período colonial, como um território onde se realizavam muitas atividades econômicas que não se constituíam em produção agrária de exportação.

Caio Prado Jr., no início do capítulo sobre comércio em **Formação do Brasil Contemporâneo**, já apontava que sabíamos muito mais acerca das nossas atividades exportadoras do período colonial porque até os contemporâneos percebiam melhor o seu papel, enquanto desprezavam a importância do comércio interno.[22]

No estudo de São Paulo, John Monteiro, na tese de doutorado de 1985, mostrava como o cativeiro indígena e a agricultura foram importantes nas relações da capitania paulista com outras regiões da colônia ainda nos primeiros séculos da América portuguesa.[23] Na virada do século XVII para o XVIII, Ilana Blaj documentou os conflitos entre a elite colonial, os índios e as autoridades na matéria do apresamento indígena; para o período, Ilana mostrou-nos a São Paulo em que muitos se ocupavam do comércio de carne, de sal, de aguardente e outros gêneros, alguns vindos de Portugal.[24]

---
[21] Rio de Janeiro: MEC-SEC: Funarte: Instituto Nacional do Folclore, São Paulo: SEC: Univ.de Taubaté, 1981.
[22] São Paulo: Brasiliense, 1965, p.226.
[23] **Negros da terra. Índios e bandeirantes nas origens de São Paulo**. São Paulo: Companhia das Letras, 1994.
[24] **A trama das tensões: o processo de mercantilização de São Paulo colonial (1621-1781)**. São Paulo: Humanitas/Fapesp, 2002.

Os trabalhos de João Fragoso – para a acumulação de capital no interior da praça mercantil do Rio de Janeiro – e Hebe Mattos – no já citado estudo sobre os lavradores pobres de Capivary [25] – são provas de que muita atividade econômica no centro-sul do Brasil, fosse durante ou depois da época colonial, efetivava-se sem se subordinar ao mercado atlântico.[26]

Em 1849, pelo inventário de Francisco Xavier Bueno (1849), vemos um sítio onde se criavam porcos para vender, mantinha-se uma venda com mercadorias trazidas de fora, fazia-se carpintaria e, ainda, as bestas levavam e traziam produtos, da faina de Francisco ou dos sítios vizinhos; numa das declarações da viúva, Francisco estivera trabalhando como camarada nas bandas do sul, em fazenda de outros.

Na região de Socorro, embora os sítios e fazendas tendessem à monocultura cafeeira no último quarto do século, não podemos imaginar o trabalho dividido socialmente, com especialização de funções e consumidores, nem mesmo no começo do século XX. Em Socorro, sequer os tropeiros podiam ser exclusivamente tomados como tal.

Dona Maria Gertrudes (1859) era casada em segundo matrimônio com José de Souza de Oliveira, tropeiro. Seu *monte* era de 5:600$000, dos quais 700$000 referiam-se a um escravo, Antonio, de 46 anos. Em seu sítio, no Bairro dos Machados, a família de Maria Gertrudes e José tinha uma roça de milho – 40$000 –, quatro cavalos, cinco porcos e uma vaca. Mas o principal de sua riqueza estava nos 19 muares, adquiridos em Socorro, algum tempo antes, de um grande negociante que, sabemos, morreria em 1871: Fructuoso Pereira de Araújo (1871). Por 12 bestas arreadas José pagara 1:500$000 – entre elas, o *douradinho*, a *faceira*, a *joia*, o *bilhete*, o *gateado*, a *rolinha*, o *lontra*, o *mimoso*, o *estrela* e o *diamante*; com elas tinha ido a Santos algumas vezes, de onde trouxera sal para vender. Quando morreu Maria Gertrudes, havia 12 alqueires de sal em meio aos mantimentos.

Para vender o sal e outras mercadorias que desconhecemos, a casa de José e Maria Gertrudes tinha uma balança, medidas de madeira – alqueire, quarta... – três barris, e 20 garrafas. Ali guardada, também existia uma viola.

Em torno do sítio desse casal muitas relações econômicas foram

---
[25] **Homens de grossa aventura** e **Ao sul da história**, respectivamente.
[26] Poderíamos lembrar as obras de Alcir Lenharo, Maria Yedda Linhares, Sheila Faria, Mafalda Zemella, Valter Martins e muitos outros que, se não estudaram propriamente a produção para o mercado interno, notaram vida social mais complexa além daquela existente nas *plantations*.

tecidas. Para manter as bestas, eram alugados pastos de outras propriedades e compradas cargas de milho. Algumas vezes José pedira dinheiro emprestado para comprar porcos. E, para tocar o negócio, algumas coisas eram compradas, vinham de fora do sítio, como as telhas da olaria vizinha ou, ainda, gêneros de outra venda próxima, de um tal Cipriano.

Pesquisar essas vidas não deixa de ser, continuamente, intrigante. Conhecemos o que José traz de Santos, quanto vale essa mercadoria; sabemos que alugava pastos para sua pequena tropa em Socorro, quanto pagou por parte dela e muitos outros detalhes. Contudo, o que mais nos interessa foge de nossas vistas; quando vemos essa tropa, já está muito distante. O que levavam as cangalhas de José quando partiam de Socorro? Seria fumo? Toucinho? Feijão? Farinha? Milho? Produtos que ele comprara dos vizinhos e, como transportador, levava às cidades mais próximas para revenda?

Theodora Maria de Jesus (1864), nascida em Socorro, era casada com Zacarias Pedroso de Moraes (1868); tinham três filhos ainda crianças quando Theodora morreu, em Campinas, longe da casa do Camanducaia. No seu patrimônio de 5:826$000, 2:300$000 eram o valor de dois escravos, um conto era de terras, e havia um cavalo e 15 bestas, entre estas a madrinha. Em 1868, no inventário de Zacarias, constavam apenas oito muares, dos quais três comprara recentemente em Bragança. Comparando os documentos, há diminuição da tropa; mas é preciso lembrar que, sendo os filhos pequenos, o que lhes coube na herança materna continuou sob a administração do pai. Assim, Zacarias, quatro anos depois – monte de 1:852$000 –, devia ter consigo a mesma quantidade de muares em seu sítio – ou pouco mais, talvez – e um casal de escravos, de 27 e 18 anos.

Muitas dívidas a receber, algumas superiores a um conto de réis, indicam que Theodora e Zacarias faziam negócios com sua tropa, pois não tinham mais nada que pudesse ser vendido em suas propriedades – as culturas eram diminutas e as criações nem foram avaliadas –, tampouco havia ferramentas que denotassem outro ofício.

José e Maria Gertrudes, Zacarias e Theodora, por meio de seus muares, faziam a vez dos vendeiros que Hebe Mattos encontrou em Capivary à mesma época.[27] Como descreveu a historiadora fluminense, os vendeiros não eram como os atacadistas dos centros comerciais, que apenas vendiam aos fazendeiros e sitiantes maiores. Os donos de venda mantinham roças para subsistência, tinham poucos escravos e boa parte do seu patrimônio estava nas dívidas a receber. Mas o mais importante estava no se constituírem em intermediação entre a produção de subsis-

---
[27] **Ao sul da história**. São Paulo: Brasiliense, 1987, p.108 e seguintes.

tência da região onde residem e a economia de mercado dos centros comerciais.

Os nossos tropeiros, também lavradores e vendeiros, não chegavam à magnitude daqueles de Capivary; até meados da década de 1890, jamais se venderam na zona rural socorrense os objetos de cama e mesa, as fazendas, roupas prontas e outras mercadorias mais caras que, quando chegavam à gente do sítio de Socorro, ou tinham vindo pela mão do mascate ou foram buscadas nas grandes lojas urbanas.

Quanto aos produtos da lavoura que esses tropeiros levavam para fora de Socorro, também não estavam na mesma medida daqueles que eram levados pelos homens que o faziam a partir de seus grandes armazéns do núcleo urbano. Diferente dos grandes comerciantes da vila, os vendeiros/tropeiros do sítio quase não tinham anotação comprobatória da troca de um excedente por mercadoria, ou ainda do fornecimento de dinheiro. Mais uma vez, escapa-nos o conteúdo que sacolejava nos lombos dessas mulas; ainda nos anos 60, provavelmente não se tratava de café, mais fácil seria que viajasse um pouco de milho, outro tanto de algodão ou de fumo, produtos da pequena lavoura local.[28]

O maior tropeiro de nosso conjunto de documentos é José Joaquim de Freitas Marianno. Podemos apreciar suas bestas no inventário da esposa, Maria do Bethlém (1867), vinda da Vila de Santa Isabel, morta no pós-parto do quinto filho.

José Joaquim morava com Maria e seus quatro filhos solteiros no Bairro do Oratório. Nesse sítio, próximo à freguesia, sem nenhum escravo, cuidavam das 34 cabeças de muar – parte delas chamava-se *veludo, França, ligeira, bonita, cuitello, gavião, andorinha, codorna, rolinha, sabiá, estrella, brioso, fidalgo, briosa, carneiro, criolo, farofa, foguete, ramalhete, peitudo, gigante, valente, dourada, dourado.*

Maria e José Joaquim viviam bem; sua morada valia 350$000 e, além dela, tinham uma outra casa na *rua do commercio*, que valia 50$000. O que sabemos sobre os transportes pelos quais recebia José Joaquim é que farão sua fortuna. Conhecendo seu futuro no inventário que viria em 1890, podemos afirmar que tropa, nessa época, em Socorro, era um bom negócio.[29] Em 1890, quando morreu, José Joaquim estava casado com

---

[28] Dez anos depois, a Câmara informa ao governo provincial que os gêneros socorrenses de exportação são café – negociado por 5 mil réis a arroba, no máximo – e fumo – por 10 mil réis a arroba. Conforme documento de maio de 1879; **Ofícios Diversos** – Bragança Paulista, lata 1293, Arquivo do Estado.
[29] Em Bragança, no final do século XVIII, os tropeiros ganhavam menos que os donos de engenho e os sitiantes, conforme pesquisa de Beatriz W.C. Leite, op.cit., p. 179.

outra mulher; na casa em que moravam existia até mesmo um relógio de parede e nas suas terras estavam plantados mais de 10.000 cafeeiros.

Juntando as montanhas à produção de café para exportação, e estas à ferrovia que só chegaria em 1909, construímos um cenário extremamente favorável aos que, nesse intervalo, se ocupassem de tirar os sacos de café dos sítios nos lombos das mulas.

Gertrudes, Joaquim Domingues de Faria[30] e Francisca Maria de Jesus (1881) eram os filhos de Manoel e Albina que não perdemos de vista; são nossa abertura para uma terceira geração da família Domingues, do tropeiro Fellipe Francisco, cuja história começamos a contar no início deste capítulo.

Gertrudes casou-se com um dos Toledo do *Bairro dos Rubins do Camandocaia*, que depois seriam dois bairros distintos, o dos Rubins e o do Camanducaia. Felisbino, marido de Gertrudes, era de uma gente que plantava café – mantinham, em média, um conto de réis nos cafezais –, tinha um trio ou quarteto de escravos e oscilava em torno dos 10 contos de réis de montante nos inventários. Assim, Gertrudes mantém-se no patamar de riqueza em que vivia com o pai tropeiro e também na zona original de habitação da família que, desde seu avô Fellipe, fixara-se na região sul de Socorro, perto do Rio Camanducaia, de um lado ou de outro da saída para Bragança.

Os outros dois filhos de Manoel tropeiro, Joaquim e Francisca, movimentaram-se na direção do mesmo mundo, ou seja, casaram-se em família. O primeiro com a prima Escolástica, filha de sua tia Esperança (1871), que tinha enriquecido na mesma medida e do mesmo modo que o irmão Manoel, com o tropear do marido Fortunato.

Tendo o irmão casado com uma prima, Francisca, por sua vez, casou-se com o homem que a morte da tia Esperança, em 1871, deixara viúvo: Fortunato. Melhor explicando: Joaquim, da terceira geração da família aqui estudada, casou-se com a prima Escolástica, filha de Esperança, irmã de seu pai. Escolástica era filha de Esperança com o tropeiro Fortunato; este, depois da morte de Esperança, casou-se com a sobrinha Francisca, irmã de seu genro Joaquim.[31]

No próximo capítulo, expõe-se a vida que os Ferreira levavam no

---

[30] Gertrudes está lembrada no inventário de seu cunhado João Francisco de Toledo (1885), de quem era co-herdeira, visto que este não tinha filhos. Joaquim Domingues de Faria era co-herdeiro dos bens de sua sogra e tia, Esperança Maria de Jesus (1871).
[31] Para melhor compreender a genealogia dos Domingues, ver o quadro que se encontra na página 253.

Bairro das Lavras. Com a família repleta de *desmemoriados*, os Ferreira não se casaram entre parentes próximos – como tios com sobrinhas, primos entre si etc. –, casavam com os vizinhos, com aqueles que moravam no mesmo bairro ou bem próximos geograficamente.

No Capítulo 4, onde contaremos a história dos Domingues, que moravam no Bairro do Jaboticabal, veremos que Anna Gertrudes (1861) casou-se com um filho de seu padrasto e que outra Anna Gertrudes (1864), filha desta primeira, casou-se com um tio, irmão do seu pai.

Fortunato Marianno de Souza, depois de casado com a sobrinha Francisca, continuou morando no Pico Agudo, onde vivera com Esperança (1871). Nos anos que separam as mortes de suas mulheres, entre 1871 e 1888, Fortunato perdeu riqueza. Continuou cultivando o mesmo tanto de café – quase 2.000 pés –, herdou parte de uma boa casa no *largo Municipal* e assistiu ao montante de bens das esposas variar de mais de 10 contos de réis para 4:600$000. Francisca (1888), um dos poucos exemplares dos inventariados da terceira geração, mostrou ter vida mais simples que a de seus antepassados, com menos animais, um sítio com menos benfeitorias e culturas, casa com menos objetos, fossem os móveis ou os cacaréus de cozinhar.

Puxando o fio que amarra uns aos outros da família, ou seja, investigando cada nome de filho ou de cônjuge, outro Toledo do Camanducaia, José Francisco, faz-nos cruzar o município e chegar a outros bairros, ao Moquém e aos Machados, mais ao norte dos sítios dos tropeiros que víamos acima.

José Francisco de Toledo, cunhado de Gertrudes – filha de Manoel tropeiro, do Bairro do Pico Agudo –, casou-se com Maria Rita de Jesus (1891), da terceira geração dos inventariados que surgiram com seu avô: João Pires de Camargo (1871).

João Pires de Camargo sempre morou no Bairro do Tanque, desde que viera de Bragança. Casou-se duas vezes – a primeira com Generosa de Godoy, com quem teve muitos filhos, dos quais apenas quatro ainda viviam no começo dos anos 70, e a segunda vez com Francisca Antonia do Prado (1868), com quem teve apenas um filho. João permaneceu no bairro em que criava porcos, plantava café e tinha sua porção de terras; seu patrimônio jamais ultrapassou um conto de réis, nunca chegou a ser senhor de escravos e, sabemos pelo arrolamento dos bens de Francisca, levava algum pequeno negócio no sítio em que morava, pois tinha em casa uma balança e várias medidas de madeira.

João e Francisca poderiam vender parte do café que produziam – nunca atingiram os mil pés –, parte da farinha que faziam no forno e no monjolo ou, ainda, o que seria mais difícil, poderiam trazer outros gêneros da freguesia para comercializar no Tanque, bairro distante do povoado em boas léguas. A última hipótese parece mais improvável, pois não há vestígios de sal, açúcar ou mulas que pudessem carregar as mercadorias até o sítio.

Dos filhos de João no primeiro casamento, apenas dois tiveram os bens inventariados: Gertrudes (1872) e Salvador (1879).

Gertrudes morreu em 1872, deixando aos filhos e ao marido bens que somavam pouco mais de um conto de réis. Casada com Manoel Ferreira de Souza (1879), levara uma vida muito parecida com a de seus pais; ficou no Bairro do Tanque, numa casa que custou para ser coberta de telhas, com uns porcos e parte no cafezal de um vizinho. Cinco anos depois dela, morreu o marido Manoel, cujo inventário só foi aberto na ocasião da morte do cunhado Salvador. Então, percebemos que a singela morada de Gertrudes e Manoel, apesar da pequenez e rusticidade, guardara anteriormente talheres, pratos etc.; entre outros objetos, havia na casa de Manoel um urinol.

Salvador de Godoy Bueno (1879), irmão de Gertrudes, filho de João Pires de Camargo, era morador do Bairro dos Machados, no sítio em que mantinha um rancho para os tropeiros que, indo a Minas, passassem por Socorro.

Em 1853, Salvador perdeu a mulher, Rita Maria (1853), e ficou com três crianças no sítio onde tinha apenas quatro cabeças de animal e o rancho. Nesse tempo, os bens do casal não atingiam 400$000.

Quando morreu, 26 anos depois, Salvador havia feito crescer seu patrimônio, que ultrapassava os 13 contos. Em 1879, casado novamente, com mais seis filhos, o filho de João Pires de Camargo agora era tropeiro – e por isso alcançara tal progresso econômico –, senhor de dois escravos muito fortes, plantador de café, milho e fumo. Vivia numa casa de 600$000 e tinha, na vila, *na descida do largo do Rosario*, uma outra no valor de um conto de réis.

Passadouro de tropas, Socorro tem apenas três ranchos mencionados nos inventários. O primeiro a aparecer estava no sítio de Rita Maria, mulher de Salvador:

> *(...) casas do sitio paus a piques, palhor, ranxo para pouso de tropeiros, coberto de telhas, vallos, e mais bem feitorias.(...)*

No inventário de Salvador, em 1879, o rancho não foi arrolado, mas o montante subiu vertiginosamente, não apenas nos valores monetários, certamente impulsionados pela inflação, mas também na dimensão, natureza e qualidade dos bens.

Em 1871, no mesmo bairro de Rita Maria, foi aberto o inventário do casal Manoel Joaquim de Oliveira e Fermianna Maria de Jesus, falecido no ano anterior. A soma dos bens desse casal era de 717$000, dos quais 560$000 referiam-se aos imóveis, denominação sob a qual foram avaliados conjuntamente: a casa, o rancho, o monjolo, os cercados e as terras de cultura.

Num patrimônio de mais de 13 contos, no meio de uma propriedade repleta de benfeitorias – engenho, monjolo com tanque, paiol, terreiro etc. –, situada no Bairro do Pinhalzinho, estava o terceiro rancho que vimos entre os inventários, pertencente a Joana Maria de Jesus, falecida em 1889, avaliado separadamente por 80$000:

> *(...) rancho para tropeiros na beira da estrada, quase em frente a casa, coberto de telhas.(...)*

A preocupação com os pousos crescera com a exportação do açúcar das bandas de Campinas e Itu. No final do século XVIII e início do XIX os governantes recomendaram a construção de novos ranchos e o melhoramento dos já existentes, tendo em vista que, permanentemente, estão nos relatos as precárias condições de higiene e conforto a que são submetidos os que se vêem obrigados a repousar nos abrigos de beira de estrada.[32]

A maneira como estão citados nos inventários os ranchos de Socorro – entre os demais imóveis, sem avaliação específica – e mesmo a omissão de outros pousos que, suspeita-se, tenham existido mas não foram mencionados, fazem ver que eram construções frágeis, que poucas condições ofereciam àqueles que chegavam. Raimundo da Cunha Matos, em 1837, descreveu as atividades nos ranchos de modo pouco alentador:

> *(...) neles não há estrebaria, apenas as tropas descarregam, solta-se o gado para pastar depois de se lhe dar milho e fazer algum outro benefício de que carecem os arreios e a ferragem dos animais. Os viandantes mais abastados hospedam-se nas casas dos moradores que fi-*

---
[32] Ver, sobremaneira, Zaluar e Saint-Hilaire, no que diz respeito aos viajantes e, ainda, os textos de Laura de Mello e Souza, "Formas provisórias de existência: a vida cotidiana nos caminhos, nas fronteiras e nas fortificações" in: **História da Vida Privada no Brasil: cotidiano e vida privada na América portuguesa**. São Paulo: Companhia das Letras, 1997, p. 41-81, e de Aluísio de Almeida, op.cit.

cam ao longo das estradas, se são seus amigos ou recomendados. Outros levam na sua bagagem uma barraca ou toldo, cama, mesa de campanha, e os utensílios de cozinha que lhes são indispensáveis.(...) Não se pode fazer idéia das privações e incômodos que se sofrem nos ranchos. (...) O fumo e mau cheiro das cangalhas das bestas, os morcegos, a gritaria dos arrieiros são insuportáveis. (...) Em quase todos os ranchos há uma taberna em que às vezes se encontra por alto preço mau biscoito, toucinho, feijão, milho, queijo e aguardente. Galinhas e leitões não faltam por preços cômodos nas habitações que ficam próximas aos ranchos das estradas.(...) [33]

A vida rural nas lavouras, vendas e moradas

Muito poucas famílias aumentaram seus patrimônios em razão da produção agrícola, sobretudo daquela de subsistência. Entretanto, a família de Agostinho de Souza de Moraes (1869) enriqueceu do plantio, nos oito anos que separam sua morte da de sua esposa, Anna Emilia da Conceição, em 1877; nesse período, o número de escravos foi mantido, a quantidade de café plantado triplicou, mais terras foram adquiridas. Da mesma maneira, na lavoura de café, cresceu o patrimônio de Joaquim Xavier Ferreira, que, ao morrer, em 1895, tinha 11 contos de dívidas para receber, mais de 15.000 pés de café plantados e um armazém no Bairro do Serrote, no mesmo sítio em que morava.

Somente a partir das fortunas de três contos de réis havia investimentos substanciais na produção agrária. Conforme mostrou o primeiro capítulo, os sitiantes dos grupos 1 e 2,[34] com *montes* inferiores a três contos, não tinham parte considerável do patrimônio investida na lavoura, sequer na criação de animais. É no grupo 3 que estavam os proprietários rurais que se dedicavam às atividades produtivas e ao tropeirismo; essas são as marcas do terceiro grupo, cujos inventariados eram quase todos moradores da zona rural.

---

[33] **Corografia Histórica da Província de Minas Gerais (1837)**. Op. cit., vol 2, p.49-50.
[34] Lembre-se:
Grupo 1: até 1:000$000 (um conto de réis)
Grupo 2: 1:001$000 a 3:000$000 (três contos de réis)
Grupo 3: 3:001$000 a 6:000$000 (seis contos de réis)
Grupo 4: 6:001$000 a 10:000$000 (dez contos de réis)
Grupo 5: acima de 10:000$000.

Em Socorro, de todo modo, tais investimentos nas propriedades rurais eram de pequeno vulto. Basta lembrar que o milho – o mais produzido depois do café, conforme os inventários – e as benfeitorias são parte dos 3% da riqueza total do período – chamados de outros nos gráficos das páginas 246 a 251. Da riqueza total, em que 39% eram destinados à terra, nada ficou próximo dos 80 contos por que foi vendida a fazenda Resgate, em 1833, no Vale do Paraíba, tampouco dos 285.000 pés de café que esta comportava cinco anos depois.[35]

Mesmo no interior das famílias socorrenses, as discrepâncias eram, por vezes, assombrosas. O maior tropeiro que vimos anteriormente, José Joaquim de Freitas de Mariano, era pai de Amelia do Bethlem (1890), que morava numa casa arrendada, coberta de palha, no Bairro do Oratório. Amélia teve oito filhos, dos quais sete morreram ainda crianças. Quando morreu, no mesmo ano do pai, em 1890, Amélia tinha 1.400 cafeeiros, sendo 500 ainda novos.

Havia muitas famílias na zona rural cuja fortuna não ultrapassava um conto de réis; os sítios socorrenses estavam povoados de gente pobre, doente. Em 1856, Emília Maria de Jesus ficou viúva;[36] era tão pobre que pediu encerramento do inventário, alegando estar submetida à fome e obrigada a mandar o único filho, que com ela vivia no Bairro do Rio do Peixe, a viver com uma tia de Ouro Fino.

Dois anos depois, credores abriram inventário dos bens de Francisco de Paula Gomes, falecido havia mais de cinco anos; descobriram que as dívidas jamais seriam pagas, pois, vivo, Francisco fora um homem pobre, doente de elefantíase, pai de dois filhos ilegítimos que não conseguira sustentar, senhor de uma escrava velha que desaparecera desde a sua morte, tendo abandonado o sítio em que nada havia para prover sua existência.

No Bairro da Cachoeira, no final dos anos 60, morria outro Francisco (1868) pobre, numa casa velha de palha, que tinha apenas um catre, um banco, um tacho e uma panela, e que ficava no sítio de outro, onde também mantinha uma pequena roça de milho. O único dinheiro que Francisco deixara para receber era proveniente da venda de uma besta que os filhos haviam ganhado do padrinho.

Essa gente que lidava nos pequenos cafezais e nas roças de milho eram os sitiantes de Socorro, que apenas em parte assemelhavam-se

---

[35] SCHNOOR, Eduardo."Das casas de morada às casas de vivenda", in: **Resgate: uma janela para o oitocentos**. CASTRO, Hebe Maria Mattos de e SCHNOOR, Eduardo (orgs.). Rio de Janeiro: Topbooks, 1995, p. 34-35.
[36] Pela morte do marido Francisco Cardoso de Oliveira.

àqueles objetos do olhar de Antonio Cândido, de Nice Lecocq Müller, de Maria Isaura Pereira de Queiroz, assim caracterizados:

> (...) *A autonomia, a responsabilidade pelo empreendimento, o trabalho com a mão de obra familiar, formam os traços essenciais do sitiante.(...)* [37]

Os sitiantes de Socorro nem sempre eram autônomos e os múltiplos arranjos de trabalho – conforme mostra o quarto capítulo – apontam nuanças, por exemplo, no modo de trabalhar em família e entre a vizinhança. Muitos são os inventários em que há dívidas para com um irmão, um sobrinho, outro parente próximo ou um vizinho; trata-se de pequenas quantias por trabalhos na lavoura: pelo trato do cafezal por dois anos, pela ajuda que deu na colheita.

A pobreza e, possivelmente, a miséria alojavam-se na zona rural socorrense; esta última não se deixa ver nos inventários que, por excelência, trazem a vida daqueles que tinham, no mínimo, moradia. De alguma maneira, parte dos socorrenses sabia que a pobreza também morava em lugares mais longínquos do território nacional, pois participaram, em 1878, de um leilão de prendas que fez o professor João

> (...) *em favor das victimas da sêca do norte do Imperio.(...)* [38]

O professor João morava na vila e era responsável pela escola principal, à qual acorriam até os meninos do sítio. Começados os anos 80, os documentos apontam algumas escolas particulares na zona rural, especialmente nos bairros mais movimentados, que ficavam no caminho de Bragança, como os Rubins e o Camanducaia.

Retornando à história da família Domingues, dois anos antes de morrer, Salvador de Godoy Bueno (1879) fez testamento em que legou a terça à segunda mulher, lembrando que a fortuna que tinha dependera de sua ajuda para formação. Deixando filhos do primeiro casamento, certamente Salvador temia que a mulher pudesse ser lesada na partilha.

É pela prole de Salvador que chegamos ao Bairro dos Machados no final do século. A mais velha dos três pequenos que ficaram com o pai em 1853, quando este perdeu a primeira mulher, chamava-se Maria Rita (1891) e tinha oito anos.

Maria Rita foi citada anteriormente; é a mulher que se casou com

---

[37] Ver QUEIROZ, Maria Isaura Pereira de. **Bairros rurais paulistas. Dinâmica das relações bairro rural-cidade**. São Paulo: Duas Cidades, 1973, p. 6.
[38] Conforme **Ofícios Diversos** – Bragança Paulista, Arquivo do Estado, lata 1293. Nesta ocasião, o professor envia 10$000 à Presidência da Província.

o Toledo do *Bairro do Moken*, que nos indicou a saída do Bairro do Pico Agudo para o outro lado da estrada de Bragança. Com mais de dez filhos, Maria Rita faleceu antes dos 50 anos. Nessa época, em 1891, o casal tinha uma vida bastante distinta daquela que viveram seus antepassados. Com mais de 100 alqueires de terra, terreiro na frente da morada, poucos animais – menos de meia dúzia –, muitos camaradas trabalhando, Maria Rita e o marido tinham por volta de 10.000 pés de café, não plantavam nada além disso e passavam boa parte do tempo na casa da *rua Conselheiro José Bonifacio, sob numero vinte e nove,* que valia quase dois contos de réis.

Quarenta anos depois da mãe, uma década depois do pai, Maria Rita comprava muito do que consumia em casa, onde os móveis eram os mesmos que conhecera em criança. Tanta terra e tanto café – se vistos em relação com o que a família possuía até, inclusive, o tropeiro Salvador – não fizeram Maria Rita e o marido mais ricos; em 1891, o patrimônio do casal era, em valores absolutos, praticamente o mesmo do pai Salvador de Godoi Bueno: em torno dos 14 contos de réis.

Meses depois de Maria Rita, morreu seu irmão consangüíneo, José Luis Godoy (1892), no sítio vizinho. Sem filhos, José Luis e a mulher Francisca tocavam uma pequena venda nos Machados, onde tinham principalmente milho[39] para oferecer aos que pousavam no rancho mantido nas terras da mãe de José Luis, viúva de Salvador. Do mesmo jeito que os negociantes da cidade, José Luis emprestava pequenas quantias de dinheiro para os vizinhos de bairro. Na venda, além do milho, encontravam-se carne de porco, aguardente e muita diversão, com a ajuda da viola e da sanfona que constam entre os objetos listados. José Luis não aumentou as terras que recebera do pai Salvador; mesmo negociante, jamais teve escravos e os dois milhares de cafeeiros que possuía eram mantidos em conjunto com o sogro, no sítio deste último. O montante de seus bens, somadas as dívidas que tinha para receber e as moedas que estavam na venda, era de 5:456$000.

Essas vendas eram paragens de comércio, serviços e lazer, como o sítio de Antonio José dos Santos (1853), em cuja venda se ofereciam mantimentos, a viola para as horas de música e a chance de ferrar os animais.

Francisco Rodrigues Buenno (1866) morava no Jacuba,[40] lugar do Bairro do Rio do Peixe Acima, mais para os lados de Minas do que de

---

[39] No inventário, são arroladas 250 cargas de milho, no valor de 900$000.
[40] Jacuba é uma mistura de água e farinha, adoçada com açúcar ou rapadura; às vezes, pode ser acrescida de pinga ou café.

Bragança, a nordeste da freguesia. Ao morrer, em 1866, causou muitos transtornos aos herdeiros, pois foram obrigados a lutar para serem reconhecidos como tal, em função de Francisco ter constituído três uniões, ter sido acusado de matar a segunda mulher – do que foi absolvido após um ano e meio de prisão, em Bragança e em São Paulo – e também acusado de manter união ilegal com a terceira mulher, com quem teve um filho adulterino, segundo concluem os documentos. A vida familiar de Francisco foi tão alvoroçada como seus negócios: tinha tropa de muares que viajava para o sul, para Goiás e para Santos, vendia milho, sal e açúcar no sítio, plantava fumo, banana e milho, tinha camaradas trabalhando em suas terras e, ainda, o escravo Elias, fugitivo.

Libertado da prisão poucos meses antes de morrer, Francisco deixava muitas peças de roupa – coletes, calças, sapatos e paletós – e alguns objetos que denotavam um modo de vida diferenciado em relação ao restante da população rural, como navalha com espelho, ferro de engomar etc. No entanto, o negociante devia praticamente a metade dos três contos que tinha de patrimônio.

Vizinho de Francisco era o português José Rodrigues de Souza (1858), que, na metade do Oitocentos, também tinha em casa um ferro de engomar, navalha e outros objetos pessoais, além de louças, talheres e muitos bancos, de várias formas e tamanhos. No mesmo bairro de Francisco Buenno, o tal português tocava uma venda, pois deixou entre os bens quase duas dezenas de garrafas, balanças e medidas de madeira. Certamente, vendia milho e aguardente e fazia serviços de ferreiro, como indicam os muitos instrumentos que ficaram listados entre as enxadas, foices e machados.

Também morador do Bairro do Rio do Peixe, Luis Pedroso de Moraes nascera em Socorro e, doente, fora para Bragança em tratamento médico, onde morreu em 1871. Nas horas finais, Luis declarou as dívidas que tinha a pagar; entre elas, estavam as quantias referentes a feijão e aves que comprara de uma tal Gertrudes da Conceição, do sítio.

Aqueles que moravam na zona rural compravam e trocavam com os vizinhos e os parentes próximos. Há sinais de cavalos trocados por porcos, estes por aluguel de pastagem, pastos por milho etc. Havia mercadorias com os mascates – cuja presença é maior no final dos anos 70 –, nas vendas – como as que vimos anteriormente, sempre menores que as da freguesia – e havia, sobretudo para os mais ricos e os que mais transitavam para fora de seus sítios, as mercadorias das lojas urbanas, de Socorro ou das cidades próximas.

Em 1880, Hermenegildo José de Moraes (1880), do Bairro da Lagoa, com patrimônio inferior a três contos, devia mais da metade de seus bens a comerciantes da vila, de quem comprara goiabada, cerveja preta, aguardente, licor, vinho branco, gengibirra, marmelada, queijo branco, lombo de porco, toucinho, bacalhau, açúcar, biscoito, bacia, sapatos, fumo, fazendas, arreios... Alguns anos depois, morreria o pai de Hermenegildo, Manoel Jacinto; por seu inventário, de 1886, vemos que as compras nas lojas da vila sempre foram costumeiras na família. Tanto o pai como o filho freqüentavam os armazéns semanalmente – às vezes, mais de uma vez por semana – e, a cada dois ou mais meses, pagavam parte das contas com um porco ou uma pequena quantia em dinheiro. Nos primeiros dias do ano em que morreu, Hermenegildo esteve no armazém de Simões Coutinho, deu um capado de 48$000 como pagamento de parte de sua conta e comprou todos os gêneros para a Festa de São Sebastião, cuja missa morreu devendo ao padre Simplicio.

Vivendo Hermenegildo apenas com a mulher e as três crianças, sabemos que parte das compras que fazia na vila destinavam-se a revenda. Houve, em certas ocasiões, aquisição de grandes quantidades de sal e açúcar, de barris de aguardente, de muitos cravos para ferrar e de dezenas de tigelas brancas. Além dos camaradas que trabalhavam para si, Hermenegildo morreu credor de uns 20 homens, entre eles três escravos, todos por quantias em torno de mil réis.

Hermenegildo andara, também, fazendo compras em Bragança, principalmente de tecidos que, de qualquer maneira, não eram para os fregueses. Naquela altura do início da década de 1880, os moradores da zona rural ainda não tinham na vizinhança um armazém tão farto de gêneros; no mais das vezes, os pontos de comércio do sítio eram pequenas vendas de molhados, muito diminutas se comparadas àquelas dos tropeiros que vimos anteriormente, que recolhiam a produção local e a levavam para fora do município.

As vendas eram, geralmente, pequenas; mas eram muitas nesses caminhos que, numa primeira vista, pareciam ter somente as cruzes que veremos no Capítulo 4. Se não podemos ver o que vendia João Pires de Camargo (1871) no Bairro do Tanque, nos anos 70, nos Machados, no sítio de Maria Gertrudes e José de Souza de Oliveira, no final da década de 1850, sabemos que se podia comprar sal. Além das vendas singelas, em que só havia milho, molhados e, às vezes, sal, havia, em Socorro, as vendas de mantimentos, sempre munidas de *utensilhos para ferrar* e de viola para tocar.

Marcelina Maria Cardoso (1882) morava no Bairro do Moquém com os cinco filhos e o marido negociante, João da Silva Pinto (1890). Além do sítio em que moravam, tinham o *sítio de baixo* e umas terras em

Bragança; tudo que possuíam somava cerca de 19 contos. Embora descrito como negociante, pouco encontramos entre os bens que possa reiterar esse ofício para João. Talvez vivessem de negociar com porcos – há 25 deles no inventário – ou da venda de milho que tinham plantado nas *terras de cultura*. Novamente ficamos com a indagação: o que produziam em tantas terras, com quatro escravos adultos?

Em 1890, casado pela segunda vez, deixando um filho de colo, morreu João. No mesmo sítio em que viveu com Marcelina, João cultivava 1.000 pés de café, mas seu montante, que atingia cinco contos, estava bastante comprometido por dívidas que ultrapassavam os três contos de réis.

A família Xavier Ferreira pôde ser acompanhada durante toda a segunda metade do século XIX; sua história está contada no próximo capítulo. O primeiro inventário com esse sobrenome é o de Floriano Xavier Ferreira, aberto em 1845. Meio século depois, no final do período em estudo, morreu Joaquim Xavier Ferreira (1895), senhor do maior montante encontrado: 112 contos de réis. Assim como a mulher do coronel Germano morava no Bairro dos Cubas, embora tivessem muita atividade na vila – como a loja, por exemplo –, Joaquim morava na zona rural, no Bairro do Serrote, onde mantinha cerca de 20.000 pés de café e um armazém; mas também conservava, na cidade, avaliada por quatro contos, a

> *(...) casa terrea de dous lances, com quintal na rua treze de Maio, numero 23, 3 portas e 2 janellas na frente, e com repartição para o negocio, com os fundos té o rio do Peixe.*

Em documento de 1891,[41] encontra-se um impresso da loja do coronel Olympio Gonçalves dos Reis, que hoje dá nome à praça da matriz. No tal papel vê-se que o coronel tinha uma loja no Bairro do Rio do Peixe e outra no número 13 do Largo da Matriz; nos dois locais, podiam-se comprar:

> *completo sortimento de fazendas, ferragens, armarinho, roupas feitas, calçado, etc, etc e sal, kerozene, assucar, molhados e todos os generos do paiz.*

Existiam muitos pontos de comércio na zona rural, mas não eram sempre os mesmos, foram se transformando ao longo do tempo. No início do período, em meados do século XIX, as vendas concentravam-se ao longo da estrada para Bragança. Pela presença do milho e da tenda de ferreiro, atinamos que ficavam ali junto aos ranchos, destinadas a atender os que passavam por Socorro, indo ou vindo de Minas Gerais.

---

[41] Inventário de Zacarias de Sousa Moraes.

Nos últimos anos do século, já existiam mais do que vendas: eram verdadeiros armazéns, com grande variedade de gêneros, localizados nos bairros a nordeste da vila, mais próximos de Minas Gerais e das fazendas cafeicultoras, como o Serrote, o Rio do Peixe, os Cubas, as Lavras e o Moquém, este último mais ao sul.

Anna Gertrudes (1889) era casada com Manoel Gonçalves de Oliveira (1892), com quem tinha oito filhos, dos quais seis *idiótas*. Moravam no Bairro do Pelado, onde plantavam milho e café, tinham um velho engenho de cana e viviam numa casa simples, de quatro cômodos e móveis que se reduziam a mesa, bancos e catres. Na virada da década de 1880 para a de 1890 morreram marido e mulher. Quarenta dias antes da morte, Manoel fez testamento em que deixou a terça ao genro Lourenço, com a condição de que tomasse conta dos filhos *mentecaptos*, obrigando-se a

(...) *zelar, a tutellar e tratal-os como seos proprios.*(...)

Contrariando a vontade do sogro, pouco antes da partilha, Lourenço desistiu da terça porque

(...) *de modo nenhum lhe pode convir sob essa obrigação.*(...)

Desconhecemos o destino dos seis *desmemoriados*, mas, para o comércio existente na zona rural, o que nos interessa nos inventários de Manoel e Anna Gertrudes são as declarações de compras que fizeram, totalizando mais de 400$000, a décima parte do patrimônio do casal. Pelas notações comprobatórias, vemos que a família comprou, pelo menos, em três lugares: numa loja em Monte Sião – freguesia vizinha ao bairro em que moravam –, de um negociante do Pelado e de dois *negociantes ambulantes* que passaram pelo sítio.

Do litoral, fosse Santos ou Rio de Janeiro, também vinham mercadorias para alimentar os negócios da freguesia e da zona rural: sal, fazendas e outras coisas um pouco mais sofisticadas, como lenços, chapéus de mulher e vinhos. A partir da segunda metade dos anos 1860, vemos declinar as compras feitas nessas localidades; surgiram outros centros fornecedores mais próximos, como São Paulo e Bragança, ou ainda mais próximos, como os de Manoel e Anna Gertrudes.

O rompimento das relações entre Socorro e a região além de São Paulo, aliado à partida para Bragança de três grandes comerciantes estabelecidos em Socorro, pode indicar um incremento da economia que se iniciou na segunda metade da década de 1850 – cuja natureza é preciso investigar –, que implicou o desenvolvimento dos núcleos mais distantes da corte e da capital paulista, como Bragança, por exemplo. Com algumas exceções de negociantes e fazendeiros que, no final do século XIX, continuam trazendo do Rio de Janeiro e Santos o dinheiro e as mercadorias que abasteciam suas lojas socorrenses, a maior parte desses homens passou a dirigir-se a Bragança e, no máximo, a São Paulo para realizar seus negócios.

Ignacio Alves de Oliveira e a mulher Gertrudes (1892) tiveram os bens inventariados conjuntamente, pois morreram num intervalo de menos de um ano, entre 1891 e 1892. Nessa época, tinham um patrimônio superior a 30 contos e viviam na morada do sítio de maneira mais citadina, com mesa de jantar, relógio na parede, aparador e cômoda. Foi no cultivo do café que a família de Ignacio conseguiu amealhar tal fortuna nas Lavras de Baixo; era a cafeicultura sua atividade principal, as propriedades tinham poucos animais e nenhuma outra cultura. No momento de declarar as dívidas, disseram os filhos que o pai vendera uns porcos para um homem do mesmo bairro e uma novilha para um outro do Córrego Fundo.

As transações do meio rural eram pouco documentadas quando de sua realização e, assim, acabavam provocando querelas que eclodiam na elucidação das dívidas, passivas ou ativas. Em 1860,[42] no Bairro dos Machados, pequena casa no gramado de um sítio foi trocada por uma égua, no valor de 20$000; nos autos de inventário, o proprietário do sítio quis desfazer o negócio, alegando que, na realidade, o mesmo não havia sido feito e que os moradores haviam se apossado da referida casa sem acordo das partes.

Regressando às gerações da família central deste capítulo, vemos Carolina – uma das irmãs de José Luis, também filha do segundo casamento do tropeiro Salvador de Godoy Bueno –, com 17 anos, na idade em que viu morrer o pai, casada com Hermenegildo Alves Campos (1883), homem do Camanducaia, bairro mais distante que os Machados do povoado onde estava a matriz. Carolina teve a primeira filha com 19 anos e, com 21, estava viúva; não sabemos se se casou novamente.

No sítio do Camanducaia, Carolina morou com Hermenegildo e com a filhinha. Na propriedade nada plantavam, mas criavam um lote de bestas nos pastos de que dispunham, sem ter deixado vestígio de atividades tropeiras. Num dos vários pedaços de terra que tinham nos arredores, permitiram ao italiano João Falconi construir uma casa coberta de telhas, na beira do lado oposto da estrada, mais perto dos Machados, onde o deixaram morar com seu negócio por um ano; decorrido esse ano, foi tratado um aluguel para a vendinha e a morada.

---

[42] Conforme inventário de Antonio Camillo Ramalho (1860).

O fascínio deste estudo está na clemência que os documentos vão tendo com o historiador; depois de muitas horas de leitura e poucas compreensões, sem nenhuma comunicação prévia, um inventário faz transbordar sobre nossos olhos uma torrente de conexões entre várias pessoas, permitindo-nos vagar com mais segurança entre os bairros, passar de um lado a outro do rio sem perder ou molhar a carga. Por isso, passamos ao Bairro do Camanducaia, porque nos é dado conhecer a primeira mulher de Hermenegildo Alves Campos: Fortunata Maria de Jesus, que morreu em 1868, meses depois de haver se casado, no parto de um filho.

Lembremos, no entanto, como chegamos a Fortunata: seguimos a trilha iniciada por Fellipe Francisco Rodrigues (1853), morador do Pico Agudo, falecido em 1853, em cujo sítio permaneceram os filhos depois de casados. Uma de suas filhas casou-se com um herdeiro de Ignácio José Ramalho (1849) e o trouxe para o sítio do pai. Os outros dois filhos de Fellipe enriqueceram porque se vincularam com a lida de tropas. Na terceira geração, uma neta de Fellipe, Gertrudes, casou-se com Felisbino Vaz de Lima e, assim, conduziu-nos até uma família do Bairro do Tanque, que tinha sido iniciada em Socorro com João Pires de Camargo. Bastante diversificado, esse conjunto de famílias guardava gente que enriqueceu – uns mais, outros menos – no devotamento ao tropeirismo, aos ranchos e às vendas da zona rural.

A história de Fortunata (1868) – com quem Hermenegildo casou-se antes de Carolina – é uma amostra representativa da história de muitas mulheres livres do seu tempo, das que tinham patrimônio suficiente para ter os bens inventariados. Casou-se pela primeira vez com Laurianno Preto de Godoy (1865), homem da terceira geração da família de João Pires de Camargo (1871), com quem teve seis filhos.

Em 1865, Laurianno faleceu. Sua riqueza foi avaliada em pouco mais de 16 contos de réis. No sítio em que moravam, Laurianno e Fortunata mantinham os filhos ainda crianças – um nascido a cada dois anos, e cuidavam de sete muares e uma dezena de bois. Na casa, ficavam entre móveis que raras famílias tinham: baú e canastra revestidos de couro, armário, mesa grande, bancos também cobertos de couro e uma marquesa. Sinais de conforto também estavam nas compras que Laurianno fazia fora de Socorro: trouxera as bestas de Vargem Grande – ainda não as pagara quando morreu –, comprara tecidos, chapéu, lenços, xales e outras miudezas para costura em Bragança.

Contudo, pelo inventário de 1865, não sabemos o que era produzido no sítio de Fortunata e Laurianno, onde se aglomeravam quase três contos de terras, três casais de escravos – com seis filhos pequenos – e três velhos cativos. A lida era pesada, pois, além dos escravos, Laurianno contratava uns camaradas para servi-lo no sítio.

Os inventários, às vezes, são caprichosos. Revelam conflitos humanos que estiveram escondidos por décadas, permitem abrirmos uma caixa que guarda objetos raramente usados, mas escondem coisas de maior tamanho físico e dimensão patrimonial, como as lavouras, as pequenas vendas e criações, ou qualquer outra atividade produtiva que se realize nas propriedades estudadas.

Quando enviuvou, Fortunata acabara de parir <u>Maria Divina</u>, que não chegaria aos dois anos de idade. Em 1868, Fortunata casou-se com Hermenegildo no início do ano, engravidou imediatamente e, ao dar à luz a <u>Miguel</u>, em novembro, morreu nos apuros do parto.

Portanto, antes de se casar com Carolina, para compor o grupo familiar que vínhamos acompanhando, Hermenegildo morava com Fortunata no Camanducaia, no sítio que descrevemos anteriormente, onde, conforme o documento posterior de 1883 nos permite ver, cultivavam feijão, arroz e milho. Depois de perderem a mãe, as crianças separaram-se do padrasto; Miguel, desde bebê, foi criado por Moysés Gomes de Azevedo e os demais órfãos passaram a viver com um tio, escolhido para tutor. Pelas prestações de contas desse tutor, três filhos de Fortunata casaram-se em Bragança, com parentes, pois foi necessária a licença eclesiástica para os casos de consangüinidade. Sabemos também que nenhum dos que ficaram no sítio do tio aprendeu a ler e escrever, porque estavam *a 3 léguas do Soccorro*, diferente de Miguel, que se tornara morador do núcleo urbano.

As famílias que pudemos acompanhar desde Fellipe Francisco Rodrigues, passando por Manoel tropeiro, Salvador de Godoy Buenno, Fortunata..., eram formadas por gente do sítio, do meio rural. Miguel, filho de Fortunata, foi caso único de morador urbano. De certa forma, essas famílias, mantendo casas na Rua da Bica, no Largo do Rosário, no Largo Municipal e na Rua das Palmeiras, desde os anos 50 até o início dos 90, desmentem a história que se pode contar para todo o resto dos inventariados: a partir de 1870 diminuíram, drasticamente, entre os bens dos que moravam na zona rural, as casas da vila. Para os mais pobres, principalmente, tornou-se cada vez mais custoso manter uma casinha *no Soccorro*.

Examinando os inventários do grupo 1,[43] na divisão entre os que

---

[43] Lembre-se:
Grupo 1: até 1:000$000 (um conto de réis)
Grupo 2: 1:001$000 a 3:000$000 (três contos de réis)
Grupo 3: 3:001$000 a 6:000$000 (seis contos de réis)
Grupo 4: 6:001$000 a 10:000$000 (dez contos de réis)
Grupo 5: acima de 10:000$000.

moram na freguesia e aqueles que vivem num bairro rural, vemos que há uma mudança a partir de 1860. Até então, três famílias moram no núcleo urbano; outras sete, ainda que morando na zona rural, têm casa ou parte de casa na freguesia. Na década de 60 a 70, nenhum dos falecidos mais pobres morava no núcleo urbano; dois moradores de bairro têm casa ou parte de casa na freguesia. Ao chegar o ano de 1860, tornou-se menos acessível morar no núcleo urbano: a partir dessa data somente as riquezas superiores a um conto de réis podem assegurar a seu senhor viver na freguesia. Isso também significa que se tornou mais fácil viver na zona rural, ou ainda que a zona rural passou a oferecer atrativos que antes não existiam, o que vivamente expressam os novos estabelecimentos comerciais que vão surgindo no sítio.

A. Candido, noutro tempo, acompanhou as mudanças na relação rural-urbano através do comércio, notando primeiramente os mascates, depois o comércio do povoado.

> (...) *Mais tarde, além do comércio nas vilas, surgiram vendas de bairro, que eram também um pouco lojas, onde se podiam encontrar não apenas secos e molhados, mas algumas fazendas, armarinhos e ferragens.(...)* [44]

Em todo o período, para todas as camadas de riqueza, vale afirmar que aqueles que tinham só uma casa moravam melhor; o valor médio de sua casa era, em geral, superior àquelas das duas casas de quem as possuía no sítio e no núcleo urbano. A diferença mais notável entre as edificações mais e menos valiosas, fossem as do meio rural ou as do urbano, estava no serem cobertas de palha ou de telha.

Com a cobertura de palha terminamos a cerca que separa o grupo 1 – os que têm patrimônio inferior a um conto de réis – dos demais grupos. As peculiaridades destes que, se não são os mais pobres socorrenses, são os mais pobres entre os inventariados, estão na impossibilidade de terem escravos e de terem casa coberta de telha.[45] Se nossa cerca que separa as moradas cobertas de palha daquelas cobertas de telhas é social, Sheila Faria, no norte do Rio de Janeiro, viu a distinção operar-se, sobremaneira, ao longo do tempo; pois quase a totalidade das

---

[44] Op.cit., p. 178.
[45] É lastimável que nada possamos inferir sobre o interior destas moradias; diante dos inventários, as perguntas formuladas por Luís Saia em **Morada paulista**, publicação da editora Perspectiva, para as construções paulistas desde os tempos coloniais – o material utilizado, a transmissão das técnicas de pau-a-pique e taipa, a formação de uma linguagem arquitetônica característica etc. – ficam sem resposta.

moradas fluminenses arroladas, a partir do século XIX, cobria-se de telhas.[46]

Morada, no inventário de quem residia no sítio, significa a casa e seu redor, onde ficavam os pastos próximos, terreiros, monjolo, paiol, tulha, tanque etc. Na verdade, muito raramente conseguimos a avaliação exclusiva das casas na zona rural – a edificação propriamente dita.[47]

Casas simples, benfeitorias em volta, precariamente cercadas, se miradas no inverno, quando tudo na paisagem é mais marrom, por tão seco, constituíam uma cena que mesmo os pequenos cafezais não conseguiam tornar bucólica.

Dentro das moradas, encontramos o mesmo mobiliário que encontrou Alcântara Machado entre os pertences dos *bandeirantes* seiscentistas – catres, tamboretes, caixas, poucas cadeiras etc.[48] Estes fazem contraste com a diversidade crescente que apresentaram as unidades domésticas das grandes fazendas de café de outras regiões do Império, ou dos Campos Fluminenses já tomados pela cultura açucareira, em época pouco anterior.

Enquanto os Campos Fluminenses insistiam na criação de gado, nas primeiras décadas do século XVIII,

> *As mais ricas famílias viviam com uma pequena variedade de objetos. A riqueza estava associada ao número de cabeças de gado e de escravos.(...)* [49]

Mais adiante, continua Sheila Faria, acerca das moradas:

> *(...) Surpreende a relativa pobreza das edificações rurais nesta época do gado. A ostentação da riqueza não estava ligada à moradia.(...)* [50]

Segundo a autora, a singeleza na vida material da gente do Norte Fluminense vai se transformar com a riqueza trazida pelo açúcar, décadas antes de nossos lavradores começarem a plantar café.

A vida material da maior parte da gente que vivia em Socorro e trabalhava na lavoura no Oitocentos era a mesma dos pequenos agricultores de Campinas, onde os inventários mostraram a Valter Martins que

---

[46] Op.cit., p. 358.
[47] As casas rurais não tinham valor próprio na Bahia; só podiam ser vendidas com as terras e o engenho; cf. MATTOSO, K. M. de Q. op. cit., p. 630.
[48] **Vida e morte do bandeirante**. Itatiaia: Belo Horizonte, Edusp: São Paulo, 1980, p.74-76.
[49] Op.cit., p. 356.
[50] Idem, p. 358.

as enxadas, as foices e os machados eram as ferramentas de trabalho mais comuns.[51] No entanto, nos meados do século XIX, o café trouxera a Campinas uma riqueza material que ia, segundo o mesmo autor, do charuto ao pão.[52]

Em geral, não era a quantidade de capital entrada numa região ou família que a fazia mais opulenta. É o que vemos com os proprietários de mais de uma dezena de escravos em Socorro, assim como também ocorria com os ricos criadores de gado do Rio de Janeiro no Setecentos. Arranjos de vida material doméstica estão sempre carregados de conteúdos culturais. Paulo Garcez Marins, no artigo "Quotidiano e cultura material no séc.XIX através de inventários", em **Historical Archaeology in Latin America**, de janeiro de 1995, também mostrou que a ostentação na vida material de fazendeiros do Vale do Paraíba não era reflexo da dimensão de suas fortunas, mas de seus traços etno-culturais.

Em Socorro, até o final do século XIX, o café foi capaz de fazer com que até os pequenos sítios deixassem de lado as roças de mantimento; alguns gêneros passaram a vir das vendas e armazéns – ainda que sem regularidade: um tanto de doce hoje, outro daqui a um mês, mas o café não chegou a transformar os cômodos de chão batido, ou de tábuas irregulares, em salas ou dormitórios, concebidos como aposentos que abrigam mesas de jantar, louçaria, camas, armários para guardar roupas etc.

Além da pouca transformação por que passaram os objetos da maior parte dos patrimônios socorrenses, seu estudo apresenta-nos a dificuldade de que, nos inventários, não há imagem do objeto arrolado, sequer uma descrição atenta do mesmo. Quanto à materialidade dos objetos, este é um estudo quase estritamente descritivo, à espera de outras fontes, outras pesquisas. A documentação escrita não abre o olhar do pesquisador, como fariam as fontes arqueológicas, para certas sutilezas como as dimensões da casa do inventariado, a estética de uma peça; quando o faz, é de modo bastante impreciso.

Críamos que as diferenças da vida doméstica entre pobres e ricos, sua rusticidade ou luxo, eram acanhadas em Socorro. Colocados os valores das moradas nas planilhas, vimos que diferiam entre os grupos, pois seu percentual era quase o mesmo – cerca de 10% – para os ricos e pobres, nos cinco grupos, num quadro em que as totalidades eram tão distintas. Temos, portanto, que a morada variava de acordo com o

---

[51] Op.cit., p.161.
[52] Idem, p.166-168.

patrimônio; os mais pobres viviam nas casas mais modestas, os mais ricos nas construções mais valiosas.

Em todo o período, as moradas alcançavam valores pouco acima dos animais e dos outros – como benfeitorias, milho, dinheiro...[53] As casas, em Socorro, não sofreram reformas de maior sofisticação arquitetônica, como viu E. Schnoor acontecer na Resgate a partir de meados do XIX.[54]

Nas benfeitorias avaliadas com as casas, os monjolos estavam entre os que mais apareciam na zona rural, pois as moradas localizavam-se, sempre, perto do rio. Pierre Monbeig afirmou que a energia hidráulica foi muito importante nas atividades produtivas na região de Amparo, onde as águas dos rios tinham força.[55] O Rio do Peixe aglutinou a gente de Socorro, tanto na freguesia como nos sítios; ajudou na comodidade que a água próxima traz à vida humana e a suas criações, na roda que faz o pilão triturar o milho e nos outros usos que quisessem dar para o monjolo, mas nada possibilitou de navegação, pois as quedas e curvas tornam-no intransitável na maior parte do seu trecho socorrense, principalmente na zona rural; é só na cidade que a superfície do rio é toda lisa, marrom, sem pedras e saltos que a rasguem e tornem branca.

Descrevendo moradas, Raimundo José da Cunha Matos desenhou uma paisagem que continha a maior parte das moradas por onde passamos:

> *(...) Igualmente (às cozinhas) ficam distantes (da casa dos fazendeiros) os monjolos, os paióis de milho, arroz, legumes, abóboras, e os telheiros para os carros. Pouco distante da casa, também ficam os currais do gado vacum e cavalar, e os cercados ou pocilgas dos porcos que se acham recolhidos a cevar. Todos esses edifícios são cobertos de telha.*[56]

---

[53] Conforme vimos no capítulo anterior, "outros" refere-se a partes dos bens do inventariado que não são sua morada, nem suas terras, animais, ou tampouco seus escravos e dívidas, mas são bens de expressão, que são descritos pelo escrivão com os imóveis, geralmente benfeitorias junto às moradas, como engenho, prensa de mandioca, alambique..., ou ainda mercadorias e objetos de seu negócio; mas, de maneira mais freqüente, na planilha geral, "outros" constitui-se de milho – plantado ou colhido, cuja quantidade não se pode precisar, somente seu valor – e de dinheiro que a família do inventariado possuía em casa ao tempo de sua morte.
[54] SCHNOOR, Eduardo. "Das casas de morada às casas de vivenda", op.cit., p. 37.
[55] **Pioneiros e fazendeiros de São Paulo**. São Paulo: Hucitec/Polis, 1984, p. 99.
[56] Op.cit., vol. 2, p. 85.

Nos inventários, boa parte das benfeitorias era coberta de palha.

Muitas décadas depois, em Laranjeiras, Lia Fukui apresenta outros sítios:

> *Todas as moradas têm o mesmo padrão de construção. Num terreno limpo está situada a casa, tendo ao lado pequeno forno coberto de telhas, um galinheiro e um cercado de porcos. Cinco sítios têm monjolo; dois, paiol; dois, prensa de mandioca, atualmente em desuso. Um pomar atrás da casa e plantas rasteiras em torno completam o quadro.(...)* [57]

Com o café, as *terras de cultura* viraram *cafezal* e às moradas veio juntar-se o terreiro que, a partir de 1880, estava na frente de quase todas as casas de Socorro, mesmo as modestas, como a de João Franco Pinto, morto em 1883, cujos bens somavam 1:700$000 e a casa – com monjolo, paiol, quintal com arvoredos – fora avaliada por 270$000.

No final da década de 1880 o café fez mais inserções nas moradas: surgiram as tulhas e os carros de boi, guardados nos telheiros.

A zona rural de Socorro agrega, hoje, muitos alambiques para o fabrico de aguardente de cana. No começo deste estudo já procurava pela presença do cultivo da cana ou dos engenhos entre os documentos, pois muito os historiadores documentaram acerca da economia açucareira paulista, fazendo ver, inclusive, que suas raízes demoraram a secar, pois não foram arrancadas.

Sérgio Buarque de Holanda afirma que houve áreas de considerável produção açucareira, cujo predomínio observou-se até a primeira década do século XIX, como Itu, Porto Feliz, Piracicaba, Sorocaba, Campinas, Jundiaí, São Sebastião, Ubatuba.[58] Pouco adiante, ainda no mesmo texto, o autor assevera que:

> *Enquanto o produto dos engenhos encontrou saída fácil, nada compelira à sua substituição em escala notável pelos cafezais.(...) A substituição não é iminente, mas é contínua e inapelável.*[59]

I. Petrone escreveu que a proximidade da água favorecia os enge-

---
[57] **Sertão e bairro rural (parentesco e família entre sitiantes tradicionais)**. São Paulo: Ática, 1979, p. 118.
[58] "São Paulo" in: op.cit., p. 419.
[59] Idem, p. 462-463. Nisso discorda de I. Petrone que, em **A lavoura canavieira em São Paulo. Expansão e declínio (1765-1851)**, afirma que os senhores de engenho rapidamente transformaram-se nos fazendeiros de café.

nhos; movê-los a água, contudo, tornava os aparelhos muito mais custosos; assim, na maioria das vezes os paulistas moviam-nos com animais. Preparar um engenho para produção modesta de açúcar ou destiná-lo apenas a aguardente fazia com que a força hidráulica inviabilizasse o lucro.[60]

Os enunciados dos escrivãos socorrenses para os engenhos não nos permitem saber se são movidos a água ou pela força animal; sequer conhecemos suas dimensões. Vemos, no entanto, que poucos documentos denotam produção de açúcar. Em geral, junto aos engenhos encontravam-se as garrafas de aguardente e não as fôrmas de açúcar, existentes apenas em dois sítios.

A mesma finalidade dos engenhos viu Beatriz W.C. Leite; em 1767, havia 7 engenhos em Atibaia, em 1798 eram 8; sempre a atividade predominante era a produção de aguardente.[61]

Raimundo Matos nota, em 1837, que a região produzia bastante aguardente, mesmo com as proibições que vinham desde 1715; em 1827, os alambiques foram permitidos sem licença e sem restrições geográficas.[62]

Um alambique de cobre existia na propriedade do português Francisco Antonio Rodrigues dos Santos (1867), que morreu em 1867, deixando um patrimônio de quase sete contos de réis e uma dívida a pagar de 890$000. Nesse sítio, Francisco tinha dois escravos, nove bestas, uma roça de milho e um canavial; nele ficaram sua segunda mulher, os dois filhos pequenos e o filho da primeira união, casado.

No inventário de João Francisco de Toledo (1885), há duas fôrmas de açúcar e quatro tachos de cobre. Morando no Bairro dos Rubins, no caminho para Bragança, próximo ao Rio Camanducaia, João Francisco tinha quatro escravos – dois deles com 55 anos –, 15 bovinos, dois muares, uma roça de milho e um pequeno cafezal; seu montante era de 8:890$000. Somente nove anos depois, com a morte de sua mulher, Maria Flora da Conceição, vemos o engenho de João Francisco, que não fora descrito no primeiro inventário.

No Bairro dos Rubins, a cultura material parece-se muito com a de Bofete, descrita por Antonio Cândido:

Indústria caseira eram também o açúcar, a rapadura e a

---
[60] Op.cit., p. 94-95.
[61] Op.cit., p. 57.
[62] Op.cit., p. 296-297.

> *garapa (que o substituíam freqüentemente como adoçante), envolvendo a utilização de aparelhos feitos pelo próprio roceiro, como moendas, geralmente manuais, de madeira, e os fornos de barro, além de outros adquiridos, como formas ou tachos, de lata e cobre.*[63]

Mesmo lento, o desmantelamento da economia paulista do açúcar foi se criando. O fim do tráfico negreiro contribuiu para o desenvolvimento do café em detrimento do açúcar, pois os senhores dirigiam os escravos para a lavoura que, então, fazia-se mais rendosa que o açúcar. Em 1860 muitos engenhos tinham sido desmontados em Campinas para os escravos serem aproveitados nos cafezais.[64]

Entrada a década de 1880, os engenhos jamais terão uma avaliação específica nos inventários, sendo juntados às moradas, com gramados, pastos, tulhas etc. Na década de 90, ficaram reduzidos a uns três por ano; muitos foram descritos como estragados ou já não existindo.

Os ranchos deixam-se ver três vezes nos inventários e das senzalas temos apenas dois exemplares. A primeira encontra-se em 1859, descrita entre os gramais, monjolo, paiol, cercas e valos da morada de Fructuosa Maria do Rosário (1859), de cujo inventário tratamos no primeiro capítulo, quando apontávamos os primeiros cafezais de Socorro.

A segunda senzala está no inventário de Antonio de Lima Cezar (1864), falecido em 1864, com bens no valor de 11:200$000, morador do Bairro do Salto, próximo à freguesia. Com um plantel de 10 cativos, os bens de Antonio não incluíam lavoura ou qualquer atividade que justificasse sua existência. A senzala, em que viviam apenas dois escravos, somente passou pela pena do escrivão porque foi utilizada para descrever as fronteiras do sítio.

Também intrigada com a omissão de senzalas nos inventários fluminenses da primeira metade do século XVIII que lia, Sheila Faria conclui que:

> *Mais provável, (...), é que o local onde dormiam os escravos se localizasse dentro das casas de morada do proprietário, sendo, mais uma vez, a designação plural 'casas de morada' que definia não o complexo de moradia e beneficiamento como também um lugar onde dormiam pessoas diferenciadas. (...) Escravos e senhores quase*

---
[63] Op.cit., p. 40.
[64] Holanda, S.B.de."São Paulo".op.cit., p. 463.

sempre dividiam o mesmo teto, embora, tendo a acreditar, em cômodos diferenciados."[65]

Afirma a historiadora que, a partir de meados do XVIII, entretanto, as senzalas começaram a ser citadas, até se tornarem freqüentes nos patrimônios inventariados no século XIX; o que jamais se passou nos sítios socorrenses, nos quais o grande impulso agrícola, quando ocorreu, nas duas últimas décadas do XIX, já fez os mais ricos cafeicultores incrementarem suas fazendas com casas de colono, e não mais habitações para cativos. Sheila Faria atenta para as realidades além da região que estuda; aponta que, mesmo no século XIX,

> *(...) havia os que permaneceram coabitando com seus escravos, principalmente nos locais onde a pobreza diferenciou muito pouco os grupos sociais ou, mesmo, nos de fronteira agrícola em expansão.*[66]

Sustenta a pesquisadora fluminense que as edificações de morada e demais benfeitorias – sobretudo as ligadas ao beneficiamento, fosse da mandioca, da cana ou do café – permaneceram concentradas em quase todo o Sudeste no Oitocentos. E é desse modo que as vemos nos inventários socorrenses: quase todas as construções avaliadas conjuntamente, pegadas uma na outra e de construção arquitetônica simples, pouco representativas nos patrimônios.

A rusticidade das moradas – o serem muitas delas cobertas de palha, inclusive – nada tinha a ver com a pouca permanência dessas gentes nas suas terras, com uma instabilidade que porventura os obrigasse a migrar; embora muita gente tivesse chegado a Socorro nas primeiras décadas do XIX, a partir de meados do século várias gerações de seus descendentes continuaram a viver nos mesmos sítios, em novas casas que continuamente repetiam a singeleza das moradas dos pais e avós.[67]

As benfeitorias mais recorrentes nos inventários eram: os pastos e gramados, os mais valiosos, que ocorriam mesmo entre as moradas urbanas, em terrenos mais restritos; os monjolos, com a mesma incidência dos pastos, que atestavam estar as moradias próximas ao rio; e os paióis, que guardavam o milho necessário para a criação, mas que surgi-

---

[65] Op.cit.p.368-369.
[66] Idem, p. 373.
[67] Sheila Faria, no mesmo estudo sobre o Norte Fluminense, à página 400, aponta para o período colonial, na sua conclusão, que: *(...) A este deslocamento constante correspondia uma moradia adaptada à própria transitoriedade: casas rústicas, facilmente construídas e, também, facilmente abandonadas.*

ram entre os sítios dos mais pobres, dos grupos 1 e 2, com menos de três contos, principalmente a partir de 1885.

Segundo foi possível acompanhar nos diferentes grupos de riqueza, o movimento de diminuição por que passaram as casas urbanas existiu em função do valor desses imóveis e da impossibilidade crescente de alguns socorrenses para mantê-los ou adquiri-los. De outro lado, deveu-se também a uma certa ruralização da sociedade, decorrente do direcionamento de investimentos para a cafeicultura e da galvanização do mercado consumidor entre aqueles que, moradores do sítio, muito pouco de seus esforços empreendiam em atividades não relacionadas ao café.

O consumo de mercadorias – bebidas alcoólicas, tecidos, objetos de uso doméstico ou pessoal e muitas outras – que vemos crescer junto com os cafezais sustenta certa visão acerca dos malefícios que a cafeicultura trouxe para a economia nacional. Buscando justificativas para a crise que viria décadas depois do período aqui em estudo, para o aprofundamento das diferenças regionais brasileiras e, ainda, para o crescimento permanente da inflação no século XIX e no início do XX, muitos lembraram que, embora o café tenha contribuído para tornar nossa balança comercial favorável desde o início da década de 1860, o saldo foi sempre inferior àquilo que poderia proporcionar o grande volume de café exportado, tamanha foi a necessidade de trazer de outras nações tudo aquilo que deixávamos de produzir ou cuja produção não foi implementada; ocorreu, ainda, por vários períodos, recrudescimento em nossa balança de pagamentos, pois houve que buscar fora do país o capital em prol dos demais investimentos que se fizeram necessários.

Apontava Tschudi, com perspicácia:

(...) Quando o café atingiu, em 1852, uma cotação elevadíssima, os fazendeiros acharam mais conveniente concentrar todos os seus esforços na sua cultura, em detrimento das outras, tão preciosas para a alimentação, preferindo comprar ou importar os produtos que não compensavam então o trabalho.(...)

(...) Muitos fazendeiros e corretores de café conseguiram lucros fabulosos, mas as finanças do país sofreram um abalo profundo nos seus fundamentos.

Um país agrícola, que não possui indústria e se vê na contingência de importar gêneros alimentícios para abastecer sua população, comprando tais produtos a preços elevados, deve sofrer naturalmente grande abalo, não obstante sua posição aparentemente brilhante concernente a certos ramos de sua agricultura.[68]

Mulas, ranchos, cangalhas, ligais, puxavantes, torqueses, sal e milho eram sinais da civilização do tropeirismo,[69] que existia antes do tempo do açúcar, ajudou nessa exportação paulista, viveu a aurora da cafeicultura e restou ainda em muitos lugares, antes da era dos caminhões.

Poucas marcas da vida rural foram deixadas nos documentos analisados. Imaginamos que havia outros ranchos além dos três citados, muitas outras vendas nos caminhos por onde passavam tantas pessoas que, para nós, tornaram-se invisíveis.

A ferrovia traria um incremento à vida urbana, fazendo surgir bancos e uma variedade de comércios. Até esse momento, no final do Oitocentos, o que a cafeicultura promoveu em Socorro foi certo êxodo urbano, na medida em que, ao mesmo tempo, gerou incremento da vida rural e dificultou a permanência nas ruas da vila das casas de alguns grupos mais pobres.

Antes que o tempo trouxesse as fileiras dos cafezais, definindo melhor os papéis sociais, criando nichos de atuação econômica, a vida era a improvisação dos pequenos pousos, a fragilidade das pequenas casas e vendas e a efemeridade das pequenas roças de milho.

Boa parte de nossos inventariados assemelha-se aos "pobres agrícolas" que, no mesmo período, viviam em Capivary. Como apontou Hebe Mattos, plantavam, no máximo, 2.000 pés de café, pouco usavam a mão-de-obra escrava e sua produção gerava pouco excedente, que era usado para as trocas que faziam nas vendas. O trabalho de toda a família consumia-se na reprodução daquele viver, sem chances de acumulação ou investimento.[70]

A peculiaridade dos sitiantes socorrenses está no fato de que acorriam aos negociantes urbanos com o seu café – antes faziam-no mais com milho ou com parte da criação –; os negociantes, por sua vez, usavam o café recolhido entre tantos pequenos produtores na aquisição de mercadorias para seus armazéns e lojas – faziam-no com gente de Santos,

---
[68] **Viagem às Províncias do Rio de Janeiro e S.Paulo**. São Paulo: Martins, 1953, p. 48-49.
[69] Além destes, que podem ser acompanhados nos documentos aqui estudados, há outros elementos que, sabemos, assistiram à movimentação dos muares no interior do Brasil, como as vestes daqueles que andavam a tropear, a comida que alimentava esses homens e os utensílios que carregavam. Sobre a cultura do tropeirismo, ver Sérgio Buarque de Holanda. **Caminhos e Fronteiras**; Laura de Mello e Souza. op.cit., p. 45-67; e Aluísio de Almeida, op.cit., p. 61.
[70] **Ao sul da história**. p. 82 e seguintes.

São Paulo, Campinas, Bragança. Dessa maneira, portanto, e principalmente a partir dos últimos anos do século XIX, as pequenas propriedades de Socorro, com seus parcos investimentos, inseriram-se no curso da agricultura para exportação.

Nas décadas que estudamos, conviviam as duas realidades, a da vida rural esparsa que passava sob os ligais, no lombo das mulas, nas paragens, com a dos cafezais que começavam a cobrir e a riscar os morros.

Grande parte da sociedade brasileira foi arquitetada na improvisação, fora do abrigo institucional, na inconstância das vidas mais pobres ou das vidas que tinham *formas provisórias*,[71] porque ligadas às redes de passagem, aos rios, aos ranchos, às tropas. Todos seguimos as sendas indicadas por Caio Prado Jr., para quem

> *(...) no Brasil uma coisa é sem dúvida verdadeira: a influência considerável que as comunicações e transportes exercem sobre a formação do país. As distâncias enormes, os obstáculos opostos ao trânsito num território como o nosso, de relevo acidentado, de coberturas florestais, nos pontos estratégicos, de difícil penetração, com uma linha costeira tão parcamente endentada, e rios, com poucas exceções, de curso cheio de acidentes e traçado infeliz para os rumos que a colonização tomou; de tudo isto vão resultar comunicações difíceis e morosas que imprimem às relações da colônia um ritmo lento e retardado; e que terá tido com toda segurança uma boa dose de responsabilidade neste tom geral de vida frouxa que caracteriza o país.*[72]

Os caminhos paulistas permaneceram difíceis. Para o começo do século XIX, circulando pelos escritos do marechal Müller, de Mawe, Saint-Hilaire, Kidder, de Maria Thereza Petrone..., Valter Martins apresentou um retrato das estradas por que andavam os tropeiros de Campinas: pontes mal conservadas, estreiteza, traçado para enxurradas, lama.[73] E depois, já perto da virada para o Novecentos, continuaram os obstáculos assustadores para o deslocamento, conforme as epopéias dos fazen-

---

[71] Conforme a interpretação de Laura de Mello e Souza para o período colonial em "Formas provisórias de existência: a vida cotidiana nos caminhos, nas fronteiras e nas fortificações" in: op.cit.
[72] **Formação do Brasil Contemporâneo. Colônia.** São Paulo: Brasiliense, 1965, p.235.
[73] Op.cit., p.136-137.

deiros que migravam para o oeste, narradas por Marina Maluf.[74]

Localidade passadoura, Socorro fez-se, em parte, sobre os caminhos. Se assim o foi, fez-se, também, sobre as dificuldades, pois muitos são os reclames acerca do péssimo estado dos caminhos nas Atas da Câmara; desde a década de 1870, na abertura desses livros, proliferavam multas para os que não mantinham as estradas ou as trancavam. Por ocasião das chuvas de 1880 e no resto dessa década eram recorrentes os pedidos de abertura de caminhos, particularmente nos bairros da Lage, Oratório, Pelado, Tanque e dos Ferreira, onde os cafezais se adensavam e requeriam escoamento da produção.

A infixidez dos que existiam fora da sombra das instituições estava no seu próprio nome; ser chamado ora de Francisco Furquim, ora de Francisco Xavier Buenno, receber o sobrenome da madrasta ou levar o mesmo nome da irmã são evidências de que as regras da ordem institucional, dirigida pelo Estado, pela Igreja ou norteada por impulso econômico – como se viu em outros tempos –, em certa medida, não penetravam nos sítios que adentramos.

Nos anos aqui investigados, Socorro manteve, de certa forma, sua *civilização caipira*,[75] seu jeito *frouxo*. O café ainda não tinha força para rasgar os laços familiares e vicinais, para encher de produtos manufaturados as moradas rurais.[76] Possivelmente, só nas décadas posteriores, com a invasão de italianos e do trem, passou a dominar a lógica da grande cafeicultura, que tudo congregava, direta ou indiretamente, no meio rural e no urbano.

Os próprios socorrenses – ao menos os que estavam no topo social – viam-se desta maneira, a caminho de algo que ainda não estava pronto, que iria se fortalecer. No outono de 1876[77] informavam ao governo provincial que a população não podia ajudar a reforma da igreja matriz

---

[74] "Além dos limites da geografia", in: **Ruídos da memória**. São Paulo: Siciliano, 1995, p.124-141.
[75] Cujos traços, distinguidos por Antonio Cândido – isolamento, posse de terras, trabalho doméstico, auxílio vicinal, disponibilidade de terras e margem de lazer –, marcaram a sociedade paulista, por sua vez descendente da *(...) antiga civilização formada no Brasil pelo contato dos portugueses com a nova terra, pela sua adaptação à vastidão tropical, pelos processos de aculturação entre as heranças culturais de brancos, índios e negros. (...)*, conforme QUEIROZ, Maria Isaura Pereira de. op.cit. p.7-8.
[76] Referindo-se a Antonio Cândido e, sobretudo, a Pasquale Petrone, Maria Isaura Pereira de Queiroz, na obra citada, às páginas 7 e 8, elenca as forças destruidoras da civilização caipira: as grandes plantações de cana, as fazendas de café e, finalmente, a industrialização.
[77] Precisamente, 10 de maio desse ano; **Ofícios Diversos** – Bragança Paulista, lata 1293, AE.

porque o comércio *é escasso* e também porque a lavoura de café está *agora começando*.

É certo que praticamente toda a zona rural socorrense voltou-se para o café a partir de meados dos anos de 1870 e que isto se concretizava na maioria dos sítios, de pequena dimensão, extinguindo as outras atividades produtivas e acolhendo a lavoura cafeeira. Em Rio Claro, Warren Dean viu outra configuração:

> *As fazendas de Rio Claro eram quase auto-suficientes quanto a alimentos, materiais de construção, animais de tração e alguns artefatos. Apesar de que a escassez crônica de escravos tentasse os fazendeiros a se concentrarem no café, o mercado era demasiadamente reduzido para suprir as necessidades das fazendas sem um aumento elevado dos preços.(...)* [78]

Os pequenos proprietários de Socorro obrigaram-se a cuidar apenas do café porque não dispunham de recursos – capital e mão-de-obra – para mais investir em seus sítios. Assim, passaram a consumir mais do que antes, mas nada que significasse diversificação alimentar ou material na sua vida doméstica; é provável que as famílias que primeiramente fizeram cafezais de suas terras de cultura tenham vivido, de início, um período em que passaram a comer pior, na quantidade e na variedade do que dispunham.

A maior diferença entre as mercadorias que chegavam às vendas, lojas e armazéns de Socorro no começo e no fim do período estudado estava nas coisas do comer. Na metade do século, mesmo as vendas de molhados ofereciam pouca variedade de gêneros alimentícios.

Nada ainda se comparava aos muitos tipos de bebidas e pitéus que encontramos no inventário de Rogério Gomes de Azevedo (1891), no começo dos anos 1890. Nesse tempo, morava no sítio, numa casa de 700$000, que ficava ao lado da tulha de guardar café e de uns gramados para a montaria. Tinha quase 20.000 cafeeiros e uma máquina de beneficiar café. Mostrando-se claramente um homem da cafeicultura, Rogério deixa-nos ver seus traços de consumidor; nas compras que andou fazendo nos últimos meses antes de morrer, havia bacalhau, toucinho, carne de vaca e de porco, macarrão, pão, açúcar, cebola, alho, manteiga, cerveja, vinho, conhaque, vermute, aguardente, vinagre, pimenta do reino, ferragens – como fechadura, roscas etc. –, querosene, velas e pente.

---

[78] **Rio Claro. Um sistema brasileiro de grande lavoura (1820-1920)**. Rio de Janeiro: Paz e Terra, 1977, p.51.

Rogério Gomes de Azevedo ilustra de maneira exemplar os cafeicultores socorrenses da última década do Oitocentos, pois, independentemente dos milhares de pés de café que possuíssem, tinham sua propriedade, seus recursos e trabalho – fossem os de familiares ou de camaradas – exclusivamente voltados para a cafeicultura, fazendo-se, assim, consumidores de maior ou menor porte,[79] mas marcadamente endividados pelo que adquiriram no núcleo urbano ou nas vendas dos bairros rurais.

Havia uma ordenação que buscava se instaurar, mas havia desenhos de sítios e grupos familiares que, embora pequenos se comparados a outras regiões, teimavam em não caber nas cercas.

Compondo a história das famílias de Andover, no século XVII, P. Greven Jr. também atentava para a especificidade da comunidade investigada:

(...) Mudanças na estrutura familiar ocorriam em determinados períodos, em localidades particulares, fossem rurais ou urbanas, em sociedades específicas, fossem agrárias ou industriais.(...) [80]

O olhar que se movimentava na busca da experiência peculiar, distante do poder e das instituições, colaborava na construção dos papéis informais e improvisados, objetos precípuos do estudo do cotidiano.[81] Assim, para apreender as particularidades informais desse mundo rural socorrense, foi preciso que as fontes fossem utilizadas de maneira distinta daquela empregada pela história serial, como se viu no primeiro capítulo. Esta concebe o fato histórico como repetição de um acontecimento, sobretudo quando a intenção é quantificar,[82] e o define pela sua comparabilidade com outro fato que o preceda ou que o siga.

Para apreender o modo de viver das famílias dos tropeiros, dos lavradores e dos comerciantes da zona rural, os acontecimentos não podem ser pensados em série, o olhar não pode estar dirigido ao que permanece, porque o que se quer é alcançar o descontínuo, as mudanças:

---

[79] Ver Capítulo 4, em que são apresentados os gastos que teve a viúva de Rogério Gomes de Azevedo com os serviços de funeral e enterro, p. 191.
[80] *(...) Changes in family structure usually occur within definite periods, within particular places, whether rural or urban, and within particular societies, whether agrarian or industrial.(...)* P.Greven Jr. op.cit., p. 288.
[81] DIAS, Maria Odila Leite da Silva. **Quotidiano e poder em São Paulo no século XIX: Ana Gertrudes de Jesus**. São Paulo: Brasiliense, 1984, p. 8.
[82] FURET, François."O quantitativo em história" in: LE GOFF, J. e NORA, P. **História: novos problemas**. Rio de Janeiro: Francisco Alves, 1979, p. 53.

(...) a história é, antes de tudo, a ciência da mudança (...) .[83]

A história da família do Bairro do Pico Agudo, que começou a ser contada a partir de <u>Felippe Francisco Rodrigues</u> (1853) é, certamente, a mais tediosa das que aqui vão narradas em cada capítulo. Constituída, sobremaneira, de pequenos e médios sitiantes e tropeiros, essa família não traz a gente rica que faz nossos papéis fervilharem de mercadorias, objetos domésticos, animais, escravos; tampouco traz a gente pobre e sofredora, cujos dramas são excelente material para a construção de relatos emocionantes, mesmo à custa de tornarem sádicos o historiador e seus leitores.

Na família dos Domingues, os muitos personagens apontados – 28 no total, sendo 17 inventariados – formam um desenho complexo, de síntese difícil, com imensa variedade de nomes: Domingues de Faria, Toledo, Pires de Camargo, Oliveira Dorta, Ramalho, Godoy. Para compreendê-los no conjunto é mais fácil compará-los aos demais grupos familiares, notando, então, a vida apegada ao que produz o sítio, as pequenas vendas rurais, o enriquecimento proporcionado pelas tropas. A gente do Pico Agudo, como a dos outros capítulos, casou com parentes – sobrinhas com tios e primos com primas –; se há uma diferença com o que virá nos próximos capítulos é o fato de que nenhum rico herdeiro casou-se com grande comerciante do núcleo urbano. Os parentes e descendentes de Fellipe Francisco aqui analisados chegaram a cruzar alguns bairros para encontrar o cônjuge, mas não saíram da zona rural, nem dos grupos em que os mais ricos são os tropeiros.

Construindo a vida rala desses homens, buscamos contribuir, inclusive, para reescrever a história da cafeicultura em São Paulo. Cada uma das pessoas da zona rural que os inventários nos trouxeram arquitetou a sociedade paulista do café nos seus primórdios, quando esta ainda existia nos pequenos sítios, onde os poucos escravos e as poucas mulas eram a maior parte da riqueza dos cafeicultores da Mantiqueira.

---
[83] *(...) L'histoire est, avant tout, la science d'un changement (...)* in: BLOCH, Marc. **Les caractères originaux de l'histoire rurale française**. Paris: Armand Colin, 1960, p. X.

CAPÍTULO 3

Os Ferreira, os desmemoriados e os escravos

Gertrudes Maria de Jesus (1872) fora batizada em Bragança e, mudando-se para Socorro, casou-se, pela primeira vez, com Floriano Xavier Ferreira (1845), morador do Bairro das Lavras, como toda a família Xavier Ferreira o era havia algumas décadas.

Gertrudes e Floriano geraram cinco filhos, dos quais três tiveram inventário aberto depois de mortos. Entre os cinco, havia o *desmemoriado* Theotonio, que, no tempo da morte de Floriano, em 1845, continuava solteiro, com 30 anos e era o único que ainda morava com os pais; os demais, casados, construíram para suas famílias outras casas no sítio paterno e, nessas terras – avaliadas por 2:400$000 –, fixaram-se.

Floriano, cujos bens somaram seis contos de réis, morava numa casa de 200$000, coberta de telhas, feita de

> (...)*parede de mao, sualhada, com huma porta, trez janellas na frente, rodada de arvoredos de espinhos e mais bemfeitorias, asaber o monjolo de pausapique, 2 portões, inclusive o terreno.*

Nessa morada, Gertrudes e Floriano não tinham mesa de jantar ou cadeiras, mas possuíam armário, cinco catres, sendo um com cabeceira, mesa com gaveta, três caixas de madeira com fechadura, uma delas com pé, e três bancos. Com o oratório repleto de imagens de santos, formava-se um conjunto de móveis bastante simples, se contrastado com regiões mais desenvolvidas de São Paulo e Rio de Janeiro, mas razoavelmente grande se comparado à maior parte das moradas socorrenses descritas em inventários.

Na casa, guardavam algumas correntinhas e continhas de ouro de valor irrisório, esporas de prata, dois tachos e um forno velho de cobre, algumas gamelas. Diferente das *tralhas* de outros espólios, havia cinco pratos de estanho, uma tesoura grande, ferramentas para ferrar animais e uma viola. Havia instrumentos próprios da lida na lavoura, como enxadas, machados e foices, e também aqueles do trato com animais: selas, ligais e cangalhas aparelhadas.

Ainda foram listados entre os utensílios de Floriano uma chaleira de ferro e um ancorote de madeira, que é um barril pequeno, usado para transportar aguardente. Esses dois objetos, a chaleira e o ancorote, desapareceriam das moradas socorrenses nos vinte anos seguintes.

Como muita gente do sítio, Floriano e Gertrudes tinham uma casa na freguesia, atrás da matriz. Era bem pequena, fora avaliada por 64$000, e abrigava somente uma caixa e dois bancos compridos.

Não sabemos se plantavam milho – possivelmente – ou qualquer outra cultura nas terras apontadas. Criavam duas dezenas de porcos, 13 cavalos e duas bestas. Seu grupo de cativos bem representava a presença da escravidão na sociedade socorrense; havia um casal, formado por Thomas – crioulo de 50 anos, doente, avaliado por 225$000 – e Joanna – também crioula, de 36 anos, 400$000 – e seus 6 filhos: Joaquim – 20 anos, 450$000; Adão – 12 anos, 450$000; Eva – 10 anos, 500$000; Januário – oito anos, 350$000; Luiz – seis anos, 300$000; e Caetana – *de pouca edade*, 200$000. Bem-vinda a reprodução entre os negros escravizados, é recorrente a existência de casais com filhos, cujos suores desconhecemos onde pingam, por quais atividades eram suscitados.

Na composição da escravatura, Socorro parece distanciar-se das descrições que os autores construíam até algumas décadas atrás. Com muitos homens e mulheres unidos, seus filhos ainda crianças e alguns idosos – geralmente as velhas empregadas no serviço doméstico –, os escravos de Socorro estendem as suspeitas de R. Slenes sobre as localidades de *plantation* para essa área de sitiantes, em que há plantadores de café, tropeiros, gente que vive de produzir milho e feijão, criadores de porcos, comerciantes:

> *(...)as uniões sexuais de duração 'longa' para a época – as, digamos, de 10 anos ou mais – eram bastante comuns entre os escravos de Campinas, como também eram comuns nesse município as crianças, nascidas no cativeiro, que desfrutavam da presença paterna em seus anos formativos.(...)As mesmas conclusões se aplicam ao Oeste paulista como um todo e provavelmente às outras regiões de plantation em São Paulo e no Rio de Janeiro. Suspeito que são generalizáveis para outras províncias e períodos em que o setor de grande lavoura apresentava condições de estabilidade ou expansão econômica.*[1]

Como R. Slenes, em **Na senzala, uma flor**, Alida Metcalf, estudando Santana de Parnaíba no século XVIII, crê que, embora possa haver nuanças, as pequenas propriedades não favoreciam a formação de famílias escravas. A estabilidade para estas últimas veio, sempre, nas regiões de *plantation*, em que os acontecimentos da vida, ou da morte, dos proprietários não chegavam a alterar a constituição dos agrupamentos familiares construídos pelos cativos.[2] A mesma tendência mostrou Robert

---

[1] SLENES, R. **Na senzala, uma flor. Esperanças e recordações na formação da família escrava – Brasil Sudeste, século XIX**. Rio de Janeiro: Nova Fronteira, 1999, p. 70.

[2] Ver "A vida familiar dos escravos em São Paulo no século XVIII. O caso de Santana de Parnaíba", in: **Estudos Econômicos**. São Paulo: FIPE/USP, vol.17, núm. 17, 1987, p. 229-244.

Slenes em outro texto, para Campinas, o restante do Oeste paulista e, também, as regiões de *plantation* de Rio de Janeiro e São Paulo.[3]

Na realidade socorrense da segunda metade do Oitocentos não foi a estabilidade, tampouco a expansão econômica, que garantiu a formação de famílias escravas. Se pensarmos do ponto de vista econômico, temos que a pequena quantidade de capital disponível para investimentos fez com que os sitiantes socorrenses permitissem – ou incentivassem – o surgimento de casais e a reprodução natural dos cativos, o que se tornava fácil nessas pequenas propriedades, onde mesmo os que moravam em sítios distintos viviam em proximidade geográfica; sem contar os escravos que tinham seus serviços partilhados por mais de um senhor.

Do ponto de vista da experiência escrava, como veremos adiante, ainda neste capítulo, temos que muitas batalhas foram travadas com o fim de manter juntos os companheiros homem e mulher ou a mãe escrava com seus filhos.

Sete anos depois da morte de Floriano, Gertrudes, já *maior de cincoenta annos*, casou-se com o afortunado, recentemente tornado viúvo, José Ferreira de Toledo (1859), morador do Bairro do Jabuticabal, que tinha quatro filhos *desmemoriados* da primeira união.

Antes de se unir a Gertrudes em segundas núpcias, José fora casado com Dorothea Paes Cardosa (1852), com quem tivera sete filhos, dois casados à época de seu passamento. No Bairro do Jabuticabal, José e Dorothea, contando com nove escravos – seis deles menores de 10 anos –, plantavam algodão e cana, tinham oito cabeças de gado bovino nos pastos, uma tropa com 17 muares arreados – aos quais chamavam de *Sabará, Boneca, Farofa, Cabo Verde, Caboclo, Brilhante, Faceira, Mansinha, Bem-feito, Lontra, Ligeiro, Brioso, Coruja, Valente, Relógio...* –, alguns poucos cavalares para montaria e 35 porcos.

Embora o arrolamento dos bens não traga um casal de escravos, nem mesmo um homem e uma mulher de idades próximas – que pudessem configurar uma união consensual –, parece fácil ver que seis crianças, nascidas em seqüência, indicam a existência de uma união estável. Os três escravos adultos de Dona Dorothea e José eram crioulos; um deles era Josefa, já com mais de 50 anos.

José fazia seu sítio produzir. Nele introduziu benfeitorias, como moenda, monjolo, paiol e uns cercados em volta da casa. Moravam de

---

[3] Ver "Senhores e subalternos no Oeste Paulista", in: **História da vida privada no Brasil. Império: a corte e a modernidade nacional**. São Paulo: Companhia das Letras, 1997, p. 274-275.

modo tosco, com bancos, uma mesa, canastras e catres. Entre os cacaréus do cozinhar, uma caçarola e uma *chiculateira* que, como o ancorote e a chaleira da casa de Gertrudes, sumiram dos inventários durante a década de 1860. Na casinha da freguesia, ficavam sempre um catre de embira e duas caixas de madeira.

Em 1852, a família não plantava café, mas juntara patrimônio forte para a região; provavelmente, explorando as bestas e o trabalho dos escravos em atividades tropeiras.

Tendo adoecido, meses antes de morrer, Dorothea faz escritura de doação da sua terça ao marido José

> (...)em remuneração do amor zelo caridade que com ella doadora tem praticado.(...)

Palavras que, mais do que revelar o sentimento que porventura andasse junto ao coração de Dorothea, exibiam o formato literário repetido seguidas vezes nos testamentos do século XIX.

Os desmemoriados: mentecaptos, tontos, mudos e caducos

Depois de poucos meses sem Dorothea, José Ferreira de Toledo casou-se com Gertrudes, partindo do Jabuticabal para ir viver nas Lavras, deixando seus quatro filhos *mudos* – Anna mais velha, com 25 anos, Joaquim, com 23 anos, Gertrudes, 21 anos, e *Anna mais moça*, 19 anos – aos cuidados do mais velho, José Joaquim, casado.

Além das filhas Annas de Dorothea, há outras famílias que davam o mesmo nome a irmãs *desmemoriadas*, mas em nenhum documento há caso de irmãos ou irmãs que, sem deficiência mental, tenham recebido o mesmo nome. Em 1849, nos autos do inventário de Ignacio José Ramalho (1849),[4] foram apresentadas, primeiramente descritas como *mudas*, posteriormente como *mentecaptas* e *desmemoriadas*, Gertrudes Maria, de 20 anos, e Gertrudes, de 18 anos. No *largo da cadea*, em 1862, morreu a comerciante Maria Domingues das Dores (1862),[5] que deixava, entre os quatro filhos pequenos, as meninas *desmemoriadas*: *Maria mais velha*, de cinco anos, e *Maria mais moça*, de dois anos.

José Joaquim de Toledo (1869), o filho de Dorothea a quem cou-

---
[4] Montante de 1:300$000. Pai de uma família que morava no Bairro do Barrocão, com nove filhos, sendo seis casados e três mudos.
[5] Montante de quase oito contos de réis.

beram as Annas, Gertrudes e Joaquim, morava no *Jabuticavá* com a mulher Thereza, seis filhos e os quatro irmãos *mentecaptos*. Nesse sítio, criavam 16 carneiros – tosados periodicamente, conforme se vê por uma tesoura apropriada –, outros 10 animais de montaria e mantinham um pequeno engenho de cana e um chiqueiro. Tinham parte em dois escravos: Luis, um aleijado da mão, de quem trataremos adiante, e Eva, uma crioula cujos serviços não chegavam a usufruir, visto ser outro o seu senhor majoritário.

Diante dos problemas que José Joaquim e sua esposa constantemente enfrentavam no trato dos *desmemoriados*, a Justiça chegou a apontar uma irmã de José Joaquim que poderia encarregar-se dos *mentecaptos*, Maria Joanna,

> (...)largada do marido Manoel, que abandonou sua mulher e vive no Soccorro, (...)

ou seja, vivia na freguesia, no povoado urbano. Maria Joanna morava na casa dos pais, mas, certamente, por mulher que era, não poderia dispor da herança para o trato dos irmãos. Depois de algum tempo, mudou-se para Rio Claro.

Em 1861, veio a juízo José Joaquim, tutor dos irmãos havia quase uma década, prestar suas contas. Afirmou que todos viviam em sua companhia no sítio que era do pai no Jabuticabal, que eram todos

> (...)inteiramente desmemoriados, e mudos, de modo que são doentios, e não prestao serviço algum, e nem podem prestar.(...)

Os bens dos órfãos permaneciam os mesmos que receberam quando da partilha, salvo uma dificuldade que o tutor vinha tendo com o escravo Luis. O cativo fora disputado entre os órfãos *desmemoriados* e o terceiro filho *são* de Dorothea e José, além de Maria Joanna e José Joaquim: Antonio Ferreira de Toledo. Este herdeiro, por um procurador, diz que, antes mesmo de o tutor ter pedido o dito escravo, ele o havia feito, tendo a anuência de todos os interessados. O mesmo

> (...)levou Luis para sua casa, estando por essa rasão a cargo do suplicante o risco da fuga ou morte do dito escravo. (...) ora como o suplicante já tem amisade ao dito escravo, não quer que vaia de sua companhia.

José Joaquim pediu, portanto, que *as partes de Luis* pertencentes aos órfãos fossem vendidas.

Luis, robusto lavrador pretendido por vários senhores, foi levado à praça durante anos para ser vendido; ninguém o arrematou. Na prestação de contas seguinte, em 1865, declarou o novo tutor, tio dos órfãos, que gastou 20$000

> *(...)com o curativo do escravo Luis por occazião de ficar com a mão alejada na moenda de cana, (...)*

ou ainda,

> *(...)quando o engenho lhe moeo a mão.*[6]

Mesmo aleijado, Luis foi requisitado no serviço para os *desmemoriados*; o tutor insistiu para tê-lo em seu poder. Década e meia depois de aberto o inventário, Luis foi arrematado em 1868 por Antonio que, segundo declarara, lhe dedicava *amisade*, o que, mesmo independente do conteúdo afetivo que carregasse à época, não implicou, por exemplo, a alforria de Luis.

Thereza cuidava dos cunhados deficientes mentais desde a morte da sogra Dorothea, em 1852, quando seu marido José Joaquim fez-se tutor dos irmãos e os trouxe para viver consigo. Nos mais de 20 anos em que acompanhamos os *desmemoriados*, sempre se solicita sejam destinados escravos para seu tratamento, como pediu o curador em 1863, justificando a troca do cativo Salvador pela escrava Eva,

> *(...)cuja escrava hé cazada com o escravo Adão pertêcente aos mesmos mentecátos, cuja troca hé neseçario por que os Dementes tem nesecidade de huma escrava para correr aos serviços de seos tratamento alem disto a referida escrava he moça e sadia (...) assim achando-se a dita escrava cazada com o dito Escravo Adão parece ser de justiça que se deve fazer a permutação a fim de não viver o cazal separado.*

Eva não fora arrolada nos inventários dos pais de José Joaquim, mas responde, agora, à pergunta que fazíamos anteriormente: de que união estável originaram-se as seis crianças do plantel de escravos de Dorothea Cardosa e José Ferreira de Toledo? Certamente estamos diante de cativos partilhados por vários senhores; Eva e Adão – juntamente com seus seis filhos – moravam no mesmo sítio, ainda que no papel fossem propriedade de senhores distintos. A realidade que discrepa da burocracia só pode ser alcançada quando se toma para análise um con-

---

[6] MATOS, Raimundo José da Cunha. **Corografia histórica da Província de Minas Gerais (1837).** op. cit., vol. 2, p. 185: *O número de aleijões, procedidos do entalo das mãos nas moendas dos engenhos e do pouco cuidado que há em extirpar os bichos dos pés, é mui grande entre a classe escrava.*

junto de documentos, quando uma família é acompanhada em todas as descendências, os casamentos e as derivações que o historiador puder encontrar. Sozinho, usado como fornecedor de dados quantitativos, o inventário pode se prestar a inúmeros equívocos, principalmente para o estudo de famílias escravas.

Quando José Joaquim, pelo curador, em 1863, pediu à Justiça que lhe trouxessem Eva, porque dela carecia para cuidar dos irmãos *desmemoriados,* alegou que com isso manteria unido o casal de escravos. Como em outras vezes nos inventários socorrenses, antes da lei de 1869, os senhores declaravam que pretendiam manter juntos os cativos de uma mesma família; se não porque julgassem melhor manter a união familial, usavam tal argumento porque o mesmo encontraria acolhida e ajudaria a aumentar o número de cativos sob a posse do mesmo senhor. Além disso, fizeram-no num quadro geral de pequenas posses de escravos, contrariando o que encontrou R. Slenes em Campinas, a partir de dados de 1872; afirma o autor que nas posses maiores era mais freqüente a permanência dos filhos com os pais escravos e, ainda, que os senhores das ditas posses

> (...)*seguiam uma política de não separar os casais de suas crianças menores de 10 anos (e provavelmente, até certo ponto, daqueles de 10 a 14 anos) (...) Nas pequenas posses, contudo, os senhores aparentemente não seguiram essa prática antes da lei.(...)*[7]

A situação dos escravos desses *desmemoriados* herdeiros de Dorothea não encontrou acomodação. Dois cativos chegaram a se rebelar contra o tutor, *que nem sempre pode estar prezente*, e fugiram; o crioulo Sabino, por segurança, foi recolhido à cadeia, antes que também fugisse.

Resultado da tentativa de vender os escravos dos órfãos, em maio de 1870 houve petição do tutor solicitando 1$000 por dia em que ficaram sem o serviço dos escravos, quando estes estavam *em praça*, argumentando o seguinte:

> (...)*tendo sido por ordem deste Juiso recolhidos para a Cidade de Bragança para hirem apraça os Escravos pertençente aos ditos Orphãos, isto em dacta de 20 de Julho de 1868; e conservendoçe todos lá the odia tres de Fevereiro de 1870 quando arrequerimento do Supplicante tornou avoltar huma Escrava; tendo por*

---
[7] SLENES, R. op.cit., p.104-107.

tanto ficado quase 19 meses, sem terem quem o servisse.

Numa economia de pouca produção excedente, que raramente era vendida, os *desmemoriados*, além de tornarem disponíveis seus bens, para uso daqueles com quem viviam, prestavam para obter dinheiro. A tal petição foi imediatamente aceita nas primeiras instâncias; entretanto, o curador geral, após alguns dias, disse que a considera injusta

(...)não só porque o inventariante tem desfructado uma grande porção de terra pertencente a desmemoriada, em seu proprio interesse constando-me acharem se essas terras bem istragadas, mas tãobem porque este pedido já foi com justiça indeferido pelo Doutor Juis de Orphãos nos autos do inventario do finado pai da desmemoriada.

Desde o inventário do *desmemoriado* Joaquim, em 1865, de montante de quase dois contos, José Joaquim não era mais o tutor de seus irmãos, pois havia alguns anos encontrava-se *desmemoriado*, sob a responsabilidade de sua esposa Thereza. Assim, acompanhamos essa mulher que, como mostraram os inventários e relatos das prestações de contas do estado e dos bens dos *mentecaptos*,[8] gastou a vida no encargo dos familiares que tinham problemas mentais.

É inegável o uso que se podia fazer dos órfãos em geral,[9] e mais ainda dos *desmemoriados*, que jamais podiam ser ouvidos em depoimento como outros órfãos que, alcançada a maioridade, vinham a juízo protestar pelos maus tratos que receberam.

O curador geral esperava que os bens dos órfãos fossem cuidados, sobremaneira suas terras e lavouras, a fim de que não deteriorassem e que sempre houvesse com que garantir o futuro dos curatelados, que poderiam restar sem tutor de um momento para outro.

Dada a natureza dos documentos que nos informam sobre o cotidiano dos deficientes mentais, estamos sempre na cerca que separa o

---

[8] As informações de que dispomos acerca do cotidiano e dos bens dos deficientes mentais *Anna mais velha*, Joaquim, Gertrudes e *Anna mais moça* foram extraídas dos seguintes inventários:
• Dorothea Paes Cardosa (1852), mãe dos mesmos, em cujo inventário estão, sobretudo, as prestações de conta.
• José Ferreira de Toledo (1859), pai dos mesmos, onde estão as querelas de família provocadas pela partilha dos escravos entre os irmãos e os problemas surgidos com aqueles destinados para o serviço junto aos *desmemoriados*.
• Joaquim Ferreira de Toledo, o primeiro *desmemoriado* a falecer, em 1865.
• Gertrudes Maria, morta em 1870, muda e *desmemoriada*.
• *Anna mais velha*, morta em 1880, muda e *desmemoriada*.
[9] No próximo capítulo trataremos dos órfãos não *desmemoriados*, que são alocados nas famílias socorrenses para prestação de serviços, em troca de um soldo anual, depositado em juízo, usufruído a partir da maioridade.

terreno do interesse do tutor em receber mais pelo serviço que presta ao *desmemoriado*, e por isso descreve um quadro de penúria, que justifica o pedido de mais dinheiro, daquele terreno ao lado, em que é necessário mostrar o *desmemoriado* bem vestido, alimentado, sendo, ou não, instruído para executar pequenas tarefas. Na petição citada anteriormente, o tutor dos filhos *desmemoriados* de Dorothea e José descreveu a vida dos tutelados:

> *(...)e os seos Estado sendo tal que perçizam huma pessoa constantemente para zelar visto serem alem de mentecaptas huma alejada que perçizava, mudar de lugar, lavar e the mesmo dar lhe o comer, para assim não pereçer; com o que vioçe o Supplicante obrigado, a Abandonar seos intereçe afim de estar, elle ou sua mulher sempre, empregado em prestarlhes todo o auxilio neçesario para assim não serem os mesmo vitima, visto seos mizeravel Estado(...).*

Em 1872, tendo os *desmemoriados* Joaquim e Gertrudes já falecido, retornou o tio tutor para prestar contas. Disse que Anna mais velha está com 40 anos e

> *(...)nada fas por ser inteiramente desmemoriada,(...)*

que Anna mais moça, com 38 anos,

> *(...)presentemente vive muito inferma,(...)*

e que as duas viviam em companhia da cunhada do tutor, Thereza Maria de Jesus.

A demonstração que se fazia ao curador devia ser catastrófica para valorizar os cuidados do tutor, mas até o ponto em que não deixasse dúvidas da capacidade do mesmo em continuar a exercê-los. Era preciso que as autoridades, ao mesmo tempo, convencessem-se de que os cuidados seriam oferecidos até mesmo por caridade a quem não tivesse bens, mas que, sendo o tutelado proprietário, necessitado de muitas coisas, era justo que o tutor recebesse algo em troca do que tinha realizado. É neste sentido que pedia pagamento o procurador do tutor de *Anna mais velha* em 1873:

> *(...)Ninguém ignora os incommodos que dá uma pessôa nas condições da curatellada do supplicante: mentecapta, paralitica e encapas de mover-se sem o adjutorio de uma terceira pessôa.*

Avaliou as despesas em 800 réis por dia, para o passado e o futuro. Contudo, o juiz indeferiu o pedido, alegando que isso deixaria

Anna sem nenhum dinheiro recolhido ao cofre, exposta ao perigo de não ter como sobreviver no destino. Pediu que as despesas fossem pagas com o rendimento das terras e com os juros do dinheiro recolhido.

A segunda geração da família que se iniciou com os dois casamentos de Gertrudes Maria de Jesus – morta em 1872 – estava povoada de *desmemoriados*. Vimos que entre os filhos do primeiro casamento de Gertrudes, com Floriano Xavier Ferreira, havia Theotonio, cujo inventário é de 1885. O segundo marido de Gertrudes – José Ferreira de Toledo – tivera, na primeira união, com Dorothea Paes Cardosa, quatro filhos *mudos*. Mais *desmemoriados* conhecemos quanto mais avançamos nas linhas que vão dando novos contornos à família através de outros casamentos.

Gertrudes e Floriano tiveram um filho que morreu no mesmo ano da mãe, em 1872. Chamava-se José Antonio Ferreira, conhecido por José Floriano Livre. Este, por sua vez, casando-se com Anna, juntou a família dos Ferreira com a de Joseffa Maria da Annunciação, falecida em 1848, mãe de Anna e de outros seis filhos, entre os quais o *desmemoriado* Florêncio e outros três *desmemoriados* que haviam morrido *ainda em creança*.

Tantos *desmemoriados* levam a pensar sobre a causa de tais deficiências ou doenças mentais. O primeiro a fazer é procurar distinguir os deficientes dos doentes mentais; estes são acometidos por um estado instaurado a partir de uma certa data em suas vidas, como aqueles em que podemos reconhecer sintomas de um acidente vascular cerebral,[10] ou ainda um estado circunstancial, motivado pela bebida alcoólica, por exemplo. Além dos doentes, é preciso reconhecer os deficientes mentais, cujas dificuldades eram congênitas ou adquiridas no nascimento mal assistido.

O fator causal mais provável para tantos *desmemoriados* é a consangüinidade.[11] Os socorrenses sempre explicaram assim a incidência de *mentecaptos* na zona rural. Com efeito, já víamos no capítulo anterior a forte endogamia presente nas famílias inventariadas; continuaremos a vê-la nas famílias dos capítulos seguintes. Beatriz Westin Cerqueira Leite, na obra sobre a região bragantina, à página 64, afirma que os laços

---

[10] Derrame, no senso comum; em que o indivíduo apresenta sintomas como perda de memória e lucidez, bem como paralisia de partes do corpo.
[11] Durante todos os anos desta pesquisa estive buscando literatura médica – psiquiátrica e psicológica – que norteasse a discussão acerca dos *desmemoriados* socorrenses. Nesse percurso, também tratei o assunto com muitos profissionais de saúde, alguns moradores de Socorro. Os livros nada ofereciam que pudesse, com segurança, ser alinhado às descrições dos inventários; os profissionais, de sua parte, insistiam na consangüinidade, que afirmam estar presente na zona rural socorrense até hoje.

muito próximos criavam grande número de indivíduos deficientes; outra vez, à página 127, a autora diz que a fusão de famílias gerava surdos, mudos e incapazes em alto índice na população. Em contrapartida, temos entre nossos inventariados a família das Gertrudes, mostrada no próximo capítulo, na qual houve repetidos casamentos entre parentes, mas onde não encontramos menção a deficientes.

Valter Martins, vasculhando os inventários dos pequenos agricultores da primeira metade do século XIX, em Campinas, viu muitos surdos, mudos, tontos e cegos entre os agregados dos sítios; entendeu serem indivíduos deficientes que, quando crianças, abandonados pelos pais, foram recolhidos pelos sitiantes;[12] não lhe interessaram as causas desse quadro, tampouco o modo de vida que levavam.

Apostamos mais na hipótese da endogamia – entendida como forte incidência de uniões entre parentes de grau próximo – e em distúrbios genéticos,[13] porque os sinais acometem irmãos, sempre mais de dois no conjunto da prole.

Algumas páginas à frente veremos Maria Honoria, quarta geração da família aqui estudada, avaliada por um médico. Dada como *louca* recente, teve as causas de seus desatinos atribuídas aos desgostos por que vinha passando com o marido ou a um fator *atávico*, visto que carregava casos de *loucura* na ascendência familiar.

Ao analisarmos os casamentos registrados nos inventários, percebemos que a grande parte dos socorrenses casava-se com quem estava por perto. Isto é, as uniões davam-se entre pessoas vizinhas – próximas geograficamente –, entre pessoas de mesmo nível social – principalmente no caso dos mais ricos – e, também, entre pessoas do mesmo grupo familiar – como ocorreu com a gente que estudamos no capítulo anterior e com a família das Gertrudes, que veremos no próximo.

Além da endogamia, nessa realidade de parcos recursos materiais, com muitas crias a esperar crescer, em que o trabalho dos familiares fazia a vida caminhar, havia gente que, vemos com clareza, não suportava a dimensão das dificuldades ou a força opressiva que recebia sobre o lugar que ocupava naquele quadro social. Como Maria Honoria, que tinha o marido *perdido*, a loucura era um subterfúgio para a realidade ou

---

[12] In **Nem senhores, nem escravos. Os pequenos agricultores em Campinas (1800-1850)**. Campinas: Centro de Memória/Unicamp, 1996, p. 57.
[13] Vale lembrar que apenas em 1866 o inglês John Langdon Down descreveu a Síndrome de Down, observando um grupo de crianças com características comuns. Certamente, isso não chegara à burocracia socorrense no período em estudo.

uma pecha a quem ousava viver de modo diferente.

O peso dos preconceitos sobre os *doentes do sistema nervoso* sempre foi grande; Lycurgo Santos Filho, em **História Geral da Medicina Brasileira**,[14] afirma que esses doentes, fossem dementes, psicóticos..., eram considerados possessos e sempre estiveram, até meados do século XIX, ligados às cadeias e não aos hospitais.

Em Socorro, há histórias intrigantes, em que certas nuanças na descrição firmada pelo escrivão contribuem para caracterizar o comportamento do indivíduo, mas impedem o encontro de um claro diagnóstico. Tanto em 1840, no inventário da mãe Escolástica Maria de Jesus, como em 1848, no do pai Gordiano Correa Barbosa, entre os sete irmãos, foram apresentados:

> *- Jacinto, Casado, tonto e sem juizo*
> *- João, mudo*
> *- Maria, muda*

Como pôde haver casado Jacinto, se portava a mesma deficiência dos outros dois irmãos? Ou será que *tonto e sem juizo* indica tratar-se de outros desvios?

Peculiar também era a prole de Anna Gertrudes de Jesus, morta em 1889, casada com Manoel Gonçalves de Oliveira, falecido três anos depois. Ambos tinham oito filhos, dos quais apenas os seis primeiros foram apresentados como *idiótas*.

João Domingues de Faria – pertencente à segunda geração da família analisada no capítulo anterior – é um bom exemplo dos acometidos por males temporâneos, em que ficaram inequivocamente explicitados o começo e o fim da doença. No final de 1853, no inventário do sogro, ao lado da mulher Maria, João foi descrito pela frase

> *(...)este se acha demente.*

Em outubro do ano seguinte, João abriu justificação contra seu curador, tendo em vista que recuperara o juízo e podia administrar seus bens; para declará-lo havia duas testemunhas, uma era Feliciano Franco de Godoi, branco, casado, natural de Bragança, morador de Socorro, 24 anos, que vivia de lavoura e

> *(...)confirmou a enfermidade que causou a perda de juízo do suplicante, o seu restabelecimento e disse saber de tudo por ser vizinho do mesmo, com quem tem rellação e*

---

[14] São Paulo: Hucitec/Edusp, 1991, p. 215 e p. 304.

as vezes andão juntos em serviços e em caçadas.(...)

Outro modo que tinham os escrivãos de descrever os estados temporários de perda da lucidez era chamá-los de *caducidade*.

No tempo e lugar em que não havia um saber constituído como competente, o veredito sobre a sanidade mental de um sujeito apoiava-se em testemunhos, gente também comum que vinha dizer: "o tipo está bem, já não há nada de errado com o jeito dele". Lycurgo Santos Filho, na obra citada, acrescenta:

> *A insuficiência de conhecimentos dominante até meados do século XIX sobre as doenças do sistema nervoso tornou difícil a perfeita caracterização dos estados mórbidos da esfera nervosa, os quais, de modo geral, receberam designações atinentes ou alusivas ao sintoma predominante.(...)*[15]

Daí alguns virem descritos, às vezes, apenas como *surdos*, ou *mudos*, e logo depois aparecerem como *desmemoriados*, *mentecaptos*, *sem juízo*. Expunha-se a precariedade dos diagnósticos.

Sabedores que somos das dificuldades de abastecimento que sempre se abateram sobre o território nacional e da pobreza em que vivia a gente do interior, podemos arriscar supor que a desnutrição também pode ter contribuído para danificar o desenvolvimento mental – motor e/ou cognitivo – das crianças socorrenses. June Hahner, mostrando as péssimas condições sanitárias das cidades brasileiras do final do Oitocentos, colhidas entre os poucos que se preocupavam com o tema àquela altura da história nacional,[16] aponta, entre outros problemas que:

> *(...)crianças mal-nutridas que sobreviviam, algumas vezes sofriam de retardamento físico e mental.*[17]

Com todas essas possíveis causas, não chegamos a ultrapassar

---

[15] p. 299.
[16] PIMENTEL, A. Martins de Azevedo. **Quaes os melhoramentos hygienicos que devem ser introduzidos no Rio de Janeiro para tornar esta cidade mais saudável**. Rio de Janeiro, Typ. e Lith. de Moreira Maximino e Co., 1884 e **Subsídios para o estudo de hygiene do Rio de Janeiro**. Rio de Janneiro, Typ. e Lith. de Carlos Gaspar da Silva, 1890; COSTA, A. Corrêa de Sousa. **Qual a alimentação de que usa a classe pobre do Rio de Janeiro e sua influência sobre a mesma classe**. Rio de Janeiro, Typ. Perseverança, 1865; Brasil, Ministério da Justiça, **Relatório, 1875**. E ainda . MATTOSO, Kátia M. de Queirós e ATHAYDE, Johildo de. "Epidemias e fluctuações de preços na Bahia no século XIX" IN: **L'histoire quantitative du Brésil de 1800 à 1930**. Colloques Internationaux du C.N.R.S. Paris, Centre National de la Recherche Scientifique, 1973, p. 185-187.
[17] Op.cit., p.46.

as conjecturas. Aflige não podermos dialogar com o saber atual; é difícil estabelecermos os paralelos de sintomas e diagnósticos oitocentistas com a ciência médica de que dispomos na atualidade.

Com os *desmemoriados* socorrenses, não podemos ir além da descrição do cotidiano, notando o abandono, o confinamento, a imobilidade e a miséria em que viviam. Descrevendo, interpretamos: havia homens, mulheres e crianças que, mesmo não tendo nascido cativos, tinham uma existência sofrida e pouco considerada naquela estrutura social.

Nada adiantaria abrir mão do homem universal e do tratamento das camadas dominantes para assumir tipologias de oprimidos que também estão vazias de significado, carregadas de uma fixidez que pouco ilumina a experiência particular e concreta dos que não têm autonomia: o louco, a mulher, o camponês pobre, o escravo. É preciso fisgar esses personagens de Socorro por suas peculiaridades, sabendo que não se repetem em todos os tempos e espaços. Aqui, estamos no fluido e complexo emaranhado das múltiplas realidades sociais por que passava a gente de Socorro, que vivia distante de um contexto normalizador, longe do poder constituído e da ciência que, com fragilidade, construía-se naquela altura do século.

Florêncio de Almeida (1884), o *desmemoriado* filho de Joseffa Maria da Annunciação (1848), irmão de Anna, casada com um dos Ferreira das nossas páginas anteriores, foi tutelado ora por um cunhado, ora pelo major Vidal Barbosa Cesar, que sua mãe escolhera para testamenteiro. Recebeu de herança materna partes em dois escravos e 25 alqueires de terra. Com o tempo, seus escravos foram vendidos, pois não podia fazer uso dos mesmos, que estavam permanentemente em poder de um cunhado, seu senhor majoritário.

Em 1861, na prestação de contas,[18] Vidal Barbosa Cesar disse ter feito encomenda para o tutelado a um negociante de Bragança, pois

> *(...) quando o suplicante aceitou a curadoria tinha o seu curado algua roupa; porem presentemente acha-se o mesmo sem roupa para mudar, e mesmo a que tras no corpo está toda esfrangalhada, e tambem não tem ponxe com que se cubra.*

Entre os itens solicitados, estavam pano azul para *ponxe*, baeta, linha, botões, cortes de calça de algodão e de casimira, merino para pale-

---
[18] Todas as prestações de contas referentes a Florêncio encontram-se no inventário de sua mãe: Joseffa Maria da Annunciação, de 1848.

tó, riscado para colchão, corte para colete, cobertor francês, meias, sapatos, lenços e chapéu. Logo abaixo, o major anunciou os 13$000 que pagara de feitio para as calças, camisas, paletó e colete.

No ano de 1865 o tutor era o cunhado José Floriano Livre, que também pediu para receber quantia referente a compra de vestuário que fizera para Florêncio, onde estavam presentes, de maneira geral, os itens da prestação de contas anterior. Informou, ainda, que Florêncio morava nas Lavras com a irmã <u>Benedicta</u>, fazia caixas e bancos para vender, e com o dinheiro comprava

> (...)*pólvora e elementos para cassar pássaros e fumo para pitar.(...)*

Parece que Floriano tinha uma demência de grau mais leve do que os outros deficientes mentais tratados até aqui. Como vimos, caçava pássaros, fumava e até mesmo trabalhava na feitura de caixas e bancos; por isso, talvez, precisasse ter roupas um tanto melhores e um animal de montaria em seu poder. Diferente dos casos mais comuns, Florêncio tinha, inclusive, a liberdade para ir e vir.

O último tutor de Florêncio foi um sobrinho, chamado Salvador, que parecia ser mais ganancioso do que os anteriores, ou menos habilidoso no manejo da burocracia, ou, ainda, ter sido responsabilizado pelo *mentecapto* quando estava em idade avançada, portanto numa situação mais instável. O fato é que Salvador compareceu ao juízo de órfãos durante dois anos, tentando explicar onde aplicara o dinheiro que lhe rendera o aforamento para plantio de milho que fizera das terras de Florêncio, bem como a permissão que havia concedido para que tirassem madeira das mesmas.

Salvador tentou amparar-se em despesas com vestuário, praxe nas prestações de conta de qualquer órfão. O problema de sustento dos órfãos era sempre, ou quase sempre, o vestuário. Viviam os tutores a declarar que os tutelados estavam *inteiramente nús*. Parece que estávamos em uma sociedade onde comer não custava muito, ou, pelo menos, o que se tinha para comer não custava muito. Sem mostrar os assentos das compras de roupas e fazendas, Salvador não convenceu o curador geral, ao qual

> (...)*consta que nenhuma dispeza faz com o (...) mentecapto e anda este em abandono morando em companhia de Benedicta Maria da Annunciação.*

Afirmou o curador geral que, segundo se dizia pela região, Salvador, não conseguindo explicar o desaparecimento de 100$000 pertencentes a Florêncio,

> (...)esconde-se do oficial de justiça que vai às Lavras de Cima.(...)

Embora não tivesse sido resolvido o paradeiro do dinheiro, Salvador foi absolvido, pois não havia provas contra ele.

Quando morreu, em 1884, Florêncio não tinha roupa com que ser enterrado, mas tinha depositada em juízo a quantia de 867$520 e os 25 alqueires de terra, *bem estragados*, que herdara da mãe em 1848.

Semelhantes desentendimentos nas contas existiram no extrato dos bens das irmãs *mentecaptas* Laurinda e Maria Sant'Anna.[19] Vivendo na casa do irmão, Marinho, no Bairro do Barrocão, eram tuteladas por um tio que, regularmente, justificava as despesas com gastos para vestuário, alguma compra de toucinho e açúcar, enterro e sustento de escravos, melhorias na casa e na calçada do imóvel que tinham na vila. Com o passar dos anos, anunciavam-se as quebras ou desgastes nos objetos que vieram da casa dos pais: chocolateira, prato travessa, panela, roda de fiar e machado.

Em 1873, o tio, perguntado se a casa da freguesia não trazia rendimento,

> (...)Respondeo que a caza he pequena, e por isso pessoa (...) que pague o aluguel não se interessa, alem disto sua curada precisa della para occupa-la no Domingos e festas, que ella com sua irmã assistem.

O Barrocão é bairro próximo do povoado urbano, quase mesmo nos subúrbios, daí a maior facilidade de as irmãs freqüentarem as festas. Sem contar o fato de que tinham herdado para seu serviço alguns dos sete escravos que possuía a família quando a mãe morreu, em 1849.

No ano de 1882, autoridade competente em Socorro avisou ao juiz de órfãos que o novo tutor – outro tio – não tinha cuidado dos bens das *mentecaptas*, pois a casa estava em ruínas e, além de não a ter consertado, vinha mantendo-a arrendada, como fazia com o terreno no Barrocão, onde nada plantava, mas para o qual havia tratado aforamento. Avisava

---

[19] Todas as informações acerca de Laurinda e Maria Sant'Anna foram retiradas dos inventários de seus pais, Francisca Maria de Jesus, falecida em 1849, e Joaquim da Silva de Oliveira, falecido em 1860. As irmãs foram inventariadas e nenhum dado de interesse escapou à monotonia da burocracia: Laurinda morreu em 1891 e teve inventário aberto em 1896, contido nos autos do inventário de sua mãe, e Maria Sant'Anna morreu em 1890, tendo seu inventário permanecido autônomo, não apenso a nenhum outro da família.

o informante que o mais conveniente seria vender a casa e recolher o dinheiro ao cofre, ou então aplicá-lo em ações da estrada de ferro.

Muita paciência precisa ter o historiador – também o seu leitor, freqüentemente – para, entre tantas querelas burocráticas, distinguir o que serve à construção da vida dos deficientes mentais e da sociedade em que viviam. É difícil compreender informações desencontradas: a casa que o tutor considerava que não devia ser alugada, pois era usada pelas irmãs *desmemoriadas*, nove anos depois, estava danificada e arrendada. Laurinda e Maria Sant'Anna deixaram de ir às festas ou jamais o fizeram com a regularidade que o tutor insinuara?

Num depoimento de 1884, o escrivão de órfãos afirmou que

(...)as mentecaptas, segundo me consta, andam seminúas!(...)

O fim de Laurinda chegou em 28 de novembro de 1891, conforme os autos do inventário de sua mãe:

(...)às seis horas da manhã, em casa de sua residencia, falleceu em consequencia de uma hydropsia (...) a mentecapta Laurinda, solteira, cor branca, com cincoenta e cinco annos de idade,(...).Cujo cadaver vae ser sepultado no Cemiterio da Fabrica da Matriz d'esta Cidade.(...)

De Laurinda não sabemos apenas a doença, a morte e o sepultamento. Os anos de Laurinda permitem-se acompanhar desde a infância, quando perdeu a mãe, aos dez anos. Moravam, então, no Bairro do Salto, caminho para Serra Negra e Amparo, onde a estrada acompanha as curvas do Rio do Peixe, tornado pedregoso e violento um quilômetro depois do núcleo urbano.

Assim, Laurinda morou no Bairro do Salto quando criança – onde vivia quase toda a família de seu pai, os Silva de Oliveira – e depois no Bairro do Barrocão; ou seja, viveu nos bairros periféricos da vila, o primeiro numa ponta do povoado, na direção de Minas, e o outro mais ao sul, do lado de quem vai para Bragança.

Seu pai, que já fora casado uma vez antes de se unir a sua mãe, casou-se meses depois de viúvo e teve mais dois filhos, nenhum deles *desmemoriado*.

Em 1853, quando Laurinda, aos 14 anos, continuava morando no Salto, na casa em que viveu com a mãe, seu pai, que morava numa casa da *rua direita,* perdeu a terceira mulher, Rita Mathildes (1853), por complicações no pós-parto. Viúvo, com filhos pequenos, as duas *mentecaptas*,

Joaquim casou-se logo depois, pela quarta vez, com Maria de Lima, por quem foi abandonado após alguns meses.

Com a morte do pai, em 1860, Laurinda e Maria Sant'Anna ficaram sob a tutela de um tio vizinho e, portanto, continuaram no Bairro do Salto até o começo da década de 1870, quando passaram a residir com o irmão Marinho, no Barrocão.

Na primeira década em que esteve completamente órfã, com vinte e poucos anos, Laurinda fez nascer dois filhos, um gerado no sítio e outro já na casa do irmão, ambos de pais desconhecidos. O segundo filho era Francisco como o padrinho – Francisco Gomes Ferraz, o grande comerciante.

Tendo engravidado duas vezes, Laurinda nos faz desconfiar de que, talvez, não tivesse deficiência ou doença mental. Não seria Laurinda da Silva de Oliveira uma mulher que, tendo escapado das regras de bom comportamento no seu tempo, foi dada como louca, doente mental, *desmemoriada*?

Inclina-se a aceitação para a deficiência mental em virtude de serem duas irmãs portadoras dos mesmos sintomas, com comprometimentos motores – *mal fallam, pouco ou nada conseguem em serviços domesticos* –, indicadores prováveis de panes genéticas ou, no mínimo, de males congênitos, detectados ainda na infância, conforme os documentos de 1849. Também o fato de ter perdido a guarda dos filhos faz de Laurinda uma *desmemoriada* cujas características deviam ser bastante evidentes e comprometedoras da lida diária.

No ano de 1884 o juiz de órfãos regeu o primeiro contrato em que os filhos de Laurinda – Francisco e Joaquim – davam seus serviços a senhores que se comprometiam

> (...)a alimentar, vestir e curar o orpham quando enfermo, á sua custa e a ministrar-lhe a necessaria instrucção e educação.(...)

Francisco mudou-se com seu contratante para *MogyMirim* no mesmo ano. Reapareceu em 1896, casado, morando em Itapira, para reclamar a herança de Laurinda.

Diferente de Francisco, Joaquim seguiu a vida tortuosa da mãe, cheia de descaminhos e imprevistos. Seu contratante desfez os acordos em juízo depois de alguns meses, alegando que Joaquim

> (...)*sempre se ausenta da casa do supplicante como é publico e notorio* (...).

Joaquim foi *recolhido* das ruas, voltou para a casa de onde fugira. Dois anos depois, seu tutor pediu dispensa da função, alegando família numerosa, descrevendo Joaquim como o tutelado

> (...)*que muito soffrimento lhe tem cauzado nos ultimos annos.*

Em 1887, depois de meses desaparecido, Joaquim, com 18 anos *mais ou menos*, agora descrito como *mentecapto*,[20] reapareceu em poder do senhor Benedicto Pires.

> (...)*Dis Benedicto Pires que tendo aparecido em sua casa o orphão mentecapto Joaquim, alem de bastante doente com uma grande ferida na perna, todo roto e maltratado, e disendo querer ficar em companhia do Suppe. a vista do que condoido de seu estado quer o Suppe. contratalo nas condições seguintes: Os tres primeiros annos sem soldada alguma, e mais tres annos á rasão de dose mil reis por anno; dando mais todo o tratamento preciso com vestuario alimento e medicação que for necessaria.(...)*

Ainda no contrato, dizia o tutor:

> (...)*em attenção a ser o dito orphão mentecapto, não pode conseguir um contracto mais vantajoso.*

Havendo mostrado "compaixão" de Joaquim, um ano depois de tê-lo em casa, Benedicto Pires pediu para transferir o contrato a outro senhor. Este último contratante, chamado a dar informações do órfão três anos depois, contou que

> (...)*o dito orphão só esteve em companhia do supplicante pouco mais de um mes, evadindo em seguida.*

Entre as marcas de *mentecaptos* e *desmemoriados* estava o não trabalhar. Fugindo permanentemente dos serviços que lhe arranjavam em contratos, Joaquim respondia àquilo que se esperava do *mentecapto* que demonstrou ser.

Páginas atrás, vimos que, querendo livrar-se do curador, provar que havia *recuperado o juiso*, João Domingues de Faria apresentou testemunhas cujos principais argumentos estavam no trabalho – *andão*

---

[20] Novamente, com Joaquim, ficamos inertes diante da imprecisão de um diagnóstico de deficiência ou doença mental, como desejaríamos para nossos anseios da atualidade.

juntos em serviços e em caçadas –, fosse o trabalho que se realizava para outrem, tendo pagamento em troca, ou aquele necessário à vida rural cotidiana.

Com 39 anos, o *mentecapto* Antonio Furtado, *vulgo Antonio Mudo*,[21] morava com o irmão no Bairro da Serra do Moquém, para os lados do Camanducaia, a sudeste, quase na fronteira com a atual Pedra Bela, onde o rio mais próximo já não é o Peixe, mas o Camanducaia. Em 1872, perguntado sobre o sustento de seu tutelado, o irmão respondeu que

> (...)é mudo e aleijado de uma mão, pouco trabalha, e por isso tem sustentado e dado de vestir a sua custa.

Antonio Furtado, conforme descreveu seu irmão, tinha habilidades que lhe permitiam executar certas tarefas; entretanto, dificultado pelo problema na mão, não trabalhava regularmente, não era capaz de garantir o próprio sustento.

Nos autos do **Termo de Curadoria – 1870,**[22] Marianno Cardoso de Oliveira pedia para manter para si os serviços do órfão *desmemoriado* Vidal, seu afilhado, de 30 anos, que vivia em péssimas condições na zona rural, onde recebia pagamento, sustento e espancamento:

> *Diz Marianno Cardoso de Oliveira morador no destrito da Freguesia do Soccorro, que elle supplicante tendo tomado sobre seo cargo hum seo afilhado de nome Vidal, por achar-çe o mesmo ao desamparo por não ter Pai nem mai, o qual sendo mentecato abandonou a companhia do supplicante, ficando Exposto, a Caridade Publica, andando pelos bairros trabalhando ahuns e outros, os quais lhe pagão na forma que bem lhes pareçe, as vezes em Objetos pelo preço que lhes comvem; e soffrendo ainda todo genero de neçeçidade bem como fome nueza e athe sendo por alguma ocasião corregido com pancadas; ao que compadeçendo-çe o supplicante e querendo por termos a tais soffrimentos, tratando com umanidade pagando os servissos que prestar por seo justo vallor, (...).*

Começamos a tratar dos *desmemoriados* a partir daqueles que

---

[21] Conhecido no inventário de sua mãe, Ignacia Gomes de Moraes, morta em 1862.
[22] Encontrado no conjunto de muitas dezenas de documentos não catalogados da Biblioteca do Fórum de Socorro; no local, estavam contratos de órfão, licenças de casamento, processos-crime, autos de falência, prestações de contas da matriz e outros.

encontramos na família Ferreira, do primeiro e do segundo maridos de Gertrudes Maria de Jesus (1872).[23] Gertrudes e Floriano tinham um filho *desmemoriado*: Theotonio, solteiro, de 30 anos, único dos irmãos que vivia com os pais, em 1845. Quando tinha 47 anos, ainda vivia nas Lavras com a mãe e, a respeito de sua educação e profissão, o tutor fez a seguinte declaração:

> *(...)elle não se dá ao trabalho por ser desmemoriado, entretanto que falla sofrivelmente, e que se acha educado quanto he possivel, hé inteiramente pacifico e que vive bem tractado.*

Enquanto Theotonio mostrava-se *pacifico*, no sítio vizinho sua meia-irmã trazia problemas ao tutor que, seguidas vezes, pediu para trazer próximos os escravos das *desmemoriadas*:

> *(...)perçizo huma pessoa que só ce empregue em nellas zellar por serem as mesmas duas alem de mudas alejadas, e outra muda e emsertas ocasião furiosa, e propença a cometer desatinos, tornandoce portanto dificultosisimo o tratamento das mesmas por não ter escravo e nem quem lhe sirva.*[24]

Aos 57 anos, Theotonio podia contar com um potro para montaria e, quanto ao trabalho, afirmava seu sobrinho:

> *(...)tem a lavoura como profissão, mas pouco trabalha.*

Repetiam-se em Theotonio os comprometimentos da fala e das habilidades necessárias para o exercício da lavoura, o que o impedia de prover seu sustento.

Em 1894, quase uma década depois da morte de Theotonio, duas gerações abaixo desse *desmemoriado*, uma sua parenta, Maria Honoria Ferreira, sofreu processo de interdição. Maria Honoria era neta de Joaquim Xavier Ferreira, que, por sua vez, era primo de Teothonio, morava nas Lavras e faleceu em 1864.

As histórias deste capítulo apóiam-se sobremaneira nos inventários de três grupos familiares, conforme mostra o seu respectivo quadro genealógico (página 254): primeiramente, tratamos do grupo que nasceu a partir dos dois casamentos de Gertrudes Maria de Jesus (1872) – sendo

---

[23] O primeiro foi Floriano Xavier Ferreira, falecido em 1845. O segundo marido, José Ferreira de Toledo, morreu em 1859.
[24] Conforme prestação de contas de 1862, no inventário de José Ferreira de Toledo (1859).

o primeiro com Floriano Xavier Ferreira (1845) e o segundo com José Ferreira de Toledo (1859); depois, passamos aos herdeiros de Josefa Maria da Annunciação (1848), levados por um filho de Gertrudes e Floriano que se casou com Anna, filha de Josefa; por último, temos os descendentes de João Xavier Ferreira (1864), irmão de Floriano Xavier Ferreira, que, como este, também viera de Bragança. Os casos de Maria Honoria e Cyrillo, de que tratamos agora, pertencem a este terceiro grupo.

Apenso ao inventário de Joaquim Xavier Ferreira (1864), marido de Joanna Honoria, filho de João Xavier Ferreira (1864), encontra-se o processo de interdição de sua neta, da quarta geração da família, Maria Honoria Ferreira, e do marido da mesma, Cyrillo da Rocha Campos, iniciado em 1894, três décadas depois de começados os autos do inventário. Os depoimentos e providências judiciais que terminaram por destinar os bens de Maria Honoria e Cyrillo a curadores – com o fim de preservá-los até que os filhos menores pudessem administrá-los – encontram-se unidos a esse inventário porque, desde o início da década de 1880, a neta morava com a avó Joanna Honoria, no sítio das Lavras.

Quando o processo de interdição foi aberto, Cyrillo encontrava-se na cadeia de Socorro,[25] como confirmaram os homens da cidade chamados para dar informações ao juizado de órfãos sobre o estado mental em que se encontrava o casal. O primeiro depoente era Felicio Vita, italiano, 38 anos, comerciante estabelecido em Socorro, cunhado de Cyrillo que,

> (...) no seo parecer, achase completamente desasizado, porquanto, tendo tido necessidade de tratal-o por varias vezes, reconhece pelo procedimento delle que o mesmo se acha completamente sem o uso da sua rasão, e que até á seo pedido, por falta de outra commodidade, tem estado o mesmo recolhido á um dos quartos da cadea desta cidade, que, como seo cunhado, interessando-se pelo seo restabelecimento tem feito o mesmo usar de medicamentos de mais de um medico, entretanto sem resultado algum.(...)

Quanto a Maria Honoria, declarou Felicio que

> (...) tem ouvido diser e foi mesmo informado pela avó della D.Joanna Honoria Ferreira em cuja casa se acha a

---

[25] Conforme vimos na página 135, Lycurgo Santos Filho mostra que, nesse período, os sofredores de doenças e deficiências mentais são levados para prisões.

> *justificada, de que a mesma perdeo o uso de sua rasão, pernoitando nos mattos, passando sem comer e praticando outros actos que denotam o que accaba de allegar (...).*

Outro comerciante, Brasilino Vaz de Lima, 32 anos, nascido em Socorro, disse que, quanto a Maria Honoria,

> *(...) sabe unicamente que ella fugio desta cidade, ignorando, porem, a rasão e como.(...)*

Quanto a Cyrillo,

> *(...) sabe que ele está soffrendo das faculdades mentaes em virtude dos actos que o mesmo tem praticado, os quaes determinaram até a sua reclusão á cadêa publica por falta de outro logar mais adequado; que esse estado (...) dura já seguramente a seis mezes e é augmentado quando elle usa de alcoolicos, o que costuma ser frequente.(...)*

Como outros *desmemoriados*, Cyrillo foi mantido recluso, conforme asseverou Lycurgo dos Santos Filho que se costumava fazer com os doentes e deficientes mentais no Brasil até entrado o século XX. Do depoimento do cunhado Domingos, com quem morou Cyrillo antes de ir para a cadeia, emergiam aposentos trancados, arrombamentos e o uso freqüente de bebida alcoólica, que depois foi apontada no diagnóstico do médico como causadora dos distúrbios apresentados. Assim, declarou Domingos Bacci, 38 anos, outro italiano, também comerciante da cidade:

> *(...) nunca teve juiso perfeito, principalmente quando se embriagava, ha quatro mezes para cá tem manifestado symptomas de loucura que augmentão-se quando elle usa de bebidas alcoolicas; que para o fim de tractal-o recolheo-o em sua casa em um quarto especial, preparado especialmente para elle, e nos poucos dias que lá elle esteve, notou sempre por seos actos e palavras que elle tinha perdido completamente o uso da rasão; em certa noite tentou elle fugir de sua casa arrombando o quarto onde se achava, sendo então recolhido á cadêa onde se conserva.(...)*

Quanto à neta de Joanna Honoria,

> *(...) notou quando ella foi a sua casa para tractar do marido que ella já estava desvairada, certificando-se mais*

tarde da exactidão de sua previsão, não só por ter ella fugido na noite em que o marido quiz arrombar a casa como tambem pelas noticias posteriores que teve um compadre della que a encontrou na estrada e disse-lhe que ella estava louca, como tambem da sogra da testemunha que também o é da justificada, a qual indo visitar esta na casa onde ella se acha, verificou que a mesma não a reconheceo, sabendo mais que ella sai de casa para pousar no matto e costuma passar sem alimentar-se.(...)

Colhidos os depoimentos dos familiares e conhecidos, marido e mulher foram examinados pelo médico, doutor Feliciano Duarte Miranda, e pelo farmacêutico José Moreira de Almeida. O exame devia responder a cinco questões:

*1) se os pacientes referidos soffrem de alienação mental
2) se é continua ou tem lucidos intervalos
3) se é geral ou parcial
4) qual a sua especie ou genero
5) desde que tempo data ella*

Às quais, respectivamente, respondeu:

*1) soffrem de alienação mental
2) que não são continuas as alienações de ambos e que tem ellas lucidos intervallos
3) que é geral quanto a ambos
4) que soffrem ambos a mesma especie – delirio de perseguição
5) quanto a Cyrillo, soffre a mais de annos; e quanto a sua mulher é o incommodo de data recente*

Dando continuidade ao laudo, observaram que:

(...) o dito Cyrillo soffre das faculdades mentaes, sendo a mesma loucura interrompida por intervallos lucidos, e occasionado pelo alcoolismo cronico, cuja especie - é da perseguição - parecendo datar esta infermidade de mais de anno, conforme consta de informações que colheram (...). Maria Honoria acha-se da mesma forma inferma das faculdades mentaes; sendo porem sua loucura de data recente e occasionada por emoções extraordinarias pelo estado precario de seo marido; havendo entretanto caso de loucura na sua família, o que pode-se julgar atávica, apparecendo agora em tempo opportuno; a forma de sua alienação é a da perseguição, apresentando intervallos

lucidos.(...)

Provado que o casal necessitava de interdição, tendo esta sido aprovada pelo juiz, foram chamados quase dez parentes de Cyrillo e de Maria Honoria para assumir a curadoria dos bens em prol dos filhos ainda crianças. Todos o recusaram, alegando, principalmente, que Cyrillo sempre os tivera como inimigos, chegando mesmo a ameaçá-los de morte, algumas vezes armado.

Cinco anos depois, em 1899, Maria Honoria Ferreira continuava morando no sítio da avó, já falecida. Não sabemos se vivia sozinha, mas cuidava dos filhos pequenos. Veio a juízo pedir para vender parte da herança da avó, porque

(...) acha-se sem meios de subsistencia tanto para si como para seus filhos que ainda são de menor idade (...).

Os distúrbios mentais por que passa o casal Maria Honoria e Cyrillo impedem que tenhamos uma medida do comportamento do patrimônio da família ao longo dos anos. Assim como a morte prematura estancou o fluxo de riqueza do avô de Maria Honoria – Joaquim, que começava a formar uma tropa quando faleceu, em 1864 –, a *alienação mental* de Cyrillo mudou o curso da história de sua vida material; seus filhos não tinham casa, nem terra para cultivar e tampouco loja na cidade, como tinham seus parentes próximos.

Na metade da década de 1890, com médico e farmacêutico devidamente habilitados a dar seus pareceres, já tínhamos uma sociedade em que as pessoas começavam a sofrer institucionalização e a se tornar objeto do saber médico. O casal ilustrava bem essa transição: ele viveu recolhido a um lugar fechado – que ainda não era hospital – e ela viveu solta em delírio pelos matos e estradas.

Segundo José Geraldo Silveira Bueno, foi no Rio de Janeiro, no início da segunda metade do século XIX, que surgiram as primeiras instituições para educação dos *anormais* no Brasil. Apenas nesse momento, e de modo segregacionista, o país começou a tratar os deficientes – físicos ou mentais, principalmente crianças – como uma questão de caráter social e médico.[26] Até então, tratava-se de problema de ordem patrimonial e da alçada da justiça.

As questões que vimos formuladas para o médico e o farmacêutico não eram de interesse para o juizado de órfãos em décadas anteriores. Todas as vezes em que os órfãos *desmemoriados* perderam o poder

---
[26] "A produção social da identidade do anormal", in: FREITAS, Marcos Cezar (org.). **História social da infância no Brasil**. São Paulo: Cortez, 1997, p.159-181.

sobre as heranças, fossem eles menores ou não, o juiz o decidia, sem que para isso contasse com informações acerca da natureza do distúrbio mental e da continuidade do mesmo.

Doutor Feliciano e o farmacêutico José lembraram a incidência de problemas mentais entre os ascendentes de Maria Honoria – vimos como a família Ferreira estava povoada de *desmemoriados* –, o que, segundo eles, poderia indicar algo de *atávico*, ou seja, algo que Maria Honoria tivesse trazido em sua herança genética. Entretanto, parece que para os dois casos, sobretudo no de Cyrillo, tratava-se de seqüelas do alcoolismo que, no caso de Maria Honoria, foram ajudadas pelo quadro em que se viu envolvida com as dificuldades do marido, atestadas mesmo pelos conhecidos e parentes do casal.

Infere-se dos depoimentos e do laudo médico que Maria Honoria, não suportando viver na realidade do marido alcoólatra – que agredia todos os que conhecia, conforme os depoentes declararam –, migrou para o universo da insanidade, passando a vagar pelas estradas, desistindo de cuidar da casa e dos filhos.

De todo modo, não podemos recorrer aos estudos que procuraram historicizar os distúrbios mentais, mostrando que a concepção de desvio e o saber que sobre ela foi elaborado transformaram-se ao longo dos séculos. Desde M.Foucault, com **Histoire de la folie**, outros tantos surgiram; estudiosos brasileiros também se debruçaram sobre a formação da idéia de loucura. Contudo, todos se preocupavam com sociedades urbanas, onde a institucionalização e normalização dos desvios eram os grandes fatos, apontados como tratamento para as doenças e deficiências mentais.

Os escravos: doentes, criminosos e fujões

Vez ou outra, sempre nos descaminhos, um inventário abre atalhos para chegar aos negros. Fugas, doenças e crimes são alguns desses descaminhos, "flashes" de sua história pela liberdade, quando são senhores de sua vontade. Noutros documentos, vêem-se estratégias mais ardilosas dos cativos até mesmo no tempo regular, quando não acontece nada extraordinário, quando os escravos, ou aqueles que o foram, buscam aproximações com os livres, tentando assemelhar-se a estes, como apreendeu Hebe Mattos em seu **Das cores do silêncio**.

No conjunto dos inventários que repousam no Fórum de Socorro, foram as dezenas de documentos referentes aos Ferreira, das Lavras que mais evidenciaram a presença escrava. Foi essa família que, nos seus processos de arrolamento e partilha, mais e melhor mostrou os conflitos por que passaram os cativos. Assim como tinha muitos *desmemoriados* nas suas moradas, a gente dos Ferreira também possuía razoáveis plantéis de negros escravizados. Nesse grupo de senhores estava representada a propriedade de escravos mais recorrente nos sítios socorrenses: em torno de cinco cativos, sendo um homem e uma mulher adultos, duas ou três crianças e um ou dois idosos.

Na maior parte das vezes, a historiografia que já não trata das grandes propriedades agroexportadoras estuda o escravo nas grandes aglomerações urbanas – de Pernambuco, Bahia, Minas Gerais, Rio de Janeiro e São Paulo – ou nos quilombos, como mostram os textos reunidos por Flávio Santos Gomes e João José Reis em **Liberdade por um fio: história dos quilombos no Brasil**.[27]

A escravidão socorrense assemelha-se à de centros urbanos como São Paulo[28] pelos poucos escravos que tinham os senhores, mas difere daquela porque não há forte incidência de aluguel ou ganho.

Na família de que tratávamos neste capítulo, com o segundo marido, José Ferreira de Toledo (1859), Gertrudes viu crescer substancialmente seu patrimônio. Enquanto o *monte* de Floriano (1845) – o primeiro cônjuge – estava em torno de seis contos, os bens de José reuniam mais de 14 contos de réis, entre oito escravos muito valiosos, uma tropa de 13 bestas e até alguns livros de caráter religioso. Como em muitos outros casos vistos no capítulo anterior, José amealhou fortuna pelos trabalhos que fazia como tropeiro.

Apesar do testamento feito por ele, que garantia a parte de Gertrudes diante dos enteados, houve atritos; os herdeiros queixaram-se da madrasta, dizendo não aceitar a declaração da mesma de que tinham sido distribuídos aos pobres os 64$000, conforme o pai determinara para pagamento de promessas.

São os atritos que nos permitem ultrapassar a monotonia burocrática. Todas as vezes em que um conflito se apresentava, eram documentados mais depoimentos, arquivados outros papéis comprobatórios, ou

---

[27] São Paulo: Companhia das Letras, 1996. Aqui, na "Introdução", os organizadores apontam, sobretudo, a necessidade de se tratar o negro escravizado como sujeito que tentava construir sua história de liberdade, ao invés de tratá-lo como objeto de opressão.

[28] Basta ver a pobreza e a fluidez no cotidiano retratadas por Maria Odila Leite da Silva Dias e por Maria Cristina Wissenbach, em **Quotidiano e poder** e em **Sonhos africanos, vivências ladinas**, respectivamente.

seja, os autos do processo acabavam por ter andamento distinto daquele que fora previsto, no seu tempo e para o historiador que o lê no presente.

O inventário de José Ferreira de Toledo, além de trazer as brigas de partilha entre os herdeiros, carrega ainda os percalços em que se viram envolvidos os escravos dos órfãos *desmemoriados* e seus tutores. Prestando contas dos bens dos tutelados, em 1868, Joaquim Ferreira de Toledo informou que

> (...)*os Escravos Adão e Luiz cometerão crime, pelo que forão condemnados a trazerem ferro ao pescoço por certo tempo sendo ainda condemnados a multa e mais de juros que talves aproximese no valor de 600$000.*

Durante quase dois meses os escravos encontraram-se recolhidos à cadeia de Bragança,[29] aguardando julgamento. Foram processados por terem ofendido o tutor[30] e sua pena foi de 50 açoites e gancho no pescoço por seis meses. Para os *desmemoriados*, que sequer estavam envolvidos na ofensa ou podiam decidir sobre o uso dos cativos, restava pagar, com a venda de outros bens, pelo alimento que uma senhora de Bragança levou aos escravos enquanto estavam na cadeia e pelos ferros que maceraram os pescoços de Adão e de Luiz.

À medida que as fontes permitissem, meu interesse estava em deslindar os comportamentos dos negros; é isto o que mais demanda a historiografia da escravidão, é o que intentamos mostrar: não mais o exercício da dominação, a eficiência da opressão senhorial, mas a resistência dos cativos.

No primeiro capítulo do instigante **Na senzala, uma flor**, na pesquisa da família escrava no Brasil, Robert Slenes percorre autores brasileiros e outros, em geral americanos, na intenção de mapear

> (...)*certas mudanças na postura dos historiadores perante suas fontes.*[31]

Segundo o historiador, superamos os autores que atribuíam à condição escrava a causa da anomia e da apatia política dos negros brasileiros – como Roger Bastide, Florestan Fernandes, Fernando

---
[29] Passássemos pela cadeia de Socorro e também veríamos escravos atrás das grades. Numa petição de 1880, que se encontra junto a uma série de documentos não catalogados no Fórum de Socorro, Silveria Cardosa Leite, de Monte Sião, queria resgatar seu escravo Silvino, *que tendo fugido do poder della, encontrava-se preso na cadeia de Socorro.*
[30] Portanto, infringindo o Artigo 205 do Código Penal.
[31] p. 28.

Henrique Cardoso. Na entrada da década de 1970, vimos surgir em toda historiografia

> (...)*um novo enfoque sobre pessoas subalternas – especialmente operários e escravos – vistos agora como ativamente engajados com sua experiência, refletindo sobre ela à luz de sua cultura (e no processo reelaborando essa cultura), e tecendo estratégias de aliança e oposição no encontro com outros agentes históricos.*(...)[32]

Nessa linha têm caminhado muitos historiadores brasileiros, principalmente interessados em regiões de grandes propriedades do Sudeste no século XIX: Alida Metcalf, Maria Odila da Silva Dias, João Fragoso, Manolo Florentino, Sheila Faria, Hebe Mattos, José Roberto Góes, Sidney Chalhoub, Stuart Schwartz e muitos outros. Poderíamos juntar à lista Maria Helena Machado e Maria Cristina Wissenbach[33] que, como os demais – mas variando para o ambiente urbano, mais no caso da segunda autora –, têm procurado encontrar no universo escravista os espaços de negociação e resistência do escravo que, usando das culturas africanas, acompanhado dos pares ou de outros sujeitos,

> (...)*devolvem ao escravismo sua "historicidade" como sistema construído por agentes sociais múltiplos, entre eles senhores e <u>escravos</u> (grifo do autor em escravos).*(...)[34]

Nas suas experiências, os escravos de Socorro também constituíram um universo peculiar, no qual podemos penetrar através dessa documentação oficial; pelos inventários, pouco percebemos do escravo que não seja aquilo que interessava ao registro do mundo dos senhores. No inventário, o acesso ao negro é condicionado pela porta da escravidão; somente o conhecemos por sua caracterização de trabalho, somos iniciados nele por sua idade e seu valor no mercado. Contudo, evitou-se tratar o indivíduo negro, com uma parte de sua história de vida a ser contada, como exclusivamente condicionado pelas informações de que dispúnhamos a seu respeito como escravo.

Não obstante, não podemos nos esquecer de que, num terreno tão árido de dados, às vezes o valor de um escravo pode servir, ao menos,

---

[32] p. 39. Para essa conversão, salienta Slenes a contribuição fundamental da obra de E.P.Thompson.
[33] MACHADO, Maria Helena P.T. **Crime e escravidão. Lavradores pobres na crise no trabalho escravo (1830-1888)**. São Paulo: Brasiliense, 1987; WISSENBACH, Maria Cristina Cortez. **Sonhos africanos, vivências ladinas. Escravos e forros em São Paulo (1850-1888)**. São Paulo: Hucitec/História Social/USP, 1998.
[34] Ainda no mesmo **Na senzala, uma flor**, à página 45.

para delinear o vulto de uma pessoa, se frágil ou forte, se doente ou saudável.

Como vimos duas páginas atrás, em meados da década de 1860, Adão e Luiz foram condenados por insultar o tutor de seus senhores. Alguns anos antes, precisamente em 1858, montou-se, ao que parece, um quadro de acirramento da resistência dos negros socorrenses à escravidão. Nos 56 anos percorridos por meio dos inventários não há sinais de crimes tão fortes como os que se apresentaram em 1858, numa comunidade tão restrita como Socorro.

Durante o ano de 1858, dois senhores foram assassinados por seus escravos. Um deles é Modesto Vaz de Lima (1858), que foi morto em seu sítio, no Bairro do Camanducaia, no dia 22 de outubro; nos autos de seu inventário, há a seguinte descrição:

> (...) *no inventário da finada Isabel de Lima Pinto, mãe do inventariado, tocou ao mesmo inventariado um escravo de nome Antonio, o qual no dia em que foi julgada a partilha assacinou o inventariado, seo Senhor, por cujo motivo foi julgado pelo Jury do termo desta Cidade – Bragança – em pena ultima, cuja pena ainda não foi cumprida por depender dos termos ulteriores.(...)*

Por motivo que ignoramos, Antonio, um crioulo de 27 anos, não quis, de maneira alguma, estar sob o poder do senhor a quem fora destinado. Foi condenado à morte, mas evitou ser escravo de Modesto.

Meses antes, em fevereiro, no Bairro do Rio do Peixe, bem mais próximo da freguesia, Miguel, de 19 anos, assassinara José Joaquim Ramalho (1858), mas não fora condenado à morte; sua sentença é

> (...)*soffrer mil e seiscentos açoutes e a trazer um ferro ao pescôço por espaço de tres annos.(...)*

Sem os autos do processo, fica a interrogação sobre a diferença entre as penas para o mesmo crime. Era de 1835 a lei que punia com a morte o escravo que matasse seu senhor, os familiares deste ou o feitor.[35]

Se não indicam revoltas organizadas, com maior número de rebeldes, tais mortes podem ser consideradas, como propõe Maria Helena P.T. Machado, resistências no interior do sistema, onde

---

[35] Conforme MACHADO, Maria Helena Pereira Toledo. **Crime e escravidão. Lavradores pobres na crise do trabalho escravo (1830-1888)**. Op. cit., p. 30. Na obra, onde a autora estuda, a partir de processos criminais de Campinas e Taubaté, as seis últimas décadas da escravidão, o leitor pode obter quadro da criminalidade escrava na Província de São Paulo.

(...)resistir significa, por um lado, impor determinados limites ao poder do senhor, onerá-lo em sua amplitude, colocar à mostra suas inconsistências.(...)[36]

A historiografia registra a ocorrência de crimes nas várias localidades escravistas estudadas. Segundo Maria Helena Machado, as ocorrências eram maiores nas regiões de grandes e médias unidades produtoras,[37] mas, como mostrou Maria Cristina Wissenbach, podiam ser constantemente vistas nos grandes centros urbanos oitocentistas, nos subúrbios rurais de São Paulo, ainda que os números indiquem decréscimo permanente dos índices de criminalidade escrava.[38]

Emília Viotti da Costa, estudando regiões onde o poder do Estado fazia-se mais presente, pôde ver as penas a que eram submetidos os líderes negros, pois se tratava de localidades em que as revoltas tinham certa organização e, ainda, onde foram apanhados os chefes de quilombos, onde as vendas de beira de estrada apareciam aos senhores como os receptáculos dos objetos de roubos dos cativos.[39]

Como Maria Helena P.T. Machado, Robert Conrad viu a insubordinação dos negros em outros tipos de documento, além dos processos-crime:

(...)Os registros da polícia, relatórios provinciais e as declarações de viajantes indicam que muitos escravos procuraram a libertação do cativeiro pelo suicídio, que outros se vingavam violentamente em seus capatazes ou senhores e que muitos outros, ainda, recorriam à revolta.(...)[40]

Vestígios da tensão permanente em que repousava a sociedade da escravidão estão nos jornais de diversas cidades brasileiras, cheios de anúncios sobre negros fugidos, em que se oferecem recompensas, como encontrou Emília Viotti da Costa: em 1855, ofereciam-se até 30$000, em 1875 até 400$000.[41]

O lugar da fuga no quadro da escravidão foi importante. Se não

---

[36] Op.cit., p. 19-20.
[37] Idem, p. 65.
[38] WISSENBACH, Maria Cristina Cortez. op.cit. p.44-45 e trechos do Capítulo 3, sobretudo os referentes ao sitiante da Água Branca, Mariano Alves de Oliveira, nos meados do século passado.
[39] "O escravo na grande lavoura" in: **História Geral da Civilização Brasileira**. Tomo II, Livro Segundo, Capítulo I. São Paulo: Difel, 1985, p. 150-151.
[40] Op. cit., p. 19.
[41] Op. cit., p. 152.

chegava a romper, contribuía, por sua renitência, para desfiar as cordas que prendiam o negro. Afirma R. Conrad que a fuga:

> (...)*Mais comum do que as revoltas, que eram perigosas, difíceis de organizar e de sucesso improvável, era a simples alternativa de fugir da presença do senhor. Enquanto a escravatura durou, o problema dos fugitivos impôs um desgaste permanente das energias e bens da classe proprietária de escravos.(...)*[42]

Considerando que os inventários desvelam uma situação circunstancial na vida do proprietário de escravos, o número de fugas encontrado em Socorro é bastante grande: há quase meia centena de documentos em que são mencionadas fugas de escravos; apenas uma pequena parte delas será apontada aqui.

Quando morreu seu senhor, em 1851, Fermino era um mulatinho de 10 anos que fora avaliado por 380$000. Em 1860, com 20 anos, Fermino era o escravo mais valioso dos herdeiros do comerciante Joaquim Henrique de Carvalho (1851). Nessa década em que Fermino passou de mulatinho a homem, houve vários atritos entre a viúva de Joaquim Henrique – Dona Mathildes –, que batalhou na justiça o direito de tutorar os filhos e de administrar seus bens, e os irmãos do falecido que, de vez em quando, conseguiam provar a inépcia da cunhada e retiravam-lhe a tutoria. Nas brigas entre os cunhados é que encontramos Fermino, que não sabemos se fugia, de fato e por vontade própria, ou se foram criados os acontecimentos narrados por José de Carvalho em 1860, quando pediu ao juiz licença para vender o escravo:

> (...)*tendo este crescido em poder da viuva sem asserto algum, pelo que tem tomado a si a liberdade de trabalhar quando bem lhe parece, sem ja mais querer sugeitar-se aos orphãos, e mesmo a viuva mai destes, té que no dia 22 do corrente mez appareceu na casa do suplicante sem mais querer hir servir aos orphãos e viuva em poder de quem existem os mesmo(...)não só pelas razões já ditas, como porque ja por vezes tem o orphão estado no perigo de perder esse Escravo, ja por via de fugidas que tem feito, como ainda por que se tem dado avalentia, como é publico naquela Freguezia, e assim no perigo de adiquirir qualquer defeito que afinal o impossibelite de servir a seu Amo, quando escape de morrer em qualquer dezordem por elle armada, alem disto é o orphão muito criança, não tem nessessidade de Escravo para lhe servir(...)*

---

[42] Op.cit., p. 20.

Para corroborar a viabilidade da venda, José acusou de negligente a mãe dos órfãos e a Fermino de ser um escravo desobediente e arruaceiro, o que poderia causar prejuízos ainda maiores ao patrimônio do pequeno senhor. O juiz de órfãos não autorizou a venda; pediu que os serviços de Fermino fossem alugados e que as quantias resultantes dessa locação fossem depositadas em juízo.

Francisco Rodrigues Buenno (1866), que vimos no capítulo anterior, era um homem de pouca parada. Com sua pequena tropa, vivia viajando e, ao que parece, cometendo pequenos delitos de negócios nos lugares por onde passava, arranjando mulheres e filhos; antes de morrer, passara quase dois anos na cadeia. Nas viagens, das quais trazia sal e mantimentos para vender na zona rural de Socorro, levava Elias, o único escravo que tinha, um negro de 40 anos. Pouco depois de sua morte, em 1866, o tutor reclama a fuga de Elias, avisando o juiz de órfãos que, provavelmente, os órfãos jamais recuperariam o escravo para seu patrimônio, pois

> *(...)há presumpções que não mais poderá ser encontrado pela pratica de viagens que tinha para as Provincias de Goyas Paraná e Rio Gr do Sul.*

Boa parte dos problemas causados pelos escravos ocorria justamente nos momentos de mudanças na vida dos senhores, em caso de morte, casamento..., enfim, quando algo na vida do senhor levava o escravo a ser transferido de proprietário. Antonio, Fermino e Elias foram escravos que viram, no vácuo produzido pela morte do senhor, uma brecha para se livrar das peias da escravidão ou, no mínimo, para decidir onde viver.

Em 1885, Vicente, um escravo nascido na vizinha vila mineira de Monte Sião, com 23 anos, solteiro, viu morrer sua senhora, Francisca de Paula Barbosa (1885).[43] Imediatamente, passou a viver com os filhos menores de Francisca, mandados para o sítio vizinho, do tutor Cyrino Rodrigues de Oliveira, no Bairro do Morro Pelado.

Naqueles tempos, quando ainda eram raros os morros não cobertos de mata, aquele que o era merecia ser conhecido como tal: Morro Pelado; uma ou duas décadas depois, Socorro e toda a fronteira com Minas Gerais seriam um ajuntamento de morros que, se não de todo nus, cobriam-se com a indumentária mais leve dos cafeeiros. Mais tempo passou e, recentemente, na troca dos cafezais pelos pastos, os morros despiram-se mais, mostraram suas curvas; em alguns casos, com a erosão,

---
[43] Ver Capítulo 1, à página 69.

até mesmo suas carnes.

Entrementes, na partilha de 1885, Vicente foi destinado ao inventariante, genro de Francisca, com quem não pretendia ficar; segundo declaração do próprio co-herdeiro, o escravo

> (...)*não quer por forma alguma permanecer em poder do mmo, promettendo fugir, suicidar-se, isto no caso queira o suppte tiralo do poder de Cyrino Rodrigues de Oliveira.*(...)

Assim, num documento, veio informar que o escravo encontravase em poder do tutor Cyrino. A situação parece revelar mais a vontade de Vicente do que uma manobra de interesse do inventariante. Este tentara muitas vezes autorização para vender o escravo, ou mesmo a ajuda da polícia para trazê-lo a seu sítio; nada alcançou. Vencedor o desejo de Vicente – ainda que inglório –, foi preciso buscar outra maneira de receber a parte que lhe coube na herança da sogra.

Num contrato de serviço de órfãos, dos filhos da falecida Thereza Maria das Dores, de 1886, consta dos autos que Eduardo, escravo de dona Escolástica Maria Franca (1881), compareceu diante das autoridades para impedir a contratação das órfãs Maria José e Francisca. Afirmou Eduardo que as duas meninas eram suas filhas, *havidas com Thereza Ma das Dores, quando ambos eram solteiros*. Passaram as meninas a ter sua origem legitimada, mas Eduardo não conseguiu que permanecessem sob sua guarda, pois sua condição não permitia criá-las. Seguiu tudo como estava: as meninas foram prestar serviço na vila, na casa de gente mais rica.

A atenção dos pesquisadores nas experiências dos escravizados tem salientado quão importantes eram as práticas que, ainda que não levassem à alforria, estavam prenhes de significados de liberdade. Manter-se junto dos parentes – como desejou Eduardo –, aliar-se a gente de mais recursos, ter sua própria roça, viver em habitação unifamiliar, e mesmo forçar a justiça para servir este ou aquele senhor – como fez Vicente –, eram maneiras de avançar na direção da liberdade e de atuar no interior da condição escrava.

A história da escravidão comprovou que as resistências tornaram-se cada vez mais freqüentes, com a conjuntura crescentemente desfavorável à manutenção do cativeiro – após a década de 1870, mais ainda entrados os anos 1880 –, agudizavam-se os conflitos senhor/escravos.[44]

Guardemos, sempre, a lembrança de que as fontes de que dispo-

---

[44] DEAN, Warren. Rio Claro. Op. cit., p.137; Emília Viotti da. op.cit., p. 146. Lembremos novamente da obra de Maria Helena Machado.

mos pouco podem auxiliar na montagem de um quadro da vivência dos cativos; mais visível é a opressão por que passavam, o abuso que os senhores exerciam sobre eles; e por isso devemos atentar para não nos deixar iludir pelo olhar de quem dominava, que via sem compreender os significados que certas práticas tinham na cultura desconhecida, como Robert Slenes em **Na senzala, uma flor** ressaltou para os viajantes, que apenas viram indolência, sofrimento e desregramento na vida dos escravos que conheceram.

Mesmo para construir a opressão, temos dificuldades que não se encontram nas áreas das grandes propriedades agroexportadoras, onde as distâncias entre senhor e escravos eram mais acentuadas, tornando as situações mais nítidas para quem vê no presente. Em Socorro, como em Cuiabá, no mesmo período, na segunda metade do século XIX:

> *O pequeno plantel, a ausência de feitor e o fato de o proprietário e sua família trabalharem junto com seus cativos faziam com que o relacionamento entre senhor e escravos fosse mais próximo.*[45]

Por ser região pobre, de poucas fortunas, se comparada a outras localidades em que o café ensaiava espalhar-se, Socorro viu proliferar nos sítios e casas urbanas os escravos de pouco valor, velhos e/ou doentios; praticamente não vemos cativos *de ofício*, escravos que fossem sapateiros, carpinteiros, tanoeiros etc.

Além da dimensão econômica, da quantidade modesta de capital existente em Socorro, do lugar que o negro escravo ocupava na sociedade socorrense, havia a precariedade das condições de vida que atingia a todos. As famílias que visitamos pelos inventários estavam eivadas de doentes, em todos os cantos havia os *desmemoriados*, os *morphéticos*, as mulheres acometidas por complicações no pós-parto, os que abrigavam *lombrigas*, os recém-nascidos à beira da morte. Se as condições sanitárias eram precárias para os brancos proprietários, facilmente imaginamos como viviam, adoeciam e morriam os escravos.

O Estado procurava garantir, por meio de particulares, os cuidados necessários para os doentes, como vimos com os juízes de órfãos e curadores, no caso dos *mentecaptos*, e como se vê pela legislação provincial de 1865, preocupada com os transtornos causados pelos escravos abandonados:

> *Todo senhor que, dispondo de meios suficientes, abandonar seus escravos morféticos, leprosos, doidos, aleijados*

---
[45] VOLPATO, Luiza Rios Ricci. Op. cit., p.113.

> *ou afetados de qualquer moléstia incurável e que consentir em que eles mendiguem, sofrerá 30$000 de multa e será obrigado a recebê-los com a necessária cautela, sustentá-los e vestí-los.*[46]

Para os que não eram desprezados, restavam alguns serviços que podiam realizar. Robert Conrad afirma que, com o encerramento do tráfico africano, o preço do escravo sobe tanto que até mesmo os defeituosos e com vícios alcançam bom valor e são procurados.[47]

Desde o início do período estudado os inventários fazem referência a escravos doentes, geralmente portadores de moléstias crônicas ou aleijados, como também ocorria nas fazendas e sítios de Campinas, em que os pés e mãos desmanchados, inchaços e feridas faziam diminuir os valores e aumentar os sofrimentos dos cativos *doentios*.[48] Stanley Stein encontrou em torno de 20% de escravos doentes nas fazendas de Vassouras, onde o trabalho era bastante árduo, os plantéis muito grandes e a média de vida do escravo na lida do café era de 15 anos.[49] Segue a apresentação de alguns casos que nos facultam perceber que esses problemas foram recorrentes em todas as cinco décadas da história socorrense.

Nos espólios da família Ferreira, dos dois maridos de <u>Gertrudes</u> (1872), havia casos de cativos que receberam avaliação bastante baixa por apresentarem desordens físicas. Floriano Xavier Ferreira (1845), o primeiro marido, era proprietário do escravo Thomas, um crioulo de 50 anos, casado com Joanna, que, em 1845, foi avaliado por 225$000 e descrito como *doente*. José Ferreira de Toledo (1859), o segundo, ao morrer, tinha na escrava Joanna um bom investimento; 10 anos depois, em 1869, seus herdeiros não conseguiram vendê-la porque tinha *hum grande bócio* e o tutor dizia ser *defeituosa, cujo defeito não privando o trabalho*.

Embora doentes, os cativos continuavam trabalhando, como Margarida, uma africana de 25 anos, cuja avaliação foi de apenas 80$000 em 1863, pois

> *(...)hé aleijada de huma ulcera cronica que padece a mais de vinte annos.*

Mesmo com a ferida na perna, Margarida era bem-vinda nos sítios de todos os herdeiros de sua senhora, Anna Maria do Prado (1863).

---

[46] Apud: COSTA, Emília Viotti da. op.cit., p. 146.
[47] Op.cit., p. 66.
[48] MARTINS, Valter.op.cit. p. 64-66.
[49] **Vassouras. Um município brasileiro do café, 1850-1900**. op. cit., p. 223.

Em 1854, no Bairro do Jabuticabal, extremo norte de Socorro, pegado a Lindóia, morreu José Preto Cardoso (1854), com bens que somavam quase cinco contos de réis, deixando três filhas *mudas*: Gertrudes, Emília e Maria, que depois foram descritas como *desmemoriadas*. Para o cuidado das mesmas o juiz de órfãos encaminhou Bento, crioulo, de 18 anos, com *defeito nos olhos*, um dos dois escravos do espólio.

Portadores de deficiência sendo designados para servir portadores de deficiência é uma realidade que acompanhamos em todas as prestações de contas de tutores. Manter o escravo doente ou aleijado próximo do *mentecapto* não deve ter sido prática agradável para os tutores que, como vimos, sempre procuraram tirar proveito da administração dos bens dos *desmemoriados*. Na partilha da herança do major Vidal Barbosa César (1864), morto em 1864, o escravo Juvencio, pardo, 12 anos, *alejado de um pé*, foi enviado para morar no casebre em que vivia o filho Antonio, *morphetico*. Provavelmente, depois de algum tempo, Juvencio, ademais do aleijo, tornou-se hanseniano, como aconteceu com Adão, crioulo de 20 anos que morava no Bairro dos Cubas, sozinho com sua senhora, a *morphetica* Gertrudes Maria Franco (1865), afastada havia anos do marido e dos filhos.

Dona Marianna da Silva (1873) e sua escrava Francisca também adoeceram juntas, morrendo no mesmo ano. Em 1872, *temendo-se da morte*, Dona Marianna fez testamento em que

> *(...)deixava libertos desde ja seos escravos todos em numero de des, a saber Francisco Paulista, Joaquim Preto, Joaquim Mulato, Josepha, Francisca, Sebastião, Sebastiana, Benedicto, Marta e Antonio. Sem outra condição mais de que servirem a ella Testadora durante sua vida.(...)*

Também declarou que

> *(...)deixava aos mesmos seos escravos uma chacara, (...) com um cafezal e mais bem feitorias existente na mesma chacara, com a condição de não poderem os mesmos libertos venderem nem alienarem por qualquer maneira (...). Declarou que deixava aos mesmos libertos todos os trastes de casa, mantimentos, porcos, e que nomeava para Tutor dos menores ao Professor Rufino Gonsalves de Andrade (...). Declarou que deixava aos mesmos libertos a rossa existente e um cavalo(...)*

Não ficamos certos de que a chácara de Dona Marianna tenha se tornado, de fato, propriedade dos negros libertos. Supondo que assim tenha sido, nada nos indica ter constituído um germe de agrupamento negro, como os bairros negros que os pesquisadores têm encontrado em Itapecerica, Parnaíba, Rio Claro... Em Socorro, papel algum testemunha a existência de núcleos de comunidades negras; se existiram, foram passageiros e pouco se relacionaram com o resto da sociedade socorrense, pois sequer a Câmara, ou a polícia, ou fazendeiros deixaram vestígios desses grupos.

Para os outros escravos que lhe serviram, mas que haviam morrido, Dona Marianna deixou dinheiro para pagar 14 missas por suas almas.

Entretanto, naquele plantel, Francisca não chegou a ser libertada, pois morreu logo depois que o inventário foi aberto. O inventariante, sobrinho de Dona Marianna – que não tivera filhos –, cobrou pouco mais de 100$000 pelo que pagou de médico, boticário, missas e funeral da negra Francisca. Entre as despesas que fez com a mesma, apresentam-se os seguintes itens:

- *caixão de vella 9$000*
- *saco de assucar 8$000*
- *2 alqueires de sal 8$000*
- *16 vellas 1$200*
- *8 dusias de vella 5$760*
- *1/2 arroba de assucar alvo 3$500*
- *1/2 arroba de assucar mascavo 3$000*
- *8 garrafas de aguardente 4$000*
- *1/2 garrafa de vinagre $320*
- *2 pacotinhos de mate 3$200*
- *1/4 de pacotinho de chá $400*
- *1 queijo 1$000*

No recibo do médico, morador da vila de Socorro, sobre *a pessôa de sua cliente Francisca*, constam:

- *12 de janeiro: Visita 1$000*
- *1 Dose de Arsenico para a mesma 1$000*
- *Visita 1$000*
- *13 de janeiro: Visita 1$000*
- *Dose de Belladona 1$000*
- *15 de janeiro: Visita 1$000*
- *16 de janeiro: Dose de Dulcomona 1$000*
- *17 de janeiro: a mma dose*
- *22 de janeiro: Dose de Belladona 1$000*
- *26 de janeiro: Visita 1$000*
- *27 de janeiro: Visita e applicação de Bixas 3$000*

- *29 de janeiro: Visita 1$000*
- *Dose de dulcomona 1$000*

Nada podemos inferir quanto à moléstia que atacou Francisca. Possivelmente, uma doença contagiosa fez morrer a senhora e a escrava em datas tão próximas. O fato de sofrerem juntas o mesmo mal denota as condições sanitárias em que vivia toda a gente de Socorro; contudo, não erradica a distância que separava as duas mulheres. Mesmo herdeira de sua senhora, libertada em testamento, visitada diariamente pelo médico, tendo funerais *decentes*, Francisca carregou a marca da escravidão. Não tivesse morrido e estaria como os demais libertos que vemos no inventário de Dona Marianna: em 1901, os libertos vivos reclamaram os bens que lhes foram deixados, pois até o momento sua situação não fora regularizada, ainda não tinham tomado posse dos mesmos e estavam vivendo na chácara que receberam *em estado de mizeria*.

A história da escravidão esbanja casos de sonhos que ficaram a meio caminho, como os forros da chácara de Dona Marianna. Eram freqüentes os escravos que alcançavam comprar apenas parte de sua liberdade, que chegavam ao juiz com a quantia por que foram avaliados nos autos dois ou três anos antes; a justiça ficava com o dinheiro do escravo, declarava-o possuidor de parte de si e remetia-o de volta a seu senhor, para que continuasse a servi-lo, em nome da porção do negro que ainda cabia a este senhor. Havia outros que morriam antes da concedida alforria chegar e famílias cativas que não conseguiam libertar todos seus membros. Alguns senhores, no momento da partilha, para alcançarem a propriedade de um escravo, prometiam alforriá-lo depois de alguns anos, desde que os servisse nesse período.

Do casamento de Dorothea (1852) com José Ferreira de Toledo (1859) – que depois seria o segundo marido de Gertrudes Maria de Jesus (1872) – vimos que nasceram quatro filhos com problemas mentais, entre eles *Anna, mais velha*, que herdou de seu pai, em 1859, a escrava Josepha. Em 1873, numa prestação de contas, o tutor de Anna apresentou Josepha como

(...)preta, 70 annos, e pouco serviço presta por ser velha e doentia.

Com o falecimento de Anna, em 1880, seus irmãos decidiram dar liberdade a Josepha que, desta feita, foi descrita como

(...)preta, 90 annos, avaliada por 10$000.

Não deu tempo para que Josepha se conhecesse forra; morreu no final desse ano, com o inventário de Anna encerrado, mas sem que os herdeiros tivessem regularizado o processo de sua libertação.

No mesmo Bairro das Lavras de Cima, no caminho para Minas, a viúva Theodora Maria de Jesus (1866), sogra de um Xavier Ferreira, como mostra o quadro genealógico, plantava arroz, milho, café e cana. Além disso, mantinha uma venda e tinha em sua casa uma profusão de objetos – imagens de santos, roupas, louças, panos de cama etc. – que não encontramos em nenhuma outra morada, mesmo na freguesia.

A prosperidade de Theodora vinha de estar exatamente no ápice do lugar econômico que cabia a Socorro na economia provincial e interprovincial nos meados do Oitocentos. Com a sua venda à beira da estrada e o sítio produzindo mantimentos, Theodora abastecia os que passavam e os que viviam por perto, exercendo a atividade mais importante da região até que o café se fizesse hegemônico. Com um patrimônio de 15 contos de réis, produção agrícola diversificada, Theodora tinha 14 escravos que eram, em boa parte, idosos, crianças ou doentes, conforme se vê pela listagem transcrita pelo escrivão:

- *Antonio, de Nação, 55 annos, doentio, Casado com Rosa   500$000*
- *Rosa, de Nação, 50 annos   250$000*
- *José, de Nação, 60 annos, Casado com Marcelina   300$000*
- *Marcelina, criola, 42 annos, se acha pejada, a qual foi avaliada com o feto   800$000*
- *Matheos, de Nação, 45 annos, Casado com Sabina   550$000*
- *Sabina, criola, 40 annos, defeituosa do braço direito por ter destroncado, e não ter jogo nas juntas do cotovello   500$000*
- *Thomas, criolo, 48 annos, doentio, Casado com Domingas   400$000*
- *Domingas, criola, 40 annos, doentia   650$000*
- *Miguel, de Nação, 80 annos   50$000*
- *Rita, criola, 14 annos   800$000*
- *Joanna, criola, 13 annos   750$000*
- *Caetano, criolo, 10 annos   600$000*
- *Generosa, criola, 6 annos, 350$000*
- *Danniel, criolo, 3 annos   300$000*

O conjunto de escravos do espólio de Dona Theodora representa exemplarmente a escravidão que encontramos nos maiores plantéis de Socorro: muitos casais e, por conseqüência, muitas crianças e aumento do plantel através da reprodução; muitos idosos e muitos escravos com a saúde bastante comprometida. Como já anunciávamos nas primeiras páginas deste capítulo, em Socorro, quando encontramos um plantel superior a quatro ou cinco escravos, trata-se de um ou mais agrupamentos familiares que, mesmo depois das partilhas, em geral, permaneciam no mesmo sítio, em terras próximas.

Para além das decisões senhoriais, há alguns anos historiadores apontam os esforços de cativos e forros para manter juntos os familiares, como mostram as obras aqui citadas de Hebe Mattos, Robert Slenes, Sheila Faria e Anna Gicelle Alaniz, por exemplo. Se, por um lado, permitir a formação de famílias entre os escravos era uma estratégia dos senhores – para fazer crescer o plantel ou para mantê-lo em maior tranqüilidade –, também era uma das práticas buscadas pelos cativos, como um modo de viver melhor; Maria Cristina Wissenbach, em **Sonhos escravos, vivências ladinas**, cita cartas de escravos em que tal desejo se explicita.

Na região socorrense, a maior parte dos escravos era de baixo valor, mesmo que constituíssem grande porção dos patrimônios de que faziam parte. O negro escravizado, mesmo na sua fragilidade de doente, na sua miséria de aleijado, ainda assim, era capaz de conferir a alguns homens e mulheres livres o desejado *status* de senhores.

Voltando à família que é objeto deste capítulo, Floriano Xavier Ferreira (1845), o primeiro marido de Gertrudes (1872), tinha outro irmão que, como ele, viera de Bragança e se instalara nas Lavras: João Xavier Ferreira, que morreu em 1864, meses depois de sua esposa, Theresa de Oliveira Cardosa.[50]

João e Theresa, ao morrer, deixaram três filhos casados morando em Socorro, Lucio, também casado, que vivia em Botucatu, e uma nora viúva, Anna Maria de Jesus que, tendo se casado novamente, mudara para o distrito da Penha.

Com patrimônio de 22 contos de réis, o casal tinha oito escravos de valor, nenhum deles doente ou aleijado, apenas dois com mais de 40 anos e nenhuma criança. Certamente, João empregava os cativos no sítio, nas lavouras de milho, feijão e café e na criação de porcos; mas também os levava nas viagens que fazia com a tropa de 30 bestas que possuía.

O plantel de João e Theresa expressava outra realidade, que poderíamos chamar de "proprietários médios". Havia em Socorro, no século XIX, patrimônios que cresciam constantemente, pois se fundavam em

---

[50] Primeiramente, em fins de 1863, é aberto o inventário de Theresa, no qual João não pode ser inventariante por estar muito enfermo. Meses depois, morre João e faz-se inventário dos bens do casal, conjuntamente.

atividades comerciais, tropeiras ou cafeicultoras. Nesses casos, embora pudessem existir cativos doentes ou idosos em meio aos plantéis, os escravos eram relevantes para reprodução da riqueza, ou mesmo para o crescimento do patrimônio e, aí sim, inexistiam casais, crianças, vestígios de formação de famílias escravas. Ao afirmar que áreas de *plantation* ofereciam maior estabilidade às organizações familiares dos cativos do que aquelas de pequenas propriedades, Robert Slenes parece ter pensado em sítios pequenos como o de João e Theresa,[51] os quais, em Socorro, não eram as menores propriedades escravistas.

Quando voltava das viagens, João trazia mantimentos para vender no bairro onde morava, pois entre os objetos do espólio estavam medidas de peso, tabuleiros e vários alqueires de sal.

Os muares que eram criados no sítio de João Xavier Ferreira tinham nomes que, na maioria, repetiam aqueles de outros sítios e fazendas, como *Boneca, Valente, Bonita, Princesa, Diamante, Faceira*... Havia no meio da tropa dois burros chamados Figueira, um mais escuro, chamado *Figueira criolo*, e um mais claro, chamado *Figueira colono*. Soa interessante que, já em meados da década de 1860, existisse – em região tão pouco significativa para a agricultura, o poder e a economia do Império – a noção discriminadora da cor da pele por grupos sociais de trabalhadores, mesmo de um grupo recém-chegado, como o dos colonos: colonos eram claros, crioulos eram escuros.

Distinguidos pela cor, os trabalhadores estavam todos numa sociedade tomada pela mentalidade e pela atitude escravista, como provarão os contratos de órfão e os contratos de locação de serviços analisados no próximo capítulo. T. Davatz, descrevendo as agruras por que passavam os imigrantes, afirmava:

> (...)*E em virtude do espírito de ganância, para não dizer mais, que anima numerosos senhores de escravos, e também da ausência de direitos em que costumam viver esses colonos na província de São Paulo, só lhes resta conformarem-se com a idéia de que são tratados como simples mercadorias, ou como escravos.(...)*[52]

No sítio de João Xavier Ferreira, havia muitas ferramentas no paiol, para a lavoura e a carpintaria. Para cozinhar, tinham muitas panelas, caçarolas e tachos. Dentro de casa, os móveis eram catres, caixas – entre

---
[51] Ver "Companheiros de escravidão: a demografia da família escrava em Campinas e no Sudeste", segundo capítulo de **Na senzala, uma flor**.
[52] **Memórias de um colono no Brasil (1850)**. São Paulo: Martins, 1941, p. 42.

elas, duas *para guardar mantimentos* e uma *de depósito de farinha* – e bancos, só um armário, duas canastras e uma mesa com gaveta. Dois oratórios encerravam 18 imagens de santos.

Quando não estavam no uso, ficavam nas caixas e no armário os talheres, copos, travessas, cálices, xícaras, roupa de cama e de uso pessoal, como vestidos, saias e ponchos, entre outros.

Na boa casa que tinham na freguesia – do mesmo valor daquela da zona rural –, à *rua direita*, João e Theresa mantinham os mesmos tipos de móveis de sua morada do sítio, mas em menor quantidade; além destes, apenas uma roda de bater pão-de-ló.

Assim como foi possível conhecer alguns dos filhos e enteados de Gertrudes Maria de Jesus, parte da segunda geração da família Ferreira, igualmente podemos chegar a outra parte dessa segunda geração dos moradores das Lavras pelos filhos de João e Theresa.

Logo depois da morte de João e Theresa, no mesmo ano, morre seu filho Joaquim (1864), que morava numa pequena casa – de 200$000 – no sítio do pai e era casado com Joanna Honoria. Joaquim e Joanna Honoria eram os avós de Maria Honoria, a mulher *sem juiso* casada com o *caduco* Cyrillo, que conhecemos no final da primeira parte deste capítulo. Dos filhos de Joaquim e Joanna Honoria, conhecemos apenas Luiza, que, casando-se, uniu os Ferreira aos Ramalho, outra família de tropeiros, cujos *montes* beiravam 20 contos de réis. Na verdade, esta filha de Joaquim casou-se com um filho de José Joaquim Ramalho (1858), que vimos anteriormente, assassinado pelo escravo Miguel.

Como o pai, Joaquim lidava com tropa. Tinha 14 bestas; 10 delas ainda não haviam sido pagas, comprara-as meses antes de morrer. Joaquim deixou pouco menos de cinco contos em bens e um conto de dívidas passivas.

Fazia o mesmo percurso do pai: criava uma família de muitos filhos – tinha seis crianças em casa, um moço solteiro e dois filhos casados; plantava um tanto de café e tropeava; era senhor de um casal de escravos que, juntos, somavam quase dois contos de réis, praticamente metade de seu patrimônio; tinha uma casa pequena na freguesia, com poucos móveis. Repetia a vida material que levara na casa dos pais, mas em dimensão e valores menores.

As dívidas de Joaquim mostram que sua vida foi interrompida num momento de instabilidade, ou seja, ainda não era o senhor que casara os filhos e via diminuir a capacidade de trabalho e de produção de riqueza na sua propriedade. Joaquim devia os muares que acabara de comprar de um viajante chamado *João Frances*, que não tinha *parada certa*, devia telhas que comprara para cobrir sua casa e devia, ainda, 100$000 à matriz, dinheiro que arrecadara como festeiro de Nossa Senhora do Socorro, cuja festa não chegou a fazer.

Seguindo a vida dos Xavier Ferreira, temos ainda mais dois filhos de João e Theresa (1864), mais dois elementos da segunda geração cuja trajetória os documentos descrevem. Um deles é João Xavier Ferreira Júnior, que se casou com Anna, filha de Theodora Maria de Jesus (1866), a senhora dos escravos doentios que vimos algumas páginas atrás. João Júnior fez um bom casamento; foi morar no sítio da sogra, onde havia uma venda, boas lavouras e onde a vida doméstica era farta. Em geral, a mulher, ao se casar, vinha juntar-se à gente do marido, no bairro em que morava; isso apenas se alterava quando a noiva era de família mais rica, como se deu com João Júnior e Anna.

O outro elemento dessa segunda geração que conhecemos é Anna Maria de Jesus (1873), também filha de João e Theresa, irmã de João Júnior e Joaquim, casada com o homem mais poderoso da segunda metade do século XIX em Socorro: coronel Germano Pereira de Toledo. Com a morte de Anna, em 1873, coronel Germano deu início ao processo de inventário; rapidamente, entretanto, transformou-o em partilha amigável, fazendo com que os autos, para nossa leitura, sejam fiéis no que concerne aos imóveis, escravos e dívidas, mas muito pouco tragam das miudezas, dos trastes que a família tinha em casa.

No arrolamento dos bens de dona Anna, há raros móveis e uma tralha doméstica rala no sítio do Bairro dos Cubas, onde a senhora vivia com poucos talheres, o mobiliário simples, igual ao de casas mais pobres, constituído de bancos, catres e caixas. A família de Anna Maria de Jesus fez listar apenas parte dos objetos que cercavam sua vida. Por outros documentos, contudo, sabemos que o coronel Germano era proprietário de um grande armazém em Socorro, tinha terrenos e casas no núcleo urbano, ações, era credor de quase todos os que morreram no período estudado, sendo denominado *capitalista*.

Mesmo descritos pela rama, os bens de dona Anna e coronel Germano – que somavam 83:848$000 – incluíam o maior conjunto de escravos de todos os inventários lidos, com 24 cativos, cujo valor quase atingia 20 contos de réis. Nos Cubas, onde o sítio de morada valia 10 contos de réis, a família do coronel criava 15 muares, 14 cavalares, meia centena de porcos e umas 10 cabeças de boi.

Os imóveis do casal chegavam a 25 contos de réis, espalhados por vários bairros da zona rural, ruas de Socorro e um sítio em Monte Sião. Para receber, coronel Germano tinha 15 contos em dívidas; e, para pagar, pouco mais de um conto aos camaradas cujos serviços havia contratado.

Num patrimônio tão sólido para os padrões da região, que continuaria crescendo nas décadas vindouras, surpreende que, em 1873, ainda não existissem cafezais nos empreendimentos do coronel Germano.

Vários descendentes dos Ferreira alcançaram, através do casamento, agregar-se a grupos familiares de boa expressão econômica em Socorro, mas muito mais numerosos do que estes eram os Ferreira cujo destino não pudemos investigar porque, de tão pobres, morreram anônimos para o Estado, sem terem seus bens inventariados.

Entre todos os Ferreira foi Anna Maria de Jesus que, casando-se com o coronel, permitiu à família continuar no grupo dos mais ricos socorrenses. Ferreira desapareceu no nome dos filhos, todos chamados Pereira de Toledo, como o pai Germano, mas dona Anna deu um salto maior que o de seus irmãos e primos, membros da segunda geração dessa família.

Os maiores comerciantes de Socorro conseguiram casar suas filhas com homens igualmente fortes no comércio. Entre vários casos, vejamos o da família do alferes José Pires de Oliveira (1844), que é o segundo inventariado do Fórum socorrense: veio de Atibaia com a segunda esposa, estabeleceu-se na freguesia, à *rua do commercio*, onde montou a casa e o armazém de molhados e chegou a ter meia dúzia de escravos. Entre seus quatorze filhos, Maria Felisbina de Oliveira (1857) casou com Floriano Gomes de Azevedo (1851) – um homem vindo de Bragança, filho de uma Moreira César –, o que possibilitou a ela manter-se no núcleo urbano e no comércio, que era a atividade do pai. Maria Felisbina enriqueceu mais que os irmãos, a ponto de abdicar das heranças materna e paterna.Como ocorrera consigo, Maria Felisbina viu a filha Maria Rita casar-se muito bem, com o major Vidal Barbosa César (1864), viúvo rico, que era nascido em Minas Gerais e eleitor em Rio Claro.

As famílias de comerciantes aqui examinadas mostram que ter pais afortunados não garantia existência abastada, que essas fortunas não eram sólidas e nem grandes o bastante para fazerem ricos todos os filhos. Entre irmãos filhos de comerciantes, enriqueceram os que permaneceram na atividade comercial e fizeram bons casamentos.[53]

Voltando ao Bairro das Lavras, os descendentes dos dois irmãos

---

[53] A mesma instabilidade encontrou Sheila Faria entre as fortunas de comerciantes – nascidos portugueses – do Norte Fluminense, especialmente na Vila de São Salvador; segundo apurou, os descendentes dos tais comerciantes são sempre mais pobres que seus pais. Ver o Capítulo 3 de **A colônia em movimento**.

da primeira geração da família Ferreira – Floriano, morto em 1845, e João, morto em 1864 – separaram-se nitidamente nos níveis de riqueza. Dispomos de três inventários dos filhos de Floriano e dois dos filhos de João; quase todos falecidos no mesmo período.

Os filhos de João tinham patrimônio mais sólido e maior do que o de seus primos. Joaquim, Anna Maria e João Júnior – este último sem inventário – casaram-se com gente mais rica e permaneceram ligados ao comércio ou às tropas, o que, antes do café, rendeu mais mobilidade social para os homens da divisa com Minas Gerais.

Joaquim Xavier Ferreira casou-se com Joanna Honoria, de origem desconhecida; era um homem de bom futuro econômico graças a sua atividade de tropeiro. Anna Maria de Jesus aumentou os níveis de patrimônio da família casando-se com o negociante coronel Germano Pereira de Toledo. João Xavier Ferreira Júnior casou-se com uma filha de comerciantes da zona rural, que tinham um sítio bastante produtivo. Havia, ainda, Luiza – da terceira geração, neta de João, filha de Joaquim – que, sabemos por outros documentos,[54] casou-se com um Ramalho, de família forte no tropear.

Dos três filhos de Floriano Xavier Ferreira cuja riqueza pôde ser investigada nos inventários, o último a falecer foi Theotonio (1885), o *desmemoriado*, morto em 1885. O primeiro, morto em 1870, era <u>Antonio Xavier Ferreira</u> (1870), que tinha quatro escravos, plantava algodão e milho e, além disso, possuía uma casa de 900$000 em Bragança, na *rua do commercio*. O segundo era <u>José Floriano Livre</u> (1872), falecido em 1872, mencionado quando tratamos do *desmemoriado* <u>Florêncio</u>, seu cunhado.

José Floriano casou-se com Anna, filha de gente da freguesia, que vivia numa boa morada e contava com quase 10 escravos. Entretanto, nem mesmo com seis filhos solteiros, com idade e saúde para trabalho, José Floriano conseguiu fazer render seu sítio nas Lavras; plantava pouco milho para os porcos, tinha meia dúzia de animais de montaria e uma casa que era parcialmente coberta de telhas, o resto ficava sob a palha.

Certamente, existiam muitas pessoas que se tornaram invisíveis nos documentos estudados, mas que participavam do mundo dos Ferreira, fosse nas Lavras, no núcleo urbano, nos bairros vizinhos ou em outras vilas. Havia os camaradas, contratados para serviços nos sítios, os forros que, não sendo propriedade de ninguém, não foram citados nos arrolamentos, e os homens de ofício que, vindos de outras localidades,

---

[54] Através dos inventários de seus sogros, pais de Theodoro Camillo Ramalho: José Joaquim Ramalho (1858) e Emerenciana Emilia da Conceição (1886), cujo montante do patrimônio não foi apontado no inventário.

às vezes não tinham morada fixa e prestavam seus serviços hospedando-se na casa onde trabalhavam. Fortuitamente, o arquivo nos presenteia com revelações de vidas isoladas, ou melhor, com documentos referentes a pessoas que cruzaram a história dos Xavier Ferreira, passaram a vida sem o convívio dos familiares, no exercício dos laços de outras naturezas, que não os da família.

Tempos antes de morrerem João Xavier Ferreira e sua mulher, Theresa de Oliveira Cardosa, em 1864, fizemos uma incursão em seu sítio em 1850, quando da morte de Lucas José Moreira (1850).

Lucas Moreira, português, de *mais ou menos oitenta annos*, falecera em julho de 1850 no sítio do seu inventariante João Ferreira,

> *(...)onde se achava trabalhando como oficial de engenho, de moinho e carpintaria.(...)*

Também foi um Xavier Ferreira que inventariou os bens de outro homem que vivia longe dos familiares: o sapateiro José Mendes da Cruz (1855), morto em 1855, que habitava a freguesia na pobre *rua da bica*, na mesma casa em que trabalhava, com um quintal que usava para os porcos; ao lado, usava o pasto de um vizinho para manter os três muares e um cavalo. É o que consta no texto do escrivão; cabe-nos desconfiar, imaginar que os quatro animais também andassem soltos, sem cercas, pela freguesia.

José da Cruz viera de Minas Gerais, onde também nascera e se casara, com uma mulher de Ouro Preto, de quem estava separado havia muitos anos. Foi preciso arrolar e recolher seus bens porque, meses depois de sua morte,

> *(...)se achão em abandono e poder de pessoa suspeita(...).*

Segundo testemunhas, o vizinho que emprestava o pasto para os animais vinha fazendo uso das coisas e da morada do sapateiro desde os tempos de sua doença. Na casa, o mobiliário de José resumia-se a uma mesa de cedro com gaveta, duas caixas, dois bancos grandes com gaveta, dois bancos menores e um catre de embira. Ficavam, ainda, uma sela, um par de botas, outro de esporas e os objetos da sapataria:

- *banco de Sapateiro com vinte oito peças da ferramenta do officio e quarenta e nove formas de sapatos*
- *dose cortes de sapato, sendo trez de cordavão e nove de marruquim, mais trez e meia pelle de Marroquim, huma dita de couro envernizado, e um couro de porco e outro dito de cabra*
- *8 retalhos de solla e um couro de irara*

Regularmente, o sapateiro comprava nos armazéns da freguesia: sal, carne de vaca, vinho, aguardente, especiarias, chumbo de munição, tecidos e, mais raramente, papel, cadernos etc.

José Xavier Ferreira, o inventariante, pediu que fosse paga uma dívida que o sapateiro adquirira na compra de três bestas – 48$000 cada uma, com prazo de um ano para pagar. Na verdade, José da Cruz comprara os muares através de Xavier Ferreira, que ficara encarregado de vender uma tropa de bestas para um homem de Mogi Mirim.[55] O negociante de Mogi Mirim não passou obrigação na ocasião e, quando voltou,

> (...)a Freguezia do Socorro a exigir do justificado a dita obrigação (...) ja o achou dezajuisado(...).

Neste ponto do inventário, próximos do seu encerramento, somos informados de que José da Cruz

> (...) pouco tempo depois da compra enlouquecera (...) e logo depois fallecera.

Outro depoente afirmou que

> (...)tendo perdido o juiso, nunca mais pôde tractar dos seus negocios e vivia vagando pelas estradas e tudo isto sabe por ter prezenciado.

Se continuava *vagando pelas estradas*, José Mendes da Cruz provavelmente não fora acometido por um acidente vascular cerebral, que o deixaria com seqüelas motoras, dificultando sua locomoção; talvez a perda de juízo fosse uma manifestação de alcoolismo adiantado, a levar em conta a recorrência de vinhos e aguardentes nos assentos dos comerciantes a quem devia.

Em nenhum momento o escrivão ou as testemunhas chamadas para atestar a dívida das bestas referiram-se ao sapateiro como *desmemoriado*. Caracterizá-lo como *dezajuisado* é justamente marcar o fato de que perdeu o juízo, pois o tivera algum dia. Diferente disso, o *desmemoriado* era sempre aquele que não tinha memória, nunca teve nada, ou seja, não lhe restava passado algum.

Numa sociedade fluida, onde ainda não foram vulgarizadas as tipologias de comportamentos-padrão daqueles que têm distúrbios mentais, não foram institucionalizados os *desmemoriados*, tampouco aqueles que viviam ao seu redor. Havia os que não trabalhavam, os que executavam pequenas tarefas, os que ganhavam a vida fazendo serviços nas

---

[55] Ver Capítulo 2, onde se discute essa compra de bestas.

propriedades dos outros etc. Os *mentecaptos* estavam em toda a sociedade socorrense, nos sítios – trabalhando ou escondidos em pequenos cômodos das casas de chão batido –, nas ruas, nas estradas, nas casas das famílias mais abastadas, nos catres, quando doentes ou velhos.

Os inventários das seguidas gerações dos Xavier Ferreira, da gente que vivia no Bairro das Lavras, na imensa quantidade de informações que oferecem, possibilitam tratar sobretudo das histórias dos *desmemoriados* e dos escravos. Mais do que qualquer outra gente – como os imigrantes Lucas Moreira e José da Cruz –, os Xavier Ferreira tinham em torno de si os doentes e deficientes mentais e, como proprietários aquinhoados que eram, mantinham bons plantéis de escravos nos seus sítios.

A escolha por tratar dos escravos de Socorro deveu-se ao fato de, desde as iniciais vasculhadelas na documentação, ter sido encontrada uma população escrava – rural, no mais das vezes – distinta daquela com a qual a historiografia mais convive: homens fortes no trabalho agrícola, moradores das senzalas. Grande parte dos plantéis que observamos nesses inventários está formada de pequenas famílias. Como mostramos desde o início do capítulo, abundam em Socorro os casais de escravos avaliados com seus filhos.

Há décadas, críamos no que afirmava R.Bastide: foi o café que desenvolveu a escravidão em São Paulo.[56] Hoje, os estudos já mostraram como, após a decadência da atividade mineradora, as Minas e as regiões que lhe ficavam próximas cresceram na função do abastecimento, desenvolveram-se economicamente incrementando suas propriedades agrícolas, atraindo braços e comerciando alimentos que, décadas depois, seriam apropriados pela cafeicultura.[57]

A escravidão que se vê em Socorro sinaliza isso, pois os senhores socorrenses, muito antes de plantarem café em larga escala, tinham pequenos conjuntos de escravos, em pequenas propriedades. Vemos que Socorro, com o número de escravos que possuía, viveu as agonias de todas as sociedades escravocratas, em que a opressão e a revolta ficaram gravadas nos inventários.

Muito poucos foram os inventários em que os cativos trabalharam em grandes lavouras; mas muitos homens e mulheres pobres – com patrimônios inferiores a três contos – eram proprietários de escravos,

---

[56] "Itinerário do café" in: op. cit., p. 130.
[57] Ver, sobretudo, LENHARO, Alcir. **As tropas da moderação (O abastecimento da corte na formação política do Brasil. 1808-1842).** São Paulo: Símbolo, 1979.

revelando o gosto pelo mando, o *status* adquirido com o ser senhor. Em muitos casos, os escravos não eram usados para atividade destinada a gerar excedentes, apenas para os serviços domésticos ou aqueles necessários à manutenção da propriedade e da morada para subsistência, o que, sabemos, representava grandes fardos.

Aqui, mais perto da realidade de cada propriedade rural do que estávamos quando analisávamos os dados gerais contidos nos gráficos e tabelas referentes ao Capítulo 1, devemos levar em conta que apenas 130 dos quase 400 inventários tinham escravos, menos da metade das famílias. Com efeito, o que distinguia os *summamente pobres* dos demais era o não possuírem escravos ou, no mínimo, não poderem comprá-los. A única participação que não se mantinha nos demais grupos era aquela que os escravos tinham no grupo 1, onde eram apenas 3% da riqueza daqueles que tinham patrimônio inferior a um conto de réis. Lembrando que a maior parte dos valores formadores desses 3% estava nos primeiros inventários, na década de 40, ou que, como afirmamos no capítulo primeiro, não eram valores gerados com recursos próprios, temos que o bisturi que separava tecidos tão pegados era o escravo.

Também presentes na realidade socorrense, os deficientes e doentes mentais são fortemente marginalizados. Nos inventários da gente proprietária, na letra da burocracia, pelo olhar dos senhores, os *desmemoriados* partilham com os escravos a falta de autonomia, têm seu dia-a-dia matizado pelas condições da família em que nasceram, ou pelo uso que o tutor faz de seus bens.

No modo como estão nas falas oficializadas pelos documentos, ambos são dignos da compaixão dos homens de bem e prescindem de sobrenomes; escravos e *desmemoriados* sofrem trancafiamento e, em alguns casos, têm em comum o trabalho.

Negros escravizados, vivendo tão próximos dos outros grupos e, ao mesmo tempo, num lugar social tão distante, tinham amarras sociais muito mais fortes. Entretanto, houve sempre a tentativa de fuga, de negociação para a liberdade, de construção de outro espaço na realidade escravista.

CAPÍTULO 4
As Gertrudes, a religiosidade e o trabalho livre

Maria Domingues de Siqueira (1863) casou-se duas vezes. A primeira com João de Souza da Silva, na companhia de quem chegou a Socorro, vindo de Atibaia; a segunda com Francisco de Paula Maciel, ao lado de quem morreria, em 1863.

No Bairro do Jabuticabal, do lado oriental do Rio do Peixe, ao norte da freguesia, já para as bandas de Serra Negra, Maria, antes de morrer, morava com o segundo marido numa casa modesta – de 60$000 –, com cinco bancos, três caixas de cedro e dois catres de cipó; nos utensílios de cozinhar constavam somente um tacho de cobre e duas panelas de ferro. Essa casa foi avaliada pela quinta parte do valor médio das moradas dos mais ricos, como era Maria.

Tal singeleza na vida doméstica rodeava-se de sete escravos – um casal e os cinco filhos –, uma casa na freguesia, *á rua das flores*, avaliada por 200$000, e quase cinco contos de terras. O inventário de Maria Domingues, um dos oito documentos do grupo das famílias mais ricas abertos na primeira metade dos anos de 1860, congrega bens que somam mais de 10 contos de réis. Como os demais, de mesma riqueza e época, Maria tinha casa no núcleo urbano.

Francisco de Paula Maciel (1870), o segundo marido de Maria, viveria mais sete anos além da mulher, o suficiente para perder mais da metade de sua fortuna. Na listagem dos objetos que tinha na morada do sítio – a mesma, ainda coberta de palha, mais envelhecida –, havia as panelas e móveis do arrolamento de Maria e, ademais, *chiculateira* e candeeiro de cobre, coador, roda de fiar, oratório com imagens, uma lata, um *orinó*, duas travessas de louça e uma bandeja.

Entre os casais formados após uma certa idade, constituídos em segunda união dos cônjuges, quando estes carregavam uma prole já adulta, em boa parte casada, era comum não ter filhos, como se deu com Maria e Francisco.

Maria tivera filhos com o primeiro marido, João de Souza da Silva. Dos cinco filhos citados como herdeiros, quatro foram contemplados com abertura de inventário após o falecimento. Assim, podemos ir junto à segunda geração da família de Maria e João, acompanhar as transformações de sua riqueza e do seu jeito de viver.

Antes da mãe, em 1855, havia falecido José de Souza de Moraes (1855), que também vivera no Jabuticabal, como os pais, com a mulher, Maria Rosa de Cerqueira (1870), e os treze filhos que, mesmo casados, ficaram nas redondezas do sítio da avó. Entre os treze, Marianno e Rufina eram *desmemoriados*.

Os filhos de José e Maria Rosa viviam no sítio dos pais, em pequenas casas, algumas de palha, com as esposas ou maridos e com as crianças. A amalgamação era intensa; a ponto de a mãe, como inventariante, ter-se equivocado ao descrever alguns cavalos e cabeças de gado que, de fato, pertenciam ao herdeiro Joaquim. Disse Maria Rosa que

> *(...)já não se lembrava das diverças trocas que o pai fes com os filhos.(...)*

Na hora de juntar os móveis, foi preciso catá-los, buscar um pouco em cada casa dos filhos, para formar a listagem abaixo:

- *banco grande que serve de mesa*
- *banco alto maior*
- *banco pequeno*
- *catre de couro*
- *3 catres de imbira*
- *caixa maior*
- *caixa menor*
- *caixão pequeno*
- *armario só de uma folha*
- *roda de fiar em bom uso*
- *3 rodas de fiar velhas*
- *gamela grande*
- *2 portas fora do logar*

Parentes usufruindo o mesmo mobiliário, as benfeitorias do sítio e, sobretudo, as mesmas terras são os germes dos bairros rurais no interior de muitas regiões brasileiras.[1] Nasceram os bairros dos vastos sítios que, mesmo depois de fragmentados pelo sistema de heranças, com ou sem cercas, permaneceram como referência territorial uma para o plantio e para as moradas.[2]

Denise Moura, estudando os livros pobres de Campinas no mesmo período, construiu o seguinte cenário:

> *(...) Nos processos de Divisão e Demarcação de Terras, Força Nova, Inventários, Testamentos, ou seja, na documentação cartorial e mais fragmentariamente nos Processos Judiciários movidos por questões diversas, percebe-se o retalhamento da grande propriedade entre as*

---
[1] Ver a discussão no início do Capítulo 2 acerca do uso coletivo da terra, suas benfeitorias e animais.
[2] Sobre a origem dos bairros rurais ver as obras já citadas de Lia Fukui e Antonio Cândido; ver, ainda, no Capítulo 2, os descendentes de Fellipe Francisco Rodrigues e sua permanência no Bairro do Pico Agudo.

famílias, geralmente numerosas e que com o tempo foram perdendo poder econômico e prestígio na região, mas mantinham um quinhão de terra de herança que lhes garantia o sustento como pequenos sitiantes (...), donos de escravos ou não.

Viviam no que denominavam sítio comum e freqüentemente estavam às voltas com a justiça por desentendimentos causados na definição de limites, criações que invadiam as roças de uns e outros e incêndios provocados por um aceiro mal feito.(...)[3]

José era mais pobre que a mãe, Maria Domingues; seu *monte* pouco ultrapassava os quatro contos de réis; o que se devia, certamente, à menor quantidade de terras. Sua morada, com os arredores, foi avaliada por 250$000 e assim descrita:

(...)huma cazinha no terreiro, alvoredos, monjollo, e hum cercado em roda da casa com vallos, começando o vallo no corrigo acima da casa, e subindo pelo vallo rodeando a casa te cahir no outro corrigo, e por este abaixo te a casa de outro, e subindo por este te a ponta do vallo, onde teve principio.(...)

Nesse espaço de valos e córregos, perto do monjolo, José e os filhos faziam uso de

(...)hum lambique de cobre com cano e hum engenho de moer cana com as casas cobertas de telha, com coxo, e huma pipa.(...)

Nesse engenho não havia fôrmas de açúcar ou sinal de troca do produto com outros que morassem fora do sítio. Ligados ao alambique ou ao engenho, havia mais um tacho bem grande, uma junta de bois e três bons escravos: Francisco, de 15 anos, Adão, de 12 anos, e Antonio, de 10 anos de idade. O machado, as três foices e as três enxadas mostram que a terra também era trabalhada, mas nenhuma roça foi arrolada, sequer a de milho.

Uma prensa de mandioca aparece entre os bens listados. Dias depois, voltou a viúva Maria Rosa para corrigir o erro: a prensa,

(...)a pesar o facto de achar-se mais perto de sua morada, he de propriedade do filho <u>Joaquim</u>.

---

[3] **Saindo das sombras: homens livres e pobres vivendo a crise do trabalho escravo. Campinas-1850/1888**. São Paulo: FFLCH/USP, 1996, dissertação de mestrado, p.4.

Mas o forno novo de fazer farinha, que a inventariante se esquecera de apontar, deveria constar do arrolamento. Até os pedaços da casa de mandioca foram repartidos na pertença a este ou aquele familiar, mas o uso da benfeitoria era comum.

A feitura de farinha de mandioca que vemos no sítio de José e Maria Rosa é das poucas ocorrências que encontramos em todas as décadas investigadas; não chegam a meia dúzia os inventários em que roda ou prensa de mandioca é citada. Roça de mandioca, ademais, nenhuma vez foi avaliada; realidade, portanto, muito diversa daquela encontrada em Capivary, no mesmo período, por Hebe Mattos, em **Ao sul da história**. Naquela região fluminense, farinha de mandioca não apenas era consumida em todas as propriedades, como era atividade paralela à cafeicultura, já que o café daquelas terras baixas perdia para o produzido em outras regiões.

Caio Prado Jr., em **Formação do Brasil Contemporâneo**, no capítulo sobre a agricultura de subsistência, recorreu a Capistrano de Abreu, a Martius e a Saint-Hilaire para apresentar o seguinte quadro: nas regiões de Minas e São Paulo – incluindo as outras mais ao sul – e sobretudo no seu interior, excluído o litoral paulista, abundavam as lavouras de milho. No restante do território colonial, predominou sempre a mandioca, o *pão da terra*. Segundo indicara Capistrano, o cultivo do milho esteve associado aos monjolos movidos a água – como é o caso da família que morava no Jabuticabal, que ora estudamos – e ao alimento de que necessitavam as bestas de carga que vagavam pelas regiões montanhosas. Caio Prado Jr. salienta que o milho abastecia os ranchos nas regiões de beira de estrada, por onde costumavam passar as tropas nas rotas de transporte do período colonial. Como dissemos desde o início deste livro, Socorro era região de passagem, ficava num dos caminhos entre São Paulo e Minas.

Excluído o forno de fazer farinha e incluída a roda de prensar mandioca, encerrada a partilha, Maria Rosa quis ter a tutoria dos filhos, o que lhe foi concedido. Quase cinco anos depois, em 1860, veio a juízo para prestar contas: disse que não havia contas a apresentar, pois não houve rendimento e as despesas correram por sua conta; avisou que os filhos não freqüentavam escola porque moravam a duas léguas e meia da freguesia e porque a tutora era pobre; mas informou que estavam bem tratados e educados, na lavoura e no serviço doméstico, como era o costume no caso dos textos das prestações de contas relativas aos órfãos.

Maria Rosa viveu mais uma década, período em que nada mudou no sítio em que morava cercada dos filhos e netos; tudo permaneceu igual, ao menos do ponto de vista material: objetos domésticos, roças e plantel de escravos. Meses depois de perder a mãe, a *desmemoriada*

Rufina (1871) também morreu; quanto a Marianno – o outro irmão *desmemoriado* –, desapareceu de nosso campo desde as prestações de conta presentes no inventário do pai.

Maria Domingues de Siqueira, sogra de Maria Rosa, dera o seu nome para uma das filhas, que morreria em 1888. Maria (1888) – a filha – casou-se com Manoel Cardoso de Oliveira (1870), com quem teve onze filhos e formou um sítio no Bairro do Ribeirão das Antas, atrás do Morro do Choroso, uma légua a leste do núcleo original da família, no Bairro do Jabuticabal.

Manoel e Maria tinham uma dezena de animais, criavam alguns porcos e plantavam milho, contando com três negros escravos. Em 1883, dois de seus cativos – o casal formado por Eva e Francisco – foram indicados para alforria pelo Fundo de Emancipação de Socorro; apenas Francisco chegou a ser libertado.

Nada compravam de fora do sítio, fosse do núcleo urbano ou das vendas rurais. Diferenciavam-se da primeira geração apenas na forma de suas terras, que estavam espalhadas por oito bairros distintos, sistema que veríamos a partir dos anos 1870, entre os plantadores de café que, não tendo como expandir as terras de modo contínuo, iam buscá-las nos bairros vizinhos. Embora os inventários sejam tardios – Manoel faleceu em 1870 e Maria teve inventário aberto apenas seis anos depois de morta, em 1888 –, não havia sequer um diminuto cafezal nas propriedades do casal, ainda que fosse para o gasto. Maria e Manoel não migraram para esse novo funcionamento do uso das terras por serem cafeicultores, mas passaram a integrá-lo certamente pela expansão da cafeicultura que se efetivava na região. Além disso, estão entre os lavradores rurais cujas propriedades tendiam a diminuir pelas seguidas divisões operadas pelas heranças.

A família de Maria Domingues de Siqueira – a mãe – não se uniu aos Maciel apenas na primeira geração, quando do casamento desta viúva com Francisco de Paula Maciel. Uma das filhas do primeiro casamento de Maria Domingues, Anna Gertrudes (1861), da segunda geração, casou-se com um dos filhos do seu padrasto, ou seja, com José Domingues Maciel (1876), filho de Francisco de Paula Maciel.

Anna Gertrudes e José Domingues Maciel permaneceram no bairro dos pais, no Jabuticabal. Em 1861, quando Anna Gertrudes morreu, no sítio do casal havia cinco escravos – cujo valor quase chegava aos cinco contos de réis –, muitas terras lavradas, meio conto em porcos e 1.500 pés de café, o que não fora encontrado em nenhuma das outras propriedades da família no mesmo período ou nas duas décadas seguintes. Havia quatro casas nas terras de Anna Gertrudes e José: uma era a morada do casal, duas eram habitadas por filhos casados e, por fim, ainda outra, não sabemos se ocupada, localizava-se na saída para Minas Gerais, pouco mais a leste do Jabuticabal, e tinha ao lado apenas pastos e um rancho.

Os escravos e o café, sobretudo, parecem indicar prosperidade. Mas nada no mobiliário ou nos outros objetos da morada expunha mais requinte do que Anna Gertrudes experimentara na casa da mãe; tudo continuava restrito aos catres de cipó, um armário, bancos e caixas de madeira.

Viúvo, pai de dez filhos, José Domingues Maciel ainda se casou mais duas vezes, gerando mais oito rebentos. Quinze anos depois de Anna Gertrudes, em 1876, morreu deixando na casa alguns objetos que, mesmo desfalcados no número – apenas um copo e dois cálices, por exemplo –, demonstram uma vida material que ultrapassava aquela do cozinhar e comer como todos o faziam. O avaliador precisou de palavras muito pouco usadas na descrição dos bens da região, como

(...)tigela e caneca doiradas, colher de concha(...).

A religiosidade nos oratórios, funerais e promessas

Com a metade do montante deixado por sua primeira mulher – 5:700$000 –, José Domingues Maciel era um homem que gozava de certo prestígio em Socorro. Como muitos outros socorrenses o faziam naquele período, José era morador do sítio, mas tinha uma casa que, em 1876, fora avaliada por 500$000, na *rua que vem para o Largo do Bom Jesus*. Além de ter a propriedade, José ocupava lugares de importância ao lado dos homens da freguesia.

Com a vida religiosa exercitada em casa, ancorada no oratório com as imagens, José também foi chamado para uma função junto à festa de Nossa Senhora do Rosário, cuja igreja ficava na freguesia, pegada a um cemitério. Nos autos do inventário de Anna Gertrudes, José declarou ter uma dívida de 40$000 para com a dita santa,

(...) proveniente de ter elle inventariante sido nomeado festeiro.

Até o começo do século XX, as ruas de Socorro abrigavam três templos do catolicismo. No ponto mais alto do núcleo urbano, exibia-se a matriz,[4] cuja padroeira sempre foi Nossa Senhora do Socorro, desde os tempos em que bragantinos doaram as terras para iniciar uma povoação,

---
[4] Até o presente ocupa o mesmo cimo de colina, mas com a terceira versão de sua construção, inaugurada nos anos de 1920.

no início do século XIX; essa invocação sofreu alguns baralhamentos porque, como revelaram os testamentos, a matriz comportava, desde meados do mesmo século, uma imagem de Nossa Senhora do Carmo. Existiu, também, certa barafunda com a denominação da localidade, designada *Nossa Senhora da Conceição do Rio do Peixe* em muitos documentos anteriores à metade do século XIX, como os **Ofícios Diversos – Bragança Paulista**, do acervo do Arquivo do Estado. Entretanto, a invocação de Nossa Senhora da Conceição jamais foi conferida à matriz. Não podemos acompanhar o devir desse culto; com o tempo, uma imagem da Senhora do Carmo ganhou o altar central e passou a ser cultuada como se fosse Nossa Senhora do Socorro, cuja representação, na tradição eclesiástica, nunca existiu em forma de imagem, mas apenas bidimensional, de quadro.

Na ponta sul da *rua do commercio* – que depois passou a chamar-se Rua Direita e, posteriormente, dividiu-se em Rua 13 de Maio e Rua Campos Sales – havia o Largo e a igreja do Rosário que, em geral, no Brasil, era reservada aos negros.[5] Entretanto, eram muitos os inventariados – em Socorro, a condição de inventariado revela a origem branca – que, embora tivessem os funerais celebrados na matriz, eram enterrados no cemitério do Rosário, conforme deixaram firmado no testamento. Muitos senhores e senhoras deixaram parte de suas posses para a Maria dessa invocação.

Se havia em Socorro uma *geografia social dos mortos* – como viu João José Reis em Salvador –,[6] certamente era para o território do Rosário que partiam os cadáveres dos mais ricos. Contudo, os locais de enterro foram muito raramente apontados para que possamos dividir o subsolo da vila de acordo com as posses de alguns grupos sociais; existiu também toda a gente da zona rural que, cremos, jamais teve seu corpo conduzido ao núcleo urbano.

Além da matriz e do Rosário, havia a *Capella do Senhor Bom Jesus*, que estava no largo de mesmo nome, próximo à casa que José Domingues Maciel mantinha na freguesia, nas cercanias da cadeia, no lado norte.

Na tal capela, outra imagem de Nossa Senhora do Carmo aguarda-

---

[5] Ver "A presença das irmandades" in: BOSCHI, Caio César. **Os leigos e o poder (Irmandades leigas e política colonizadora em Minas Gerais)**. São Paulo: Ática, 1986. E, ainda: SCARANO, Julita. **Devoção e escravidão. A Irmandade de Nossa Senhora do Rosário dos Pretos no Distrito Diamantino no século XVIII**. São Paulo: Companhia Editora Nacional, 1978. Ver, sobretudo, a Irmandade do Rosário em São Paulo.

[6] **A morte é uma festa. Ritos fúnebres e revolta popular no Brasil do século XIX**. São Paulo: Companhia das Letras, 1991.

va os devotos e suas ofertas, como Antonio José dos Santos (1853), um ferreiro que vivia no Bairro das Palmeiras e que, doente, pouco antes de morrer, na primavera de 1852, fez testamento em que acertava as contas dos filhos para consigo e de si para com os santos e irmandades; declarou que era devedor de:

> (...)14$000 a N S do Carmo cuja Imagem existe na Capella do Senhor Bom Jesus nesta Freguesia do Socorro.(...)

Além disso, devia a São Sebastião, e ofereceu uma missa a Santo Antonio,

> (...)tres missas as tres pessoas da Santissima Trindade, tres missas em memoria das tres horas que Nosso Senhor Jesus Christo esteve na crus,(...)

e desejava pagar as últimas anuidades às irmandades do Rosário e do Santíssimo Sacramento. Antonio José dos Santos, cuja vida religiosa estendia-se a mais de uma irmandade e a vários santos, oferecia os serviços de ferreiro na sua fazenda, era senhor de sete escravos, mantinha quase 10.000 pés de café e criava mais de 20 cavalos. No meio de seus *trastes*, havia livros como:

- horas, huma Marianna e outra lusitana
- hum volumme intitulado Maria Triunfante

As irmandades do Rosário, do Santíssimo e do Carmo – esta surgida das derradeiras vontades de Isabel Vaz Pinto (1858), que queria ser envolta em hábito do Carmo, *onde sou irmã* –, eram as irmandades indicadas pelos documentos apensos aos inventários.[7]

Em ofício para a Presidência da Província, de março de 1852,[8] o vigário informou que, além da matriz, havia duas igrejas: Nossa Senhora do Rosário[9] e Senhor Bom Jesus. Discordando dos inventários, esse informe de 1852 dizia haver apenas a irmandade do Santíssimo Sacramento e que não havia cemitério, sendo os cadáveres enterrados no adro da matriz. Provavelmente, apesar de existirem na vivência religiosa *do Soccorro*, as outras irmandades ainda não haviam sido regularizadas.

Desde a época colonial a experiência religiosa dos habitantes da

---
[7] MÜLLER, Marechal Daniel Pedro. **Ensaio d'um Quadro Estatistico da Provincia de São Paulo. Ordenado pelas Leis Provinciaes de 11 de Abril de 1836 e 10 de Março de 1837**. São Paulo: O Estado de S.Paulo, 1923, reedição literal, p. 254: *em 1835, Bragança tem apenas duas confrarias ou irmandades, a do SS. Sacramento e a de N.S. do Rosário.*
[8] **Ofícios Diversos** – Bragança Paulista, lata 1293, Arquivo do Estado.
[9] Um tanto fora da povoação, conforme outro ofício para o presidente da província, de maio de 1876, Arquivo do Estado, lata 1293.

América portuguesa restringiu-se em grande parte ao universo das irmandades. A sua complexidade e a sua importância na sociedade brasileira eram devidas a uma realidade pouco vincada pelas instituições públicas e a uma rala presença de clérigos, como se dava em Socorro já nas últimas décadas do século XIX.[10] As narrativas aqui encontradas denotam tão forte interação dos universos profano e religioso que não poderíamos fazer distinção entre os fins religiosos e os sociais – de assistência aos próprios membros ou aos pobres – das irmandades.

Outras indagações poderiam ser levantadas acerca da vida religiosa da gente socorrense; aquelas, por exemplo, que ergueram os muitos autores estudiosos das irmandades no período colonial: seu lugar na urbanização, seu papel como resistência às ordenações da coroa portuguesa, ao Estado etc.[11] Mas a documentação de que dispomos – inventários, sobremaneira, e com poucos testamentos – não nos permite andar por tais caminhos.

Mesmo com fortunas mais modestas, sem livros em casa, muitas pessoas gravaram nos testamentos as devoções e as promessas e dívidas decorrentes do exercício religioso que tinham em vida e que, diante dos apertos da morte iminente, intensificam-se com os preparativos para os funerais e o acerto necessário com a gente deste mundo – afilhados, filhos naturais... – e com as outras instâncias: Jesus, os santos e as almas.

Boa parte das vezes, as duas dimensões, a deste mundo e a de outras instâncias, estavam fundidas, como aconteceu com as anuidades para a construção de nova igreja matriz, com o dinheiro para as irmandades e com a receita originada na festa de um santo. Nesses casos, expressava-se de maneira límpida a impregnação do cotidiano pela religiosidade.

Dona Joseffa Maria da Annunciação (1848), que vimos entre as famílias do capítulo anterior, mãe de *desmemoriados*, morava numa chácara nos subúrbios com o marido, os filhos e os nove negros cativos. Em abril de 1848, pediu que se cuidasse do seu corpo envolvendo-o com o hábito franciscano, de sua alma celebrando sete missas, que se pagassem as penitências que tinha:

(...)que se digão quatro missas que eu devo de penitensia para S.Bom Jesus(...),

e, ainda, que solvessem suas dívidas para com *N.S. Bemaparecida, o*

---
[10] Sobre a relação irmandades/Estado/Igreja ver, novamente, "A presença das irmandades", in: BOSCHI, Caio César. op.cit., p. 12-35.
[11] Ver, por exemplo, a tentativa de Julita Scarano, op.cit., de desvelar, na Diamantina do século XVIII, a situação dos negros quando estão fora das relações de trabalho.

Espirito Santo e N.S.Soccorro, para o que deixava $640 a cada um.

Como Dona Joseffa, a grande maioria dos testadores que desejavam ser enterrados com vestimenta religiosa queria um hábito de São Francisco. Exceções encontradas são o ferreiro Antonio José dos Santos, morto em 1853, de quem tratamos há pouco, que desejava uma túnica branca, e Juliana Florisbella – cujos bens constam de um documento de 1858, **Arrecadação dos bens de Juliana Florisbella** –, vinda do Rio Grande do Sul, moradora do Bairro do Livramento, que, já *com as mãos trêmulas*, pediu para ser *envolta no habito da Conceição*.

Nos inventários mais pobres, em que não havia testamento, tudo aquilo que se destinava aos santos, fosse por promessa, uma festa ou através de sua igreja, era arrolado junto às dívidas passivas. Nessas situações, "promessa é dívida".

O testamenteiro de Dona Joseffa pediu que fossem retirados de seu patrimônio:

- *10 dobles de sino a N.S.Soccorro*
- *1 doble para Ignácia de tal, viúva e mãe de Anna Domingues*
- *3 dobles que sejão repartidos pelos pobres mais necessitados.*

Não bastasse o emprego do vocábulo "dívidas" para referir-se às quantias destinadas aos santos, vê-se que o testamento de Joseffa traz o valor cobrado por um toque de sino eclesial tornado unidade de pagamento.

Theodora Maria de Jesus (1866), que também vimos na primeira geração das famílias analisadas no Capítulo 3, vivia nas Lavras de Cima, tocando o negócio com ajuda do filho mais velho. Guardava em casa um dos maiores acervos de objetos domésticos de todos os documentos lidos; entre as louças, roupas de cama e mesa, móveis e outros, Theodora mantinha no oratório as imagens:

- *do Senhor crucificado*
- *de Nossa Senhora do Rosario*
- *de Santo Antonio*
- *de São João*
- *de São Sebastião*
- *de São Benedicto*
- *de Nossa Senhora Sant'Anna*
- *de São Luis*
- *de Santa Rita*

- *de Nossa Senhora da Piedade*
- *de Santa Lusia*
- *do Divino*

Arranjadas as partes que deixava aos filhos e afilhados, Theodora quis, como muitos de seus contemporâneos, dar assistência aos pobres:

> *(...)deixa a quantia de cem mil reis para ser destribuido de esmollas pelos pobres e doentes.*

A mulher do coronel Germano, dona Anna Maria de Jesus (1873), outra senhora rica da família dos Ferreira, estudada no capítulo anterior, não deixou seu dinheiro para qualquer pobre, destinando

> *(...)100$000 para ser distribuido de Esmollas aos pobres que forem mereçedores.(...)*

Nas quantias que ofereceu, dona Anna expôs a hierarquia de prestígio em que estavam inseridas as igrejas e capelas:

- *200$000 para N.S. Rosario*
- *100$000 para N.S.Soccorro*
- *40$000 para Senhor Bão Jesus de Dona Joaquina*
- *30$000 para o outro Senhor Bam Jesus*

Possivelmente, a diferença entre as quantias indique outra *geografia social*, não mais a dos mortos, de que tratamos anteriormente, mas a dos territórios dos serviços religiosos, nos quais a presença era "consentida" de acordo com o nível social.

Os testamentos iniciavam-se com as cláusulas religiosas, depois vinham as preocupações de ordem material.[12] Começava-se, portanto, invocando a piedade de Jesus, cuidando do destino do corpo e, então, dividindo-se o patrimônio entre os parentes próximos, as irmandades e os pobres, isto é, aqueles que tiveram significado na vida do moribundo. Eis o grande valor dos testamentos: mais do que mostrar o modo de morrer, desvelavam o que fora importante no tempo de viver.

Os beneficiários dos testamentos apareciam, geralmente, na seguinte ordem de incidência: segundo ou terceiro cônjuge, filhos ilegítimos, filhos, afilhados, santos, almas, pobres e irmandades e, de vez em quando, escravos, falecidos ou vivos, em favor de sua libertação. Assim, os socorrenses que elaboravam testamento faziam-no, primeiramente, para garantir que os seus bens fossem endereçados a quem desejavam,

---

[12] Como descreve Mary Del Priore: "Ritos da vida privada", in: **História da vida privada no Brasil: cotidiano e vida privada na América portuguesa**. São Paulo: Companhia das Letras, 1997, p. 319-324.

ou seja, não fossem desviados para filhos dos primeiros casamentos – no caso de proteger o segundo ou o terceiro cônjuge –, ou somente para os filhos nascidos das uniões legais e para o cônjuge – no caso de salvaguardar o filho oriundo de uma relação extraconjugal.

Os privilégios dos santos nasciam de serem objetos de devoção, chegando a ocupar lugar central no catolicismo da religiosidade popular e, portanto, gerando muitas tarefas, promessas e obrigações. As imagens encarnavam os santos e ultrapassavam o ser apenas lembrança do homem ou da mulher que existiu no passado; vivendo na imagem, o santo podia, inclusive, ser preferido em detrimento de outro de mesma denominação que habitava outra representação de madeira, como foi o caso dos dois Senhor Bom Jesus e das duas Nossa Senhora do Carmo, bem como da vontade que Antonio Modesto Cardoso (1850) *deixou nos acento vespera de seo falecimento*, designando mil réis

> *(...)de promessa ao Divino Espirito Santo da caza de Maria das Dores, para hum resplendor de flor.(...)*

Para os moradores de Socorro as distâncias a percorrer eram obstáculo tanto para ir à escola como para ir à igreja da freguesia. No tempo que estudamos, ainda não tinham sido construídos os templos comunitários nos bairros; toda a vivência religiosa no meio rural fazia-se com as festas e, principalmente, com os oratórios, pequenos templos no interior das moradas, abarrotados de imagens. Tratando do Nordeste colonial, Luiz Mott afirma:

> *A casa de moradia é o lócus privilegiado para o exercício da religiosidade privada dos católicos. (...) Dentro de casa, uma série de imagens, quadros e amuletos sinalizavam a presença do sagrado no espaço privado do lar.* [13]

Nesses inventários, nenhuma capela de sítio é mencionada; o espaço da religiosidade rural é eminentemente doméstico, seguindo o jeito que vinha dos tempos coloniais:

> *(...)e muitos dos moradores passavam anos sem ver um sacerdote, sem participar de rituais nos templos ou freqüentar os sacramentos. Tal carência estrutural levou de um lado à maior indiferença e apatia de nossos antepassados ante as práticas religiosas comunitárias, do outro, ao incremento da vida religiosa privada, que, na falta do*

---

[13] "Cotidiano e vivência religiosa: entre a capela e o calundu", in: **História da vida privada no Brasil: cotidiano e vida privada na América portuguesa**. São Paulo: Companhia das Letras, 1997, p.164.

controle dos párocos, abria maior espaço para desvios e heterodoxias.[14]

Joaquina Gonçalves de Oliveira (1875) casou-se com Fructuoso Pereira de Araújo, comerciante muito rico; moravam na *rua Boavista*, atrás da cadeia. Joaquina era da irmandade do Rosário e, tendo enviuvado em 1871, casou-se novamente, com o italiano Alexandre Pulini, que, segundo denunciam os filhos da primeira união, desbastou a fortuna da mulher. Vizinha da capela do Senhor Bom Jesus, Joaquina era depositária do produto de suas esmolas, por isso dona Anna Maria de Jesus – mulher do coronel Germano – referiu-se ao *Senhor Bão Jesus de Dona Joaquina*. Quando morreu, dona Joaquina guardava 70$000 que havia recolhido.

Triunfavam os santos, sofriam os pobres e as almas. Na compaixão pelos últimos residia, em parte, a salvação de cada um que se expunha no testamento. As almas que penavam careciam de missas para verem abreviada sua permanência no purgatório; para transformar o que arriscava permanecer, acodiam os católicos a oferecer missa para os que morreram.

Theodoro Floriano de Siqueira (1866) era um homem pobre do Bairro do Rio do Peixe. Viveu até os 50 anos, sempre solteiro, sem filhos. Dias antes de morrer, em 1866, disse a uma irmã que precisava entregar às almas os 7$000 que estavam em seu poder, devido a um porco

> *(...)que apareceu na casa do inventariado, e não sabendo elle quem hera seo donno, o dispos pela dita quantia, com o fim de aplicar o seo producto por tenção do donno.*

Para não usufruir o produto da venda do animal que era de outro, Theodoro fez aquilo que, acreditava, agradaria a qualquer um: com um oferecimento às almas, na intenção do dono desconhecido, devolvia-lhe o que perdera com o porco.

Havia, entre a população, o costume – e o valor – de saldar as dívidas. Nas transações comerciais, a palavra bastava para lembrar e fazer pagar uma quantia, como muitos depoimentos de inventariantes atestaram, em Socorro e na Bahia, conforme encontrou Kátia Mattoso.[15]

A prática de livrar-se dos compromissos era, também, indicada pelos clérigos na confissão, conforme declarou a viúva de Francisco Forquim,[16] anunciando que restava uma dívida de 47$000, quantia que

---
[14] Idem, p.163.
[15] Op.cit., p. 501.
[16] Cujo nome era Francisco Xavier Bueno e teve seu inventário aberto em 1849.

> *(...) hé proviniente de hum gado que o inventariado em tempo que foi para o Súl, havia comido em húa fasenda .... o dito gado não héra propriamente d'aquella fasenda, mas sim de outra visinha, e que comera na dita fasenda por estar ahi como camarada, e que soube que dito gado não herão pertencentes a áquela fasenda, e comfeçando-se disto o inventariado, o comfessor debaxo de comfissão lhe had'vertio que o inventariado fizesse hum calculo aproximado e que restituisse, cujo calcolo foi feito pelo inventariado da quantia supra, más que ella inventariante ignora a quem deva restituir(...).*

Eduarda Maria das Dores (1872), ainda que pobre, habitante de uma casinha de palha com os oito filhos – nascidos ano sim, ano não – e o marido, freqüentava as festas dos bairros vizinhos, nos limites de Minas Gerais, onde estava o Morro Pelado, em que morava. Quando morreu – de complicações no último pós-parto, na primavera de 1871 –, Eduarda e o marido Jeremias não tinham bens que chegassem para pagar as dívidas que esta contraíra, *por estar completammente embreagada*, nas últimas festas em que esteve. Devia 62$000 à Nossa Senhora da Conceição da freguesia de Monte Sião,

> *(...) de objectos, que arrematou em leilão, pertencente a mesma Senhora,(...),*

e 15$000 ao Espírito Santo,

> *(...) de um boi que comprou do festeiro do mesmo Divino.(...)*

Hermenegildo José de Moraes (1880) morreu repentinamente, em 1880, deixando a viúva grávida e os demais filhos – três ao todo, o maior com cinco anos de idade – com dívidas que chegavam à metade do montante de bens. Na Lagoa, bairro bem ao sul da povoação, junto ao Rio Camanducaia, onde morava essa família, realizava-se, anualmente, a festa de São Sebastião. Hermenegildo morreu sem ter pago ao padre Simplício os serviços do último festejo:

- *9 dias de novena, missa cantada e procisção na festa do Gloriozo Martyr São Sebastião*
- *sachristãos*
- *insenso*
- *provisão para expozição do S.Sacramento*

Manoel da Silva de Oliveira (1869) vivia numa casa de taipa, no Salto, a pouca distância da freguesia, com a mulher e os filhos menores, no sítio que comportava, também, os seis filhos casados e suas respectivas famílias. Quando morreu, em 1869, seu patrimônio não chegava a dois contos; destes, foi preciso tirar 26$000 que Manoel ficara devendo de promessas.

A gente de vida mais abastada, sobretudo aquela que morava perto das igrejas, no núcleo urbano, deixava parte de sua riqueza para os santos, as irmandades etc. Não havia quem fizesse testamento sem se preocupar em enviar dinheiro para o outro lado do mundo. Raras vezes deixavam-se jóias, um cordão ou brinco de ouro, por exemplo. Com efeito, tais práticas figuram como responsáveis pela manutenção dos serviços religiosos, pela manutenção das irmandades, pela construção de novos templos – como se deu por ocasião da ereção da segunda matriz, nas últimas décadas do Oitocentos.

Com os pobres – aqui, todos os que têm riqueza inferior a dois contos –, o envio de dinheiro para os santos, as almas e as igrejas era provocado por uma obrigação tratada anteriormente, sendo imprescindível para cobrir a dívida de uma promessa.

Quando lhe pareceu justo gratificar alguém que a tivesse servido em vida – um filho ou cônjuge dedicado, um ou outro escravo pela mansuetude – a gente mais rica o apontou no testamento. Nas suas outras ofertas, ela favorecia a continuidade da existência eclesial. Os ricos morriam com as obrigações em dia e, ainda por cima, doavam parte do patrimônio para fins religiosos. Já aqueles que não tinham escravos, e que nada firmaram em testamento, quando retiravam parte de seus bens arrolados era porque haviam empenhado algo em troca de uma graça que atenuasse as agruras deste mundo; faziam-no para pagar uma graça que permitira sua continuidade terrena e não para ganhar a eternidade. Em dinheiro, portanto, os ricos tinham maior acesso à salvação.

Prática que se repetia nas distintas divisões sociais, a compra de tecidos e outros materiais reservados ao funeral fazia de quase todos, ao menos no momento da morte, consumidores. Inventários de várias regiões brasileiras reproduzem a dívida passiva contraída pelo espólio, normalmente para com um parente bastante próximo, em virtude da aquisição de chita preta e/ou roxa, galões para ornamento do caixão, cera para as velas etc. Variava, no entanto, o requinte; havia aqueles que morriam cercados de muitas missas, algumas cantadas, havia outros que sequer eram velados com missa de corpo presente, e outros, ainda, escravos ou *desmemoriados*, que eram ligeiramente arrumados para o enterro.

Gertrudes Maria de Jesus (1854) – conhecida por *Gertrudes da Silva* – era irmã de Manoel da Silva de Oliveira, que vimos acima, morador de uma casa de taipa no Bairro do Salto. Ao falecer, em 1854, Gertrudes vivia sozinha na freguesia, abandonada pelo marido havia mais de 30 anos. Na herança que deixou para os irmãos, estava Maria, uma preta africana de 50 anos, já doente, e também Justina, uma mulata de 24 anos, *sem enfermidade alguma*, que foi alugada pelos herdeiros a vários senhores da freguesia. Havendo órfãos menores envolvidos nos autos, três anos depois, tendo morrido Justina, o juiz pediu a Manoel, o irmão inventariante, que apresentasse a quantia proveniente desses aluguéis, a fim de que pudessem ser distribuídos eqüitativamente entre os herdeiros. Manoel disse que chegou a ter em mãos o fruto dos serviços alugados de Justina, mas que o gastara na compra de um hábito para enterrar a escrava falecida.

A sogra do capitão José Pires de Oliveira, dona Anna Pereira Bueno (1857), viveu até 1857. Quando dona Anna adoeceu, o marido já se encontrava doente; assim, segundo permite a leitura do inventário, o genro assumiu as despesas da morada dos sogros, pagando as visitas do médico, os remédios comprados do boticário e até a

> (...)esmola da missa que mandou dizer no sitio para sacramentar a enferma.(...)

O féretro de dona Anna esteve num funeral opulento: pagou-se a lavagem do cemitério do Rosário, a taxa extra para exéquias solenes ao pároco, missa de corpo presente cantada – os cantores foram pagos separadamente – e, ainda, usaram os serviços dos sacristãos das duas igrejas, matriz e Rosário. Três anos depois, morreu seu marido, Francisco Xavier César (1860), que também teve missa celebrada no sítio quando esteve doente, e para cujo enterro compraram-se 38$000 de cera e pagaram-se 5$000 para o aluguel de um caixão, enquanto o definitivo não se aprontava.

Doze dias antes da morte do marido, Thome Domingues de Godoy (1865), Maria Benedicta da Conceição (1893) mandou à freguesia um escravo, dos seis cativos que tinha, para buscar o hábito com que enterrar o cônjuge. No mesmo armazém em que foi comprado o hábito, pagou-se o feitio do caixão para o carpinteiro e foram adquiridos os demais apetrechos: centos de tachas douradas, varas de galão dourado, côvados de alpaca preta, tábua, libras de cera, alfinetes, corda e lenço preto.

Para João José Reis, a cultura funerária do século XIX brasileiro prezava uma morte anunciada – por doença ou outro tipo de aviso –, para a qual se pudesse preparar quem iria falecer e os que estariam à sua volta;[17] então, buscar o caixão doze dias antes da morte do marido não era uma

---

[17] "O cotidiano da morte no Brasil oitocentista", in: **História da vida privada no Brasil. Império: a corte e a modernidade nacional**. São Paulo: Companhia das Letras, 1997, p. 101.

esquisitice agourenta, mas sinal de uma graça, a de poder preparar adequadamente o corpo e a alma para a chegada da hora.

Três décadas mais tarde, também cafeicultor como o marido de Maria Benedicta, Rogério Gomes de Azevedo (1891) teve um funeral como era digno de um Gomes de Azevedo: missa de corpo presente, mais outras três nos dias seguintes e uma no sétimo dia, o *liberam-me*, o acompanhamento até o cemitério, o *sepulta-se*, os coroinhas, mais de 16 quilos de cera, os sacristãos e os dobres dos sinos da matriz; por todos esses serviços religiosos a viúva pagou 111$000 ao vigário Paschoal Falconi. Quanto ao resto, o feitio e as tábuas para o caixão foram pagos ao comerciante Januário José Dantas Vasconcelos – que, agora, levava o armazém em que Maria Benedicta comprara o hábito do marido antes de sua morte; o feitio da catacumba ficou a cargo do italiano José Antonio Pulini, que cobrou 170$000 pela mesma; do negócio de José Malhano veio o material necessário para a obra do Pulini, como carroçadas de areia, de saibro e de tijolos, que rodaram pela vila nos quinze dias de obra. Para os que restaram vivos, ainda houve que comprar as fazendas pretas e roxas para a vestimenta e dez garrafas de aguardente para passar o tempo de velar o defunto.

No Bairro da Lagoa, perto do Camanducaia, no rumo de Bragança, Manoel Jacinto de Moraes[18] gastou quase 10$000,

(...)*proviniente de dezanove garrafa de Agoardente que foi para passar a noite quando morreu sua sogra,(...)*,

uma viúva afortunada, senhora de nove escravos, cujos bens suscitaram desavenças nos descendentes.

Nem toda pinga de funeral era, como no caso da gente graúda que vimos até aqui, para os que chegassem e ficassem a velar. Quando morreu dona Cristina Maria de Jesus (1871), em maio de 1871, no Bairro do Rio do Peixe, foi preciso que uns homens acudissem no levar do corpo, do sítio para a matriz e desta para o Rosário; por isso, receberam umas garrafas de aguardente.

Lidando com inventários, descrevendo funerais, parece que submergimos num mundo exclusivo da morte. Na oportunidade que o documento dá, podemos ver a mesma gente na luta diária da sobrevivência rural, no trabalho dos ofícios urbanos ou, até mesmo, na batalha contra a chegada da morte. Rogério Gomes de Azevedo, doente, foi objeto de diversas tentativas para recuperação da saúde. No subúrbio, recebeu visitas do dr. José Antonio de Mello, que lhe aplicou *injecções hippodermicas* e prescreveu outros medicamentos, aviados pelo farmacêutico

---

[18] Inventariante de Emília Pires de Souza, 1879.

Carlos Luis de Magalhães, que, havia alguns anos, ocupava o lugar que fora do boticário Antonio Leopoldino. Duas semanas antes do fim, o médico deixou de visitar a casa do doente; veio, então, por três vezes, o padre Savério, *para medicina*, pelo que recebeu 184$000. Tempos depois, padre Savério sofreria perseguições que tiveram como justificativas a manipulação de poderes mágicos e o exercício ilegal da medicina.

No capítulo anterior, vimos que havia muita gente doente – fosse do corpo ou da cabeça – que jamais recebia assistência, visita de médico, de boticário ou padre. Se é verdade que as condições de higiene por vezes traziam doenças que atingiam tanto as mulheres abastadas como as pobres, no pós-parto, por exemplo, é certo que no instante dos últimos sofrimentos e da morte as diferenças de assistência apareciam.

Todos comungavam a mesma cultura católica diante da morte, que devia ser vivida socialmente, que não seria circunscrita à casa, como as orações para as imagens domésticas. Da mesma maneira que as festas dos santos, das Nossas Senhoras ou do Divino, os funerais eram manifestações religiosas públicas, mais pomposas para uns, mais humildes para outros. Contrastando com as grandes cidades do Império, todos os funerais de Socorro eram simples, mesmo aqueles dos grandes comerciantes e fazendeiros locais. Veja-se a diferença na descrição de João José Reis para o mesmo período:

> *Além de muitos padres, todo funeral respeitável devia ter orquestra. Nada mais espetacular e saudável do que morrer com música, tocada às vezes por até quarenta instrumentistas. Tocava-se na saída do cortejo de casa e durante a missa de corpo presente. Os mais modestos pediam música somente na igreja, e apenas coro sem acompanhamento, estilo gregoriano ou cantochão. A música se confundia com a percussão dos sinos, produzindo a versão barroca da noção multicultural de que a morte feliz deve ser ruidosa. A celebração da morte dispensava o silêncio: os pobres rezavam em voz alta, as carpideiras pranteavam, os músicos tocavam, o sacristão repicava o sino.*[19]

O trabalho livre
dos camaradas e dos órfãos

Há muitas páginas não tratamos da família das Gertrudes, dos descendentes do primeiro casamento de Maria Domingues de Siqueira

---
[19] "O cotidiano da morte no Brasil oitocentista", in: op.cit., p.120.

(1863), com João de Souza da Silva, e dos descendentes do primeiro casamento de Francisco de Paula Maciel (1870), que depois se tornou o segundo marido de Maria Domingues.

Maria Domingues teve uma filha, Anna Gertrudes (1861), que se casou com o filho de seu segundo marido. Isto é: Anna Gertrudes casou-se com José Domingues Maciel (1876), que era filho de seu padrasto. Anna Gertrudes e José Domingues Maciel continuaram morando no Bairro do Jabuticabal, onde havia muitas casas dos Domingues; tinham também uma casa na freguesia, de onde José ajudou na organização da festa do Rosário.

Além dos cinco escravos, do café e da vida material doméstica tão simples como a de seus pais, José Domingues Maciel e Anna Gertrudes – representantes da segunda geração da família que estudamos neste capítulo – foram os primeiros parentes a deixar dívidas por compras que não se restringiam aos tecidos de que careciam os funerais; tanto em 1861 como em 1876 o casal devia para os mascates que, indo ou voltando de Minas, de vez em quando passavam pelo Jabuticabal.

Da prole de José e Anna Gertrudes, conhecemos a vida de Manoela, que se casou com Luis Cardoso de Souza (1888), um plantador de café. Quando enviuvou, em 1886, Manoela morava no Bairro do Ribeirão das Antas, mas as terras do sítio eram todas no Jabuticabal, vizinho, onde tinha 5.000 pés de café. Apesar do cafezal e da casa rodeada de benfeitorias – monjolo, paiol, gramados para pastagens de boa qualidade, terreiro cercado de madeira –, Manoela não tinha patrimônio que alcançasse os bens de seu pai.

No tempo em que entramos no sítio de Manoela e Luis, na segunda metade da década de 1880, já não tinham escravos; não sabemos quem cuidava dos cafezais. Além dos filhos – oito, nascidos em intervalos de dois anos –, trabalhava nesse sítio um tal *Chico Valeiro*, a quem tinham de cobrar uma dívida de 40$000,

> *(...)de adiantamento de vallos que se propuzera a fazer para o inventariado nas terras de sua propriedade.*

Nas famílias pertencentes aos grupos sociais para os quais não havia mercado para a compra de mantimento e para a contratação do serviço de um outro, trabalhar era o cotidiano. Cuidar da sobrevivência e manter as posses era tarefa infindável; todo o tempo na lavoura, na fiação do algodão, no preparo da aguardente, no monjolo e no cuidado dos animais; sempre, toda e qualquer hora, era hora de trabalho. Sem a pressa de hoje, mas era trabalho. Os sitiantes estudados por Lia Fukui não apresentavam, ainda em meados do século XX, horário de trabalho rígido, variando-o conforme a tarefa a ser cumprida; fazer da mandioca a farinha, por exemplo, requeria começar às três da manhã e estender-se noite afora.[20]

Peter Laslett afirma que a família e o domicílio, antes da industrialização, constituíam um grupo de parentesco e de trabalho.[21] Com efeito, em alguns casos, os autos permitem-nos ver cafezais nas terras de pais e sogros, animais de filhos e de pais criados conjuntamente; mas, a partir disso, pouco podemos apreender sobre a família como grupo de trabalho, sobre a lida que tinha na lavoura, como ou quem o fazia, sobre a divisão de tarefas que operava, se é que existiam trabalhos peculiares para cada lugar que se ocupava na família.

De qualquer maneira, a situação de trabalho de uma família, em qualquer tempo e região, não é produto exclusivo da conjuntura econômica na qual está inserida; sua configuração – a do trabalho – carrega também o peso de seus valores, do papel que cada um exerce no grupo.

Para Muriel Nazzari, não havia se processado completamente no século XIX a passagem da família de unidade de produção para unidade de consumo; as duas formas são encontradas convivendo num mesmo grupo familiar. A interpretação da autora, a partir do estudo de dotes paulistas, parece-nos próxima da realidade das famílias aqui analisadas.[22]

O inventário retrata a família apenas como a reunião de pessoas que, conforme a lei, estavam envolvidas, de alguma forma, com a herança a ser distribuída. Assim, mesmo quando o grupo estava reunido para um funeral ou um casamento, foi retratado sob o olhar do inventário, documento marcado pela necessidade de dividir o patrimônio e, portanto, por uma certa compreensão institucional e jurídica do que fosse a família e, por extensão, dos seus bens. Como sempre ocorre nas fotografias tiradas nas ocasiões solenes, ficam de fora os personagens que, compondo a cena, não a protagonizam.

A historiografia vem estudando mais detidamente o grupo dos

---

[20] FUKUI, Lia Freitas Garcia. op. cit., p. 141.
[21] "Família e domicílio como grupo de trabalho e parentesco, comparações entre áreas da Europa Ocidental" in: MARCILIO, Maria Luiza (org.). **População e sociedade**. Petrópolis: Vozes, 1984, p. 137-170.
[22] "Dotes Paulistas: Composição e Transformações (1600-1870)", in: **Revista Brasileira de História**. São Paulo: ANPUH/Marco Zero, vol.9, no. 17, set1988/fev1989, p. 97. A mesma infixidez na composição familiar-econômica viu Alida Metcalf em Santana de Parnaíba, conforme: **Families of planters, peasants and slaves: strategies for survival in Santana de Parnaíba, Brazil,1720-1820**. PhD,University of Texas, 1983.

trabalhadores livres e pobres no Brasil,[23] assim escapando das explicações sistêmicas que comportavam apenas senhores e escravos e que eram, portanto, incapazes de apreender os agregados, camaradas, jornaleiros, criados domésticos e muitos outros que, sem estarem inseridos na escravidão, ou recém-saídos dela, ainda não participavam de relações de trabalho e produção "modernas".

Em outras regiões paulistas – até mesmo brasileiras – havia sinais desse pequeno produtor rural que trabalhava sua terra com a família e, em algumas circunstâncias, contratava o serviço de outros.[24] Entre os socorrenses do Oitocentos havia muitos proprietários de terra que contratavam o serviço de alguns *camaradas*; eram recorrentes as dívidas que os inventariados tinham a receber de *camaradas*, assim como as dívidas que estes geravam para os senhores junto aos estabelecimentos comerciais. Tais dívidas, fossem por contrato ou por compra, mostram que esses homens eram contratados para o trabalho na lavoura, que este era sempre uma tarefa temporária e, muita vez, os pagamentos eram convertidos em mercadorias retiradas na conta que tinha o contratante junto às lojas da freguesia, sobretudo tecidos, peças de vestuário e mantimentos.

Os assentamentos das lojas de fazendas e dos armazéns, encontrados nos inventários dos grandes comerciantes socorrenses, revelam o funcionamento da cafeicultura em Socorro e, mais do que isso, mostram como a localidade se inseria na economia cafeeira internacional. Nas tais

---

[23] Seguem alguns: FRANCO, Maria Sylvia de Carvalho. **Homens livres na ordem escravocrata**. São Paulo: Kairós, 1983; DIAS, Maria Odila Leite da Silva. **Quotidiano e poder em São Paulo no século XIX: Ana Gertrudes de Jesus**. São Paulo: Brasiliense, 1984; GEBARA, Ademir. **O mercado de trabalho livre no Brasil (1871-1888)**. São Paulo: Brasiliense, 1986; KOWARICK, Lúcio. **Trabalho e vadiagem. A origem do trabalho livre no Brasil**. São Paulo: Brasiliense, 1987; CASTRO, Hebe Maria Mattos de. **Ao sul da história: lavradores pobres na crise do trabalho escravo**. São Paulo: Brasiliense, 1987; PINTO, Maria Inez Machado Borges. **Cotidiano e sobrevivência. A vida do trabalhador pobre na cidade de São Paulo (1890-1914)**. São Paulo: Edusp/Fapesp, 1994; VOLPATO, Luiza Rios Ricci. "Escravos e livres pobres: a proximidade na miséria", in: op.cit.; GRAHAM, Sandra Lauderdale. **Proteção e obediência. Criadas e seus patrões no Rio de Janeiro(1860-1910)**. op. cit.; MOURA, Ana Maria da Silva. **Cocheiros e carroceiros. Homens livres no Rio de Janeiro de senhores e escravos**. São Paulo: Hucitec, Brasília: CNPq,1988; EISENBERG, Peter Louis. **Homens esquecidos: escravos e trabalhadores livres no Brasil, séculos XVIII e XIX**. Campinas: Unicamp, 1989; MOURA, Denise A.S. de. **Saindo das sombras: homens livres e pobres vivendo a crise do trabalho escravo. Campinas-1850/1888**. São Paulo: FFLCH/USP, Dissertação de mestrado, 1996.

[24] Ver, por exemplo, Nice Lecocq Müller em **Sítios e Sitiantes no Estado de São Paulo**, apud FUKUI, Lia. op.cit., p 76: *(...) todo pequeno produtor rural que, responsável pela lavoura, trabalha direta e pessoalmente a terra com ajuda de sua família e, ocasionalmente, de alguns empregados remunerados.*

contas dos donos de terra cafeicultores, vemos que os camaradas e, mais para o final do século, os colonos eram pagos por seus serviços na lavoura com gêneros alimentícios que o sítio, tomado de cafezais, não produzia. Além de comida, os lavradores retiravam como pagamento sapatos, roupas e outras miudezas.

Os comerciantes vendiam fiado, anotando *no livro*, construindo a *conta corrente* do freguês proprietário de terra, fazendo-o parte do *rol*. Principalmente depois de 1880, de vez em quando, vinham do sitiante ou fazendeiro as arrobas de café, que geralmente não cobriam os quilos de sal, açúcar, o toucinho, o bacalhau, o vinho e a aguardente, que levara para o gasto de sua família ou que fora retirado pelos camaradas e colonos. São essas arrobas de café, produzidas em cafezais raramente superiores a 10.000 pés, que eram juntadas na mão do grande comerciante e lhe permitiam trazer o que precisasse do seu fornecedor de Santos, Rio de Janeiro, São Paulo, Campinas ou Bragança.

Dava-se a mesma relação entre o produtor e o comerciante na Capivary fluminense de Hebe Mattos, onde, afirma a autora, a venda fazia a intermediação entre a produção de subsistência e a economia de mercado.[25] Cremos, entretanto, que a diferença estava no fato de que os negociantes de Socorro ultrapassavam os centros comerciais regionais, chegando a comprar mercadorias e emprestar dinheiro, por exemplo, no Rio de Janeiro e em São Paulo; o café produzido nas terras socorrenses chegava aos centros exportadores da economia cafeeira.

No entanto, de raro em raro surgem dados nos documentos sobre quantos eram os camaradas, para quais tarefas foram chamados e onde residiam, se em outras terras ou naquelas em que passaram a trabalhar.

Acertos entre parentes e/ou vizinhos que emergem das dívidas arroladas também manifestam a existência de outras confluências para o trabalho, como o mutirão que, conforme Maria Sylvia de Carvalho Franco:

> *(...)consiste em uma forma cooperativa de trabalho e (...) é convocado quando se trata da realização de benfeitorias de interesse coletivo – caminhos, capelas, etc. –, ou quando tarefas têm de ser realizadas com requisitos de celeridade que ultrapassam os limites do trabalho doméstico – plantio, colheita, derrubadas, construção de casa, etc. Trata-se, assim, de suplementar a mão-de-obra e diminuir o tempo de trabalho necessário para a realização de determinado serviço, onerando de modo mínimo e*

---

[25] **Ao sul da história. Lavradores pobres na crise do trabalho escravo.** op. cit., p. 108 e seguintes.

eqüitativo cada um de seus usufrutuários. O que se procura, portanto, é um aumento da produtividade do trabalho mediante sua transformação em força coletiva.(...)[26]

Mas, insistindo, o inventário não é um documento que facilite recuperar laços além dos que eram de interesse para o desenrolar da partilha. De todo modo, as relações mais fluidas são pouco delineadas, em geral, para qualquer tipo de documento oficial. Estudando o Rio de Janeiro no final do século XIX, Sandra Lauderdale Graham explicita a precariedade no reconhecimento de laços familiares:

> *(...)Já que os lares negligenciavam com freqüência a necessidade de providenciar informações completas sobre os dependentes, em particular sobre os escravos, e já que as relações de família não eram muitas vezes explicitadas, e o historiador tem de inferi-las, outros laços de parentesco por certo existiam, mas não podem ser recuperados com segurança.*[27]

Antonio Modesto Cardoso (1850)[28] morreu, em seu sítio, no Camanducaia, em 1850. Nesse tempo, tinha 20 muares e uma roça de milho, a maior parte do patrimônio de menos de três contos. Para trabalhar consigo, contava com um filho de 11 anos, talvez os dois genros, porque eram vizinhos, e três escravas, sendo uma menina e uma idosa. Antonio Modesto era credor de um tal Manoel de Oliveira, seu vizinho e sócio na compra de *uma porção de capados*, que lhe devia parte dos porcos comprados, 5$000 que emprestara para pagar a reforma do caminho, 1$200 que emprestara para pagamento a um camarada e 2$000 que recebera do inventariado para a feitura de um chiqueiro, ainda não realizado. Assim, vemos uma relação de trabalho entre "iguais", ou seja, entre dois pequenos proprietários vizinhos, que tinham negócios juntos, em que um pagava ao outro por pequenos serviços; além disso, outras relações de pagamento por trabalho podem ser vistas nas contas de Antonio, como as que pagara a seus próprios contratados.

Em 1851, morreu a mulher de José Gomes de Moraes.[29] O casal tinha bens que pouco passavam os 300$000, dos quais a maior parte era formada pelo pedaço de terra do sítio, no Bairro do Oratório, a oeste da freguesia, no lado esquerdo de quem sobe para Minas. Nos autos, o viúvo declarou que conseguira comprar as ditas terras com um empresti-

---
[26] Op.cit., p. 29.
[27] Em **Proteção e Obediência**, op. cit., p. 97.
[28] Já vimos sua devoção uma dezena de páginas atrás, quando pedia fosse deixado *um resplendor de flor* ao Divino de uma tal Maria das Dores.
[29] Gertrudes Maria de Jesus (1853).

mo pago com seus serviços.

O irmão de José,[30] também do Oratório, não chegou a ser dono de terra. Seu inventário foi interrompido, em meados da década de 50, sob a alegação de que não havia bens a inventariar; disse um informante do juiz que

> (...)a Viuva é muito indigente sendo que vive de serviço jornaleiro.

Havia os pobres que trabalhavam para outros, fossem ou não proprietários de um pedaço de chão, como José Gomes de Moraes e sua cunhada Albina; mas havia também aqueles que, como Manoel de Oliveira, já donos de sítios, vendiam seus serviços. Este era também o caso de Francisco da Silva Pinto (1867), que, *colono* em Socorro – na Fazenda Capitólio –, senhor de um escravo, comprou um conto de terras no Camanducaia, onde iniciou uma cultura de café no final dos anos 50. No inventário, o fazendeiro da Capitólio apresentou as contas de Francisco, com débitos referentes a feijão, farinha, carne de porco e outros mantimentos, e ainda créditos, como

- *dias de serviço que trabalhou - junho de 1865 12$640*
- *empreitada de limpar algodão e pasto – abril de 1866 15$000*

Quando morreu, Francisco trabalhava fora de Socorro para pagar o empréstimo que fizera dez anos antes; estava no sítio do Padre Joaquim,

> (...)vigario da Capella de Nossa Senhora do Patrocinio, e foi sepultado na matris de São João de Piraçununga.

Francisco não era imigrante; tendo nascido em Bragança, era, entretanto, chamado *colono*. Fazia serviços ligados ao algodão e às pastagens, cultivava café em terras próprias e ainda trabalhava em outras freguesias para pagar dívidas. Para o consumo de sua casa, os mantimentos eram comprados por meio da fazenda em que era *colono*. Eis o que se chamava trabalhador livre nacional, cuja vida indica as múltiplas maneiras de construção das relações de trabalho naquele período; não se tratava da mão-de-obra escrava e tampouco do imigrante europeu das fazendas de café, como quis a historiografia durante longo tempo.

Estudando o grupo dos pequenos agricultores na Campinas da primeira metade do Oitocentos, Valter Martins vê alguns

> (...)casos em que o agregado vivia no sítio de quem o

---
[30] Bento Gomes de Moraes (1855).

acolhia mas exercia seu ofício em outro lugar.[31]

A fluência com que Francisco transitava entre diferentes tarefas e propriedades acena para as vidas dos muitos camaradas citados quase no rodapé dos inventários. Tivessem os bens inventariados, certamente os veríamos passando de um sítio a outro nos mais diferentes serviços. Seus patrimônios não ficaram registrados porque eram diminutos. Em 1908, um advogado, na tentativa de retirar o dinheiro depositado para uso de um tutor, descrevia-o, forçando as tintas, da seguinte maneira:

> *(...)na ordem de verdadeiro proletario, e como jornaleiro de lavoura – camaraḑa, só pode auxiliar o tutelado com o preciso abrigo para evitar o relento.*[32]

Em 1890, a viúva de Manoel Francisco de Oliveira (1890) declarou que tinha dinheiro para receber de uma meia dúzia de homens,

> *(...)proveniente de quantias que seo marido adiantou aos mesmos para pagarem em serviço na lavoura de seo cafesal,(...),*

no ano de 1873; disse ainda que eles não cumpriram os contratos, mas que considerava as dívidas perdidas, pois todos viviam, quase vinte anos depois,

> *(...)em máo estado de fortuna.*

No Bairro dos Cubas, pouco distante da vila, antes do Morro do Serrote, no final dos anos 70, vivia o casal Manoel Rodrigues de Souza (1878) e Francisca da Annunciação, cujo patrimônio estava em torno dos dois contos de réis. Com conta no armazém de Francisco Gomes Ferraz – de onde traziam para o sítio açúcar, vinho, aguardente, arreios, tamancos, tecidos etc. –, podemos vê-los pagando cinco camaradas com fazendas da mesma loja.

Na zona rural ainda havia olarias, uma no Bairro do Salto,[33] acompanhada de uma *machina de amassar barro*, e outra vista em documento de 1879,[34] próxima à morada de um abastado senhor. Houve também um português, Antonio Affonso da Costa (1892), sem mulher ou filhos, de 40 anos, que trabalhava como pedreiro no Bairro do Oratório, para onde se mudou na última década do século, depois de ter morado por anos na vila.

Ao longo dos 56 anos estudados, encontramos trabalhadores

---

[31] Op. cit., p.57.
[32] Inventário de João de Oliveira Dorta (1890).
[33] Inventário de Anna Maria de Jesus (1877).
[34] Inventário de Francisco Gomes de Azevedo (1879).

livres nas casas, sítios e lojas dos inventários. Sua presença na lavoura aumentava, sobretudo, com o avolumar dos cafezais. Mas, quando se trata de homens de ofício – pedreiro, ferreiro, valeiro etc. –, podem ser vistos nos documentos que datam da metade do século XIX.

Andando pelas Lavras, nos sítios dos Xavier Ferreira, no capítulo anterior, conhecemos o português *oficial de engenho, de moinho e carpinteiro* Lucas José Moreira (1850), falecido em 1850. Sobre sua residência, informava o inventariante, João Xavier Ferreira:

> *(...) não tinha morada certa, habitava a maior parte do tempo nesta Freguezia, e existia a onde achava serviço.*

João Ferreira disse que Lucas jamais havia lhe contado ter sido casado, em Portugal ou no Brasil, mas que sabia ser o carpinteiro pai de três filhos,

> *(...)dois delles com Maria Lopes, moradora no Ouro Fino, mulher sorteira e hum filho com Clara de tal, mulher viuva(...).*

Escapando do formato familiar convencional, residindo longe dos filhos, Lucas vivia pelos bairros de Socorro montado em seu cavalo branco, carregando duas canastras, uma com as ferramentas do trabalho e outra com os objetos pessoais:

- *1 espelho com 2 navalhas*
- *1 carteira*
- *1 chapéu velho de chita*
- *1 colcha grossa velha*
- *1 jaqueta de pano velho*
- *1 jaqueta de lã asul ferrete*
- *1 ponxe velho*
- *1 costume velho*
- *1 colete de seda grossa*
- *1 colete de fustão velho*
- *2 cintas de cadarço de algodão*
- *1 calça velha de castor*
- *1 calça de belbute*
- *1 calça de riscado*
- *2 calça de algodão*
- *2 camisas de algodão americano*
- *1 camisa velha de morim*
- *1 lenço vermelho de alcobaça*

Além das *tralhas*, Lucas Moreira deixou quase 100$000 em dinheiro e 300$000 de vales por receber, assinados por homens de Minas que contrataram seus serviços. Esses vales passaram para o poder do coronel Germano, que ficou incumbido de recebê-los; como seria muito difícil obter algum sucesso em tal cobrança, todo o fruto dessas tentativas que ultrapassasse o valor das avaliações ficaria como pagamento ao esforço do coronel. Este, por fim, recebeu todas as dívidas até o ano de 1858, com valores bastante superiores aos originais.

Em 1882, João Camillo de Moraes, por um contrato de locação de serviços,[35] pretendia pagar a dívida que tinha para com João Cardoso Pinto, no valor de 305$000,

> (...)cuja quantia sera saptisfeita em todo e qualquer serviço de lavoura a razão de des mil reis por mes sendo mes contado, cuja quantia sera saptisfeita no espaço de trinta mezes e meio, sendo mes contado, correspondente a setecentos e trinta e sinco dias sendo dias contados.
> 2o
> Obrigo me a não trabalhar e nem fazer contracto algum e nem sair para fora de paceio sem o comsentimento do Locatario Morais.
> 3o
> Todo e qualquer quantia ou generos que receber mais, será saptisfeito em serviço de lavoura e com as comdiçoems deste contracto
> 4o
> De tres em tres mezes seremos obrigados a ajustar contas não só do serviço prestado como mesmo do que tiver recebido: Aceitas as condiçoens pelo Locador e Locatario asignão (...).
> Contratante e contratado não sabem assinar.

Relações de trabalho reguladas por contrato e, no entanto, tão semelhantes àquelas impostas aos escravos. A permanência de traços da relação escravista foi lembrada por Warren Dean no caso de Rio Claro,[36] por Robert Slenes no estudo dos imigrantes que chegavam a Campinas,[37] e por Hebe Mattos, que viu continuidade do poder privado do senhor sobre

---

[35] Conforme **Contrato de locação de serviços que passa o locador João Cardoso Pinto ao locatario João Camillo de Moraes – 1882**
[36] **Rio Claro. Um sistema brasileiro de grande lavoura 1820-1920**. op. cit.
[37] "Senhores e subalternos no oeste paulista", in: **História da vida privada no Brasil. Império: a corte e a modernidade nacional**. Organização Luiz Felipe de Alencastro. op. cit., p. 283-287.

aqueles que deixavam de ser cativos na segunda metade do século XIX.[38]

Descendentes de escravos, de forros, de mães solteiras desprovidas, da gente miúda, enfim, continuaram, como mostram os últimos cem anos, nas beiradas da economia nacional, equilibrando-se para se manterem vivos, trabalhando sem alcançar benefício ou propriedade além da sobrevivência. Muito escassos foram os casos dos que, nascidos pobres, chegaram a formar patrimônio com os cafezais, negócios ou tropas; o mais comum era permanecer pobre, era não escapar da penúria ou de um castigo que o destino trouxesse.

Diferentemente dos contratos de serviço, que traziam uma relação de trabalho arranjada na ocasião em que o documento que a atesta era confeccionado, a presença de casas para colonos nos inventários da década de 1890 denota uma situação anterior. Em 1895 deviam existir muitas casas de colonos construídas nas fazendas socorrenses, mas os inventários concedem-nos ver um quadro que, mais do que o momento da morte do inventariado, revela o que deixamos de saber sobre o passado imediato, o ocorrido alguns anos antes com todos aqueles que permaneceram vivos.

Se não podemos precisar a entrada de imigrantes na lavoura cafeeira socorrense, sabemos que a Câmara, em junho de 1874, recebeu circular da presidência da província

> (...)exigindo informação sobre os terrenos que possão servir para estabelecimento de collonos.(...)[39]

Lidas as atas das duas décadas seguintes, nenhuma resposta existe. Parece que a comunidade socorrense envolveu-se com problemas mais urgentes e demorou a se ocupar com os trabalhadores imigrantes.

José de Souza de Moraes (1895) mantinha mais de 12.000 cafeeiros, criava uma boa tropa de bestas e era, assiduamente, consumidor das variadas mercadorias que chegavam aos armazéns da cidade, fossem fazendas, utensílios de cozinha ou mantimentos. No sítio do Bairro do Agudo, ao sul da cidade, contava com colonos – que moravam numa casinha especialmente construída para sua residência – e camaradas para fazer crescer o patrimônio e as dívidas. Na época de sua morte, José devia a quarta parte da fortuna de 40 contos de réis.

No Bairro das Palmeiras – desaparecido no mapa atual do município –, em 1899, morreu Francisco de Freitas Bueno (1899). Com mais de 100 alqueires de terra, uma dezena de milhares de pés de café e 50 contos

---
[38] "Laços de família e direitos no final da escravidão". In: Idem, p. 376-378.
[39] **Livro Primeiro** de Atas da Câmara.

para receber em dívidas, o fazendeiro construíra três casas para colonos junto aos cafezais. Enquanto o café de José de Souza de Moraes saía do Bairro do Agudo nos lombos de mula, a produção das Palmeiras era transportada em carros de boi. Nos dois sítios temos produção de café em maior escala para venda e, além disso, temos consumo dos gêneros para abastecimento comprados nos estabelecimentos comerciais da cidade. Nessa altura, parece, Socorro começou a coincidir, embora em menor escala, com as descrições que a historiografia fizera para fazendas de Rio Claro, Campinas...

A maior fortuna encontrada entre os inventariados até 1870 é a de Luis de Souza Pinto (1869), falecido em 1869. Plantador de milho, algodão e fumo, tinha uma dezena de escravos, 40 contos de patrimônio total, uma casa na freguesia com mesa de jantar. Vivia muito simplesmente no Bairro do Pinhal – cuja distância da freguesia era aumentada pelos altos morros e difíceis caminhos que tinha de cruzar –, entre móveis sumários que se reduziam a caixas, bancos, catres e armários rústicos.

Quarenta anos depois do pai Luis, morreu a filha Maria Rita de Campos (1909), já viúva do segundo casamento, deixando oito filhos casados. O patrimônio de Maria Rita revela manutenção da riqueza alcançada, como sempre vimos, pelo casamento. Possuía 20.000 pés de café, centenas de alqueires de terra e colonos habitando a fazenda. Assim como o pai, Maria Rita estava entre os mais fortes produtores da zona rural da região.

A esse tempo, já no final da primeira década do século XX, sua vida doméstica distanciara-se muito daquela de solteira; na sua casa, Maria Rita circulava entre marquesas, mesa de jantar e as competentes cadeiras, colchões e travesseiros, muita louça, talheres de prata, urinóis etc; a casa de Maria Rita, embora ficasse dos lados de Minas Gerais, como a de seu pai, estava mais ao norte, bem mais próxima da cidade, o que, provavelmente, além das décadas decorridas, facilitava a manutenção dessa nova vida material e dos costumes que a ela deveriam corresponder.

Foram justamente os maiores patrimônios da zona rural que primeiramente abandonaram o emprego da mão-de-obra escrava e contrataram colonos ou homens livres para o trabalho da terra. De qualquer maneira, Socorro jamais encarnou de forma exclusiva um jeito de produzir; escravos conviveram com o trabalho familial, com camaradas, com alguns homens de ofício; colonos também viram trabalhar os filhos dos fazendeiros, os camaradas e os órfãos pobres contratados.

Havia as delgadas fronteiras do trabalho no interior das propriedades rurais, onde, bem guardados os direitos do enriquecimento e do mando, eram todos da faina. Havia, ainda, as fronteiras geográficas, que dividiam o trabalho entre os que lidavam no campo e os que o faziam no povoado urbano.

No limite entre a freguesia e o sítio – bastante mal definido – sustentavam-se os moradores dos subúrbios, que podiam ser gente da lavoura, das pequenas vendas ou de algum ofício, como Francisco Caetano Ferreira,[40] que, no começo dos anos 90, era um ferreiro que morava na saída para os lados de Minas, chamado *artista* em alguns documentos.[41] Na metade do século, na mesma localidade, na chácara de Joseffa Maria da Annunciação (1848), estava uma fábrica de telhas que, às vezes, vendia para os moradores da freguesia.

O ferreiro Francisco tinha um irmão, Baptista Caetano Ferreira, que, também mineiro, tinha 23 anos em 1886, quando declarou morar na

(...)Villa de Soccorro e ser artista pyrotechnico.[42]

Gertrudes da Silva,[43] que vimos anteriormente, fora abandonada pelo marido havia mais de 30 anos. Em 1854, vivia sozinha na freguesia, numa

(...)morada de casas na Rua que desse da Igreja no Canto da Rua de baixo de paredes de mão sem forro e sem pavimento contendo huma porta e quatro janellas.(...)

Ali, tinha poucos móveis, duas escravas – Justina e Maria – e recebia a visita do irmão, que morava no sítio, e dos filhos *adulterinos*, que moravam na *Vila do Jaguary*. Quando morreu, devia mil réis para o *Juca sapateiro* e mil réis para a *Maria serzideira*.

Em 1898, *Bartholomeu Turco* veio ao juiz para pedir arrecadação dos bens do italiano Giacomini Luigi (1898), que

(...)fugio desta Cidade não pagando não só a elle como tambem aos demais credores(...).

Numa ruela saída do Largo da Matriz, Bartholomeu trabalhava como ferreiro para Giacomini, na tenda em que este, além de ferrar, oferecia serviços de tropa. Aberto o cômodo que Giacomini trancara antes de partir com a família, acharam-se apenas instrumentos do ofício de ferreiro, que não chegavam para pagar as dívidas que o italiano contraíra para com os empregados.

---

[40] Inventário de Rogério Gomes de Azevedo (1891).
[41] Como no **Processo de injúrias verbaes que Pascoal Pepe move contra João Falcone – 1889.**
[42] Conforme **Licenças para casamento – 1886.**
[43] No inventário nomeada Gertrudes Maria de Jesus (1854).

No núcleo urbano, a diversidade de trabalhos sempre foi maior, mesmo quando, entre os anos 70 e 90, notamos uma ruralização da sociedade que se deixava invadir pela cafeicultura. Apesar dos mascates que andavam pelos sítios, dos carpinteiros e outros que se deslocavam sem morada fixa, apesar dos negócios e vendas de beira de estrada, a zona rural nunca abrigou o sapateiro e a cerzideira que serviram Dona Gertrudes nos anos 50.

Não podemos imaginar, no entanto, que se tratava de um povoado urbano em que a divisão social do trabalho já se completara. Desde meados do século XIX até as primeiras décadas do século XX, os moradores urbanos mantinham suas criações, fossem os animais para montaria ou os porcos e galinhas usados na alimentação. A manutenção de animais em chácaras e pastinhos suburbanos, ou nos quintais das casas mais modestas, atestava que os moradores urbanos não chegavam a ser apenas consumidores, mas estavam forçados a prover seu transporte e seu abastecimento de leite, carne e ovos.

Dona Joaquina (1875) – que vimos guardando a esmola do Senhor Bom Jesus – vivia perto da cadeia, numa casa recheada com quadros, relógio de mesa, talheres de prata, cálices e xícaras. Doente, comprava remédios do boticário Antonio Leopoldino de Toledo e do senhor Rufino Gonçalves de Andrade, que era, a um só tempo, professor, rábula, delegado de polícia, *hommeopata* e cuidava das obras da matriz. Nas contas que deixou para pagar, havia

> (...)1$400 a Lucio Antonio da Silva, de carne que mandou D. Joaquina a soa molata boscar.

O mesmo inventário revela mais gente trabalhando: escravos alugados, homens que faziam tijolo e pedreiro que recebeu para fazer a catacumba de Dona Joaquina.

Nos anos 70, José Borges de Almeida (1879), carpinteiro, morava na *rua boavista*, com dois papagaios e a banca de seu ofício. Nesses tempos, comprava pinga, vinho, carne e até louça no negócio de Gabriel Toledo; pagava-o com serviços, cobrados por dia.

No povoado urbano, depois de entrada a década de 1870, parte significativa do trabalho livre era exercido pelos que cuidavam da saúde. Em 1873, quando a epidemia de varíola chegou a Socorro, o *cirurgião prático* José Luis de Mello, oriundo de Minas Gerais, escreveu à presidência da província pedindo vacinas, que chegaram no mesmo mês.[44] No

---

[44] Conforme documento de 8 de dezembro de 1873; **Ofícios Diversos** – Bragança Paulista, lata 1293, AE.

mês seguinte, há informe de que a epidemia fora controlada.

Para acudir a população, instalou-se em Socorro durante essa epidemia o boticário Antonio Leopoldino de Toledo (1888); desde o começo de 1874 pedia à Câmara que impedisse os negociantes de venderem remédios. Ganhou o apoio dos vereadores para o monopólio: em 1875 o tal José Luis de Mello ofereceu-se gratuitamente para tratar dos presos; seus préstimos foram aceitos, mas não o fornecimento de medicamentos, que já estava restrito a alguns poucos cadastrados.[45]

Em ata de 26/03/1878,[46] vê-se que Luis de Santa Barbara, italiano, formado pela Academia de Medicina de Nápoles, pretendia fixar-se em Socorro e oferecia seus serviços médicos para o tratamento dos presos pobres, para hospital ou *lazareto* de que a Câmara se encarregasse.

Em abril de 1880, Filomeno Bortholaso pediu à Câmara licença para exercer *o cargo de pharmaceutico*.[47] A sociedade que recebia a cafeicultura também acolhia outras atividades que, se não implantadas nas fazendas, transformavam o cenário urbano, tornando-o mais diversificado, ainda que num grau bastante inferior ao que se instauraria com a chegada da estrada de ferro, em 1909.

Quando entram os anos 1880, outros arranjos de trabalho proliferam entre os documentos do Fórum: os que estão nos contratos de órfão, que consistiam na regulamentação dos serviços que crianças pobres e órfãs prestavam àqueles que os recolhiam em suas casas.[48] Por pequenas quantias depositadas anualmente – *soldadas*, que somente seriam retiradas com a maioridade –, as famílias mais abastadas contavam com trabalhos na lavoura, nos negócios, ou nas tarefas domésticas, em troca de moradia, alimentação, vestuário, instrução e cuidados médicos, se necessários.

Em 1886, Luis,[49] órfão de pai, filho de Clara Maria de Jesus, foi contratado por José Pedro Ramalho, lavrador. A mãe era camarada do contratante, residia em seu sítio, o que foi lembrado para garantir a aprovação do juiz de órfãos:

> (...)assim fica attendida tambem a commodidade do orphão, qual a de ficar perto de sua familia e n'um bairro em que já está aclimatado.

---

[45] **Livro Primeiro** das Atas da Câmara.
[46] Idem.
[47] Ibidem.
[48] Todos os contratos doravante citados foram encontrados junto a um conjunto de documentos que, sem catalogação, estavam na Biblioteca do Fórum.
[49] **Contrato dos serviços do órphão menór Luis, filho de Clara de tal – 1886.**

No mesmo ano, Henrique Rubim de Toledo contratou o *menor abandonado* José Francisco,[50] para empregá-lo

(...)*nos serviço de sua lavoura do seo cítio na Serra do Moquem,(...)*

prometendo tratá-lo

(...)*como um bão Pay de familia costuma a fazelo, admittindo-o a sua rezidencia como se Pay fora.*

Luzia, quando morava no Bairro da Lagoa, era escrava de Constantino José de Moraes.[51] Sob este senhor, em 1871, teve o filho Adão, cujo registro do batizado era:

Adão (Escravo). Aos treze de Agosto de mil oitocentos e setenta e um nesta Matriz do Soccorro, baptizei puz os santos oleos a Adão de um mez filho de Domingues e sua mulher Luzia, escravos de Constantino José de Moraes, do Bairro da Lagoa.

Em 1874, ainda no mesmo sítio, Luzia deu à luz novamente; nasceu Libania, também filha de Domingos, previamente libertada pela lei de setembro de 1871 que, em princípio, não alcançara seu irmão Adão, nascido três anos antes. Tempos depois, Luzia e Domingos foram vendidos para o tenente Floriano Barbosa de Azevedo, do Bairro do Rio do Peixe Acima; no ano de 1878, nasceu seu filho Francisco,

(...)*o qual nasceo livre em virtude da lei 2040 de 28 de 7bro de 1871.*

Em 1888, dias antes da Lei Áurea, Adão, *16 annos presumiveis*, Libania *de 14 annos mais ou menos*, e Francisco *de 10 annos presumiveis* foram contratados pelo tenente senhor de sua mãe por um período de dois anos, como era praxe acontecer nos primeiros contratos. Nesse documento, o tenente ficava obrigado a fazê-los freqüentar a *eschola de primeiras letras* e a pagar nos próximos anos, sucessivamente: a Adão – nascido escravo, cuja alforria não consta do processo –, 50$000, 60$000, 80$000 e 100$000; a Libania, 36$000, 48$000, 60$000 e 72$000; a Francisco, 24$000, 36$000, 48$000 e 60$000.

Os contratos foram renovados até cada um completar a maioridade, com aumento médio de 30% das *soldadas* de um contrato para o próximo. Na altura de sua maioridade, os contratados, portadores do

---
[50] **Contrato dos serviços do órphão José Francisco – 1886.**
[51] **Contrato dos Órphãos Ingênuos Adão, Libania e Francisco, filhos da ExEscrava Luzia – 1888**

sobrenome Barbosa ou Moraes – conforme a casa dos senhores em que nasceram e que eram também seus padrinhos –, compareceram diante do juiz para retirar o que possuíam depositado, sem sequer saber assinar o nome, o que parece sugerir que a família do tenente não cumpriu a obrigação de fazê-los estudar.

Entretanto, com Francisco nem tudo andou como previam os documentos. Em 1897, o tenente Floriano quis rescindir o contrato porque Francisco *fugiu de sua caza* para outra. Já maior, em 1901, Francisco cobrou a dívida que o tenente tinha para com ele, pois não pagara as *soldadas*.

Com Adão, Libânia e Francisco assistimos a um dos casos em que

> (...)*os proprietários escondiam-se na pele de tutores para continuar explorando os ingênuos.(...)*[52]

Anna Gicelle Alaniz, no espaço de Campinas e de Itu, no mesmo período, entendeu que o vínculo tutelar era um caminho para a exploração dos ingênuos e também um mecanismo que permitia às famílias libertas não se fragmentarem.[53] Não apenas os filhos de escravos e forros, mas os demais filhos de pobres – de agregados, por exemplo – encontravam na tutela, algumas vezes, uma forma de permanecer junto ao pai, à mãe, ou a um parente próximo, como tios ou padrinhos.

Existiam as crianças que, antes de inseridas num contrato tutelar, encontravam-se em *solidão total*, como o menino Emilio,[54] de mãe falecida, com 10 anos de idade, que foi contratado para a lavoura em 1890; seu contratante morava na vila, mas era cafeicultor. Emilio, brindado pelo abandono, era filho de José Mandú,

> (...)*que se reputa haver fallecido, por ter desapparecido doido do Bairro dos Machados, em estado de alienação mental, sem que se saiba noticias do mesmo.*

Para as crianças pobres e sem família só a chegada da maioridade traria a possibilidade de queixa ou de rompimento com o tutor. Não havia tios ou padrinhos que pudessem interferir em seu favor, ainda que fosse para reclamar a venda de bens ou a retirada de dinheiro depositado, o que somente ocorria com os órfãos abastados, cuja tutela não se constituía num contrato de serviços.

---

[52] ALANIZ, Anna Gicelle García. **Ingênuos e libertos: estratégias de sobrevivência familiar em épocas de transição, 1871-1895.** Campinas: Unicamp, 1997, p. 59.
[53] Idem, p. 64.
[54] **Contrato do Órphão Emilio, filho de José Mandú – 1890.**

Como observou Alaniz em Campinas e Itu, as crianças órfãs que não possuíam bens atraíam tutores porque podiam prestar serviços; a autora cita o curador de órfãos de Itu, advertindo que os homens encarregados da tutela eram antes patrões do que tutores.[55]

O caso dos órfãos abastados era o mesmo dos *desmemoriados*, visto que se constituíam num meio de ter acesso e administração de bens valiosos. De todo modo, tratava-se sempre de perda de autonomia: os órfãos abastados tinham seus bens à mercê de seus tutores e os órfãos pobres tinham seu trabalho à mercê de seus responsáveis.

Em ofício do juiz de órfãos de Amparo, de 8 de abril de 1878,[56] informava-se a criação da *colonia orphanologica* de Amparo. No mesmo documento, tratava-se do caso do professor João da Cunha Lima, advogado do tutor Theodoro, que tinha sob sua responsabilidade dois irmãos – Pedro e Joaquim –, dos quais o mais velho encontrava-se na cadeia de Amparo, aos 14 anos, *por ser criminoso*, o que segundo o relator,

> (...)*se deve ao fato de que o tutor não os educava e sim alugava seus serviços por 9 mil réis mensaes.(...)*.

Estava em jogo, provavelmente, disse o juiz de Amparo, um concurso para o professor Cunha Lima, que, tempos antes, afirmara que o envio do menor para Amparo devia-se à vontade do juiz de paz socorrense – Moysés Gomes de Azevedo – de manter outra criança sob seu mando, de usufruir seus serviços. Moysés Gomes de Azevedo, ao enviar o suposto infrator para Amparo, evitava que aquele que trabalhava para si fosse o escolhido para deixar Socorro. Com a medida, disse o professor, o juiz Moysés alarmou a população, que retirou seus filhos da escola, mantendo-os sob cuidado, em casa. O juiz de Amparo, por sua vez, asseverava à presidência da província que era absurda a idéia de que a população tinha se alarmado, pois ficou sabendo que *pessoas de critério* aplaudiram a medida.

Nessa situação que envolve o tutor Theodoro, o professor João, o juiz de paz Moysés, o juizado de Amparo e as famílias das crianças matriculadas na escola, certamente não vislumbramos todos os interesses em jogo. Mas percebemos com facilidade que, além dos serviços e dos bens, algumas crianças órfãs tuteladas serviam como pretexto para disputas políticas e/ou administrativas.

Na zona rural os contratos de órfão implicavam serviços na lavoura. Para os meninos e meninas que trabalhavam na vila as tarefas eram

---

[55] Op.cit. p. 53-54.
[56] **Ofícios Diversos** – Amparo, lata 1295, AE.

variadas, mas estavam sempre junto às casas e aos negócios dos homens mais ricos, que não tinham mais os escravos domésticos, de ofício ou de aluguel, como nos anos anteriores.

No Brasil, nos estertores da escravidão, os senhores, mesmo os das camadas médias, não prescindiam dos serviços domésticos; cada região, na sua peculiaridade, engendrou arranjos de substituição da mão-de-obra escrava no ambiente doméstico. No Rio de Janeiro, aponta Sandra L. Graham no seu **Proteção e obediência. Criadas e seus patrões no Rio de Janeiro (1860-1910)**, foram contratados como criados os forros e os pobres, sendo a grande maioria constituída de mulheres.

Maria Cristina Cortez Wissenbach, tratando da escravidão urbana, em São Paulo, e focando sobretudo os que trabalhavam no ganho ou no aluguel – e não os domésticos, como pensamos aqui –, afirma que

> *(...)é preciso relativizar o caráter brusco geralmente atribuído à crise da escravidão urbana.(...)a avaliação da escravidão urbana, na segunda metade do século XIX, implica considerá-la nas formas por meio das quais a instituição se moldava ao trabalho livre(...).*[57]

Mesmo tomando distintos espaços – como São Paulo, Rio de Janeiro, vilas ou fazendas –, conceber o fim da escravidão mais lentamente significa empreender profundas alterações na historiografia que, anteriormente, estudava esse momento como a passagem da mão-de-obra escrava para a mão-de-obra "assalariada" do imigrante, nos cafezais.

Reconhecida a multiplicidade do esgarçamento do escravismo, que deve ser buscada nas práticas dos cativos, dos forros e dos homens livres pobres em geral, restamos convencidos de que, como afirmou Fernando Torres Londoño:

> *(...)Na segunda metade do século XIX foi comum a entrega dos órfãos abandonados a familiares ou a outras pessoas sob o regime que foi conhecido como soldada.*[58]

O comerciante Felicio Vita, italiano, em 1881, queria contratar a órfã Maria Joanna,[59]

---

[57] Op.cit., p. 77.
[58] "A origem do conceito menor", in: PRIORE, Mary del (org.). **História da criança no Brasil**. São Paulo: Contexto, 1996, p.131. Na afirmação, Londoño refere-se à obra **Os menores delinqüentes e seu tratamento no Estado de São Paulo**, de Cândido Nogueira da Motta, publicada em 1909.
[59] Conforme **Contrato de locação dos serviços da Órphã Maria Joanna, filha do falecido Antonio – 1881**.

(...)que está vivendo com Joaquim Paulino que não lhe pode dar educação alguma.

Usando tal alegação, Felicio quis convencer o juiz de órfãos e trazer Maria Joanna, de 11 anos, para

(...)faser companhia a sua Senhora, e prestar algum serviço domestico dentro de casa, ao mesmo tempo que poderá lucrar alguma educação.

Entretanto, passados alguns meses, Felicio pediu para rescindir o contrato, sem explicitar as causas da atitude. Revemos Maria Joanna três anos depois, casando-se com o primo Zeferino,

(...)depois de dispensados do impedimento de consanguinidade em terceiro grao.[60]

No ano em que se casava Maria Joanna, em 1884, o comerciante Januário José Dantas Vasconcellos contratou um órfão para sua loja, por um período de oito anos.[61]

Também nesse ano, Antonio do Nascimento Gonçalves, importante negociante, assinou contrato trazendo Carolina – filha de pai falecido e mãe pobre[62] – para sua casa, declarando que desejava

(...)faser que lhe seja ministrada a necessaria educação domestica.

Para os quatro anos, pagaria 15$000, 20$000, 30$000 e 40$000, sucessivamente. Findo o contrato, o negociante disse não mais pagar as *soldadas* porque já não precisava dos serviços de Carolina, e que não havia quem quisesse contratar a órfã *por já estar moça*, ou seja, não havia quem quisesse pagar os salários razoáveis que a idade de Carolina exigia. Assim, Antonio do Nascimento Gonçalves

(...)obriga-se a continuar a ter a dita orphã na companhia de sua familia até fasel-a casarse, com a obrigação de alimental-a, vestil-a e cural-a a sua custa, (...)obrigandose as despesas precisas para o casamento da mesma.

Carolina, feita agregada, enredada num discurso que a fazia quase filha, em troca, prestaria os serviços costumeiros. Depois de um ano trabalhando sem receber, em 1889, Carolina deixou a casa do negociante para casar, com os 105 mil réis que amealhou. Com essa quantia, na altura

---
[60] **Licenças para casamento – 1884.**
[61] Conforme **Contrato de Órphão – Contractante Januario José Dantas Vasconcellos, Contractado João, Filho de Belarmina de tal – 1884.**
[62] **Contrato de locação dos serviços da Órphã Carolina – 1884.**

do final do século, Carolina não poderia obter sequer um diminuto pedaço de chão nos mais longínquos morros do município; talvez conseguisse pagar uns três meses de aluguel por uma casinha *em mao estado* nos subúrbios.

Na mesma tonalidade dos discursos dos tutores de *desmemoriados*, os textos dos contratos de órfãos querem dar ao leitor a impressão de que os contratantes pouco ou nada usufruíam os serviços dos meninos e meninas. Constrói-se sempre uma fala que realçava a generosidade e o voluntarismo das famílias abastadas na manutenção das crianças pobres consigo, educando-as e proporcionando-lhes o teto, a roupa e a comida.

Com o padre também vivia um órfão contratado. Izidro,[63] filho de Brandina, permaneceu com padre Savério por sete anos, desde que tinha 12 anos de idade, em 1884. Numa das renovações de contrato, alegou o clérigo querer terminar de ensiná-lo com *orticultura e viticultura*, pois trabalhava em sua chácara. Em 1888, o padre pediu para *apreender* o menino,

(...)por andar vagando pela Cidade e ter abandonnado os serviços sem motivo algum.

Dias depois, Izidro foi capturado e devolvido ao padre. No ano posterior, o sacerdote quis rescindir o contrato porque

(...)tendo fugido para a Provincia de Minas o orphão Izidro, não lhe interessa mais ir ao encalço d'elle, e nem tel-o mais em sua companhia pelo irregular comportamento do mesmo.(...)

Aos 19 anos, Izidro casou-se com uma moça de Serra Negra, onde foi morar como *jornaleiro*.

Agregados, forros, camaradas, jornaleiros e órfãos pobres contratados eram, todos, da mesma fatia social; uns eram filhos de outros, uns foram o que outros eram.

Nas dezenas de contratos de órfãos, as crianças tinham, na primeira vez em que eram contratadas, entre nove e 12 anos de idade, período que coincide com aquele apontado por Kátia de Queirós Mattoso para o início das atividades de trabalho entre as crianças escravas, quando estas deixavam a infância improdutiva e ingressavam, como aprendizes, no ambiente das ordens dos senhores.[64]

---

[63] **Conforme Contrato de Órphão – Izidro, filho de Brandina de tal – 1884.**
[64] Ver "O filho da escrava", in: PRIORE, Mary Del (org.), op.cit., p.76-97.

Muitas das crianças contratadas estavam disponíveis juntamente com um ou dois irmãos, dos quais nem sempre estariam acompanhadas. Aliás, na maior parte das vezes, os irmãos foram enviados para casas diferentes e, apesar de serem recorrentes os desaparecimentos dos menores, fugindo das famílias para as quais trabalhavam, em nenhum dos casos o processo informa que os órfãos irmãos se evadiram juntos.

Os contratos de órfãos eram, ao mesmo tempo, a regulamentação de uma situação existente – principalmente levando em conta que muitas crianças eram contratadas pelos homens para os quais trabalharam seus pais – e a possibilidade de criar uma situação nova, para substituir os escravos que eram, em grande número, velhos e doentios. Crescida a criança, beirando os 15, 16 anos, já podia, certamente, ultrapassar o tipo de serviço que era feito pelos cativos aleijados e pelas velhas negras escravas que antes andavam pelas moradas de Socorro.

Os arranjos que vemos em Socorro, Campinas, Itu, Taubaté, constituíam uma forma de lidar com a criança pobre que, segundo Maria Luiza Marcílio, antecedeu a instauração da filantropia na sociedade brasileira. A caridade familiar foi substituída pela filantropia alicerçada num discurso científico, configurada nos orfanatos e outras redes de assistência.[65]

Em 1884, Beraldo, de 13 anos, através de seu curador, moveu uma ação contra seu senhor, morador do Bairro dos Rubins.[66] No processo, aos poucos, emergem histórias de vida inundadas pelo escravismo. Contam os autos que Carlos, moço criado com a mãe[67] e o padrasto[68] no Camanducaia, tinha um filho com Belmira, escrava, que freqüentava o sítio em que morava Carlos, pois vendera uma égua ao padrasto do moço.

Carlos casou-se em 1864 com uma tal Maria, conforme o inventário de seu pai.[69] Depois de viúvo, casou-se com Belmira e quis recuperar o filho que teve com ela, Beraldo, que se encontrava escravo – injustamente, segundo o pai:

> (...)Dis Carlos Pedroso de Moraes,(...), que, tendo havido, em estado de solteiro, um filho de Belmiria Gomes de Azevedo, esse filho, baptisado com o nome de Beraldo,

---
[65] "A roda dos expostos e a criança abandonada na história do Brasil, 1726-1950", in: FREITAS, Marcos Cezar (org.). **História social da infância no Brasil**. São Paulo: Cortez, 1997, p. 75-76.
[66] **Ação que Beraldo, por seu curador, move contra seu senhor Felisbino Vaz de Lima – 1884.**
[67] Theodora Maria de Jesus (1864), falecida em 1864, com montante pouco superior a cinco contos de réis.
[68] Zacarias Pedroso de Moraes (1868), morto em 1868.
[69] Manoel Vaz de Lima Pedroso (1855), morto em 1850.

contando justamente treze annos de idade foi legitimado, não só pelo subsequente matrimonio, pois o suppe casou-se com a referida Belmira, como tambem por escriptura publica de perfilhação. Chegando ao conhecimento do Supplicante que sua mulher é filha de Marianna, natural da Costa de Africa, que veiu para o Brazil depois da promulgação da Lei de 7 de 9bro de 1831, que prohibiu o trafico de Africanos, sendo aqui illegalmente vendida como escrava, facto que protesta provar exuberantemente, vem perante V.Sa. requerer em favor de seu filho, attenta sua menoridade, as providencias leáes em ordem a ser-lhe restituida a liberdade.

Com effeito, Beraldo soffre injusto captiveiro, por que sendo livre sua avó o era sua mãe e, consequentemente tam bem elle, segundo a regra de direito: o parto segue o ventre.(...)

Assim, Carlos pretendia que se desse curador ao filho Beraldo para retirá-lo da propriedade de Felisbino Vaz de Lima.

Foram apresentados os seguintes documentos comprobatórios:

- o registro de batismo de Belmira: *(...)Aos quatorce de março de mil oito centos quarenta e quatro, nesta Matriz do Soccorro baptizei sob conditione, a Bermidia de vinte e oito dias, filha de pai incognito, e de Marianna, escrava de Floriano Gomes de Asevedo, fregueses d'esta; forão padrinhos Manoel José de Toledo, e sua mulher Poliana Cardozo, fregueses da Penha.(...)*

- o registro de batismo de Beraldo: *Berardo, escravo = Aos doze de Maio de mil oito centos e setenta e hum, nesta Matriz baptizei e puz os Sanctos Oleos a Berardo, de doze dias, filho de Pai incognito, e de Bermiria, escrava de Joaquim Preto de Godoi, do B. do Camandocaia, padrinhos Serafim Franco de Godoi e Maria das Dores de Jesus, todos d'esta.(...)*

- o registro de casamento de Carlos e Belmira: *Aos dezoito de setembro de mil oito centos e setenta e sete nesta Matriz do Soccorro proclamados canonicamente, e sem impedimento algum, depois de precedidos os Sacramentos da Penitencia, e mais diligencias do estylo, pelas duas horas da tarde em minha presença, e das testemunhas José Gomes Ferraz e Casemiro Lucio de Souza, Casados,*

> *se receberão em Matrimonio por palavras de presentes Carlos Pedrozo de Moraes, viuvo por obito de Maria Lopes de Jesus, sepultada nesta Villa do Soccorro, e Bermiria Gomes, viuva por obito de Adão, escravo que foi do finado Zacarias Pedrozo, sepultado na Capella Nova do Monte Sião. Ambos os contrahentes são fregueses desta Villa do Soccorro.(...)*

Seguiu-se o processo com a argumentação do curador de Beraldo:

> *(...)em um foro distincto como é o da Capital, diariamente se vê serem depositados os escravos que por qualquer modo querem tratar de sua liberdade,(...).*

O mesmo foi decidido para Beraldo, cujo pai conseguiu ordem para que fosse tirado da posse do senhor Felisbino. Este rejeitou ficar sem os serviços do escravo, pedindo relaxamento de seu depósito e alegando que agiram de má fé. Algumas das vezes em que o oficial de justiça foi mandado para buscar Beraldo no sítio de seu senhor, respondeu que ele não se encontrava aí, mas, provavelmente, em companhia de sua mãe.

Felisbino, que se pretendia proprietário de Beraldo, não cedeu rapidamente; 300$000 lhe foram oferecidos, o que acreditava ser uma indenização muito pequena. Ao cabo, cerca de quinze dias depois, Felisbino aceitou a quantia proposta e Beraldo pôde juntar-se ao pai e à mãe, definitivamente.

Havia alguns nós da escravidão que os senhores relutavam em desatar, fazendo permanecer cativos os que poderiam estar livres, fosse pela lei de 1871, fosse pelo Fundo de Emancipação, fosse por benesse de testamento.[70] Algumas lutas por liberdade estenderam-se por anos; além das revoltas e fugas, fizeram-se nos meandros da lei ou na continuação dos serviços regulados por contrato.

Renato Pinto Venâncio, tratando de um mandado da Câmara de Mariana de 1748, afirma que a assistência, fosse da Roda de Expostos, da caridade particular ou do Senado da Câmara, tinha

> *(...)implicações (...)nas estratégias de sobrevivência comuns às camadas populares das cidades e vilas coloniais.[71]*

---

[70] Ver as histórias narradas no Capítulo 3, em que escravos jamais chegaram a usufruir os bens recebidos em doação e jamais chegaram a juntar o total necessário para a compra da liberdade.
[71] Num artigo para o **Populações**, boletim do CEDHAL, número 4, jul-dez/1996, p. 10.

Elementos como o fornecimento de vestuário, moradia e alimento e a ocorrência de "fugas", ou saídas condicionadas à permissão do senhor eram constituintes das relações escravistas que o Brasil experimentava havia séculos, que em Socorro podiam ser vistas na vida da criança escrava, na vida da criança livre contratada e na forma de regular o trabalho de alguns camaradas.

Pinçados entre os documentos os vestígios de trabalho no meio urbano socorrense, forma-se uma longa listagem, com atividades de naturezas diversas, que vão desde o oficial da fábrica de chapéus dos anos 40, passam pelos homens da saúde – boticário, farmacêutico e médico – e agregam trabalhos mais informais, diminutos como o de Anna Camilla, que declarou receber regularmente por

> (...)lavagens de roupas que tenho feito por diversas veses á matris.(...)[72]

Manoel Rufino também trabalhava para a matriz; afirmou ter recebido 32$000

> (...)de ossos que bardiei para o simiteiro, e covas que fis para enterar, e arranjei o telhado da Igreja da matris.(...)[73]

Havia ainda os que labutavam no transporte, *trabalhando com carroça*,[74] levando as coisas dos subúrbios para o centro, de lá para o sítio.

Com efeito, a coleta dessas ocupações faz ver, mais uma vez, que Socorro tinha uma vida econômica urbana bastante diversificada em meados do século XIX, com casas comerciais, fábrica de chapéus etc. Dos anos finais da década de 1850 até os anos 70 houve uma diminuição do movimento econômico-financeiro. Comprava-se menos nos armazéns, houve comerciantes que partiram para outras localidades e os documentos deixaram poucos vestígios de uns trabalhando para outros. Nesses vinte anos, Socorro desenvolveu-se na zona rural, começou a voltar-se mais fortemente para a terra; os sinais de trabalho estavam nos sítios, onde se abandonavam as demais culturas e a criação de animais, criavam-se dívidas, atraíam-se camaradas, tudo para dar impulso ao café. Dos anos 80 até a virada do século floresceram as atividades comerciais e outros serviços que o próprio café engendrou nas décadas anteriores; na vila, então, estouraram os ofícios, as mercadorias importadas e o consumo.

Nas últimas décadas do século XIX, transformou-se o ritmo do

---

[72] Conforme **Prestação de Contas da Fábrica da Matris – 1889**.
[73] Idem.
[74] Como Valério Gomes de Azevedo, carroceiro, conforme **Processo de Injurias Verbaes que move Pascoal Pepe contra João Falcone – 1889**.

meio urbano, mudou a paisagem dos sítios, mas as relações de trabalho, embora com nova roupagem institucional, permaneceram no mesmo cotidiano para os que suavam, para os que entregavam sua força de trabalho; fosse na terra, no interior das moradas ou nas lojas, os trabalhadores ainda vestiam, comiam e moravam por meio dos senhores, em troca de sua labuta. Num inventário de 1902, do major Elizeu Wenceslau de Oliveira (1902), ainda estavam, entre as contas para pagar aos armazéns, as fazendas e os mantimentos que tinham sido retirados por camaradas e colonos.

Voltando à família de Maria Domingues de Siqueira (1863), na terceira geração, além de Manoela, podemos seguir o destino de mais três filhos de Anna Gertrudes (1861) e José Domingues Maciel (1876): Isaías Domingues Maciel, Marcellino e Anna Gertrudes (1864), que recebeu o nome da mãe.

Isaías e Marcellino promoveram a junção dos Domingues Maciel com a família Franco de Godoy. Marcellino casou-se com Luzia, filha de José Franco de Godoy (1879). Isaías casou-se com uma tal Gertrudes, mas não temos inventário de nenhum dos dois, e sim de uma filha dessa união, Anna Gertrudes de Jesus (1890), que se casou com Philadelpho, também filho de José Franco de Godoy.

Casando com Luzia, Marcellino, do Jabuticabal, unia-se a uma família de cafeicultores, que tinha suas terras no extremo oposto de Socorro, no Bairro da Serra do Moquém, na região em que os morros alcançam maior altitude, onde se desenvolveram as maiores fazendas de café do final do século XIX.

Quando morreu, em 1879, José Franco de Godoy, pai de Luzia e Philadelpho, deixou um patrimônio de quase 15 contos de réis, formado por uma escrava – Maria, *preta, velha, solteira* –, 5.000 pés de café, cinco contos em terra, uma casa de 1:600$000 e 250$000 em dinheiro, pois vendera um tanto de café em cereja nos últimos dias de vida.

José Franco de Godoy, no final da década de 70, já não tinha casa na vila, como sua riqueza permitiria. Morava numa boa casa do Moquém, com cozinha na lateral e terreiro na frente; tinha partes de terra espalhadas por muitos bairros; mantinha vários camaradas trabalhando nos cafezais – o documento faz surgir três deles, contratados – e criava poucos animais – menos de uma dezena de cabeças, entre bois, cavalos e bestas, como ocorria nos sítios em que o café avançava sobre as pastagens.

A filha de Isaías, Anna Gertrudes de Jesus (1890), é a única representante da quarta geração que temos nessa genealogia. Casou-se com Philadelpho Franco de Godoy, trazendo-o do Moquém para o Jabuticabal; pariu um filho a cada dois anos e, depois de nascido o quinto, provavelmente, passou a ter problemas, pois permaneceu quase sete anos sem dar à luz; aí, então, nasceu João, em cujo parto morreu Anna Gertrudes, na certa sem saber que, naquele dia, no Rio de Janeiro, também nascia a República.

Depois da morte de Anna Gertrudes de Jesus, em 1889, a família demorou mais de um ano para abrir inventário. Quando o fizeram, o menino João morava na casa dos avós Isaías e Gertrudes, seus padrinhos. Iniciados os autos, parece que apenas alguns objetos foram arrolados, pois, para os móveis, por exemplo, foi apresentada somente uma mesa com duas gavetas. Do patrimônio que possuía Philadelpho, apenas um terço era sólido, pois as outras duas partes foram consumidas numa hipoteca a que o casal se submetera em 1882, quando precisara de capital para novos investimentos no café. Na época do inventário, Anna Gertrudes e o marido possuíam 10.000 pés de café nos seus terrenos.

Com essa Anna Gertrudes falecida no final dos anos 80, são cinco as Gertrudes dessa família. A primeira, trisavó desta última, casou-se com Francisco de Paula Maciel (1870) antes que este se casasse com Maria Domingues de Siqueira (1863); viveu no sítio em que criavam uns 15 animais e plantavam milho, numa casa com parcos móveis e alguma louça que, com o passar do tempo, foi quebrando sem ser reposta, pois nada – ou quase nada – era comprado fora do sítio.

A segunda Anna Gertrudes (1861) faleceu em 1861 e foi casada com José Domingues Maciel (1876) – o filho de seu padrasto. Tinha o mesmo número de escravos que tivera a primeira Gertrudes, mas comprava de mascates, possuía o dobro de animais e muito mais terras, já cobertas de cafezais. Entretanto, ainda vivia no mesmo ambiente doméstico, com igual mobiliário e vestígios de louçaria outrora adquirida.

A terceira Anna Gertrudes (1864) morreu em 1864, era filha da segunda, irmã de Manoela, Marcellino e Isaías e, portanto, tia de nossa última e quinta Anna Gertrudes (1890). Casou-se com um irmão de seu pai, Pedro Domingues Maciel. Juntamente com o tio e marido, morava numa pequena casa nas terras do pai dele, no Jabuticabal, como quase toda a família, onde criavam menos de uma dezena de animais, não plantavam café e contavam apenas com os móveis de madeira, sem ter sequer as sobras de louça para lembrar-nos um dia melhor, em que puderam comprá-la. Certamente a mais pobre de todas as Gertrudes, essa terceira, como sua sobrinha, morreu no momento do parto, e o bebê também foi levado para viver com o avô materno.

A quarta Gertrudes é, hoje, quase uma anônima. Somos apresentados a ela no inventário de sua filha, quando, então, sabemos que se casou com Isaías Domingues Maciel e com ele viveu no Jabuticabal, onde criou a filha que chegamos a conhecer no inventário aberto em 1890: a quinta Anna Gertrudes, a de Jesus, que morreu com a monarquia.

Assim, excluída a quarta Gertrudes, cuja vida material desconhecemos, estamos diante de várias gerações de moradoras rurais, na sua maior parte contemporâneas, que viviam do que plantavam, eram pouco ou nada consumidoras, tornaram-se cafeicultoras no final da década de 50, aumentaram sua riqueza com o café nas décadas seguintes, mas, principalmente, mantiveram os costumes de sua vida privada: casamentos entre parentes, moradias nos terrenos paternos, filhos a cada dois anos e, no mobiliário rústico, catres, caixas, bancos e alguma mesa.

Se a cafeicultura contribuía para o enriquecimento de alguns ramos da família, a dispersão das fortunas através das heranças reduzia novamente os patrimônios. Quando morreu a segunda Anna Gertrudes (1861), o casal tinha cinco escravos, um bom cafezal e criava porcos, como descrevemos anteriormente. José (1876), seu marido, pequeno proprietário que gozava certo prestígio na vila, ao morrer, dispunha de um patrimônio que valia pouco menos de seis contos, pois teve sua riqueza partida entre os filhos de três casamentos; casara-se com Anna Gertrudes, falecida em 1861, com quem teve onze filhos, depois com Maria do Carmo de Jesus, morta em 1871, com quem teve cinco filhos e, finalmente, casou-se com Maria Benedicta, com quem chegou a ter dois filhos: Emydio e Theresa, os dois menores de três anos quando perderam o pai.

Alguns anos depois de viúva, Maria Benedicta casou-se novamente. Em 1888, quando Emydio estava com 14 anos de idade, pareceu ao juiz de órfãos, tendo em vista uma prestação de contas do tutor, que o garoto vivia em situação de penúria; assim sendo, ordenou que Emydio fosse enviado para

(...)a cidade para receber soldadas.(...)

Penalizado com a separação de filho e mãe que isso acarretaria, o irmão do padrasto de Emydio ofereceu-se para fazer os pagamentos sem usufruir os serviços do menino.

(...)vivendo ele ate esta data em companhia de sua mai e padrasto, onde tem sido tratado com toda a dedicação de filho; e, attendendo estas circunstancias e o desgosto que soffreria a mai vendo seo filho seguir para o poder de estranhos, o supplicante em nome da estima e consideração que consagra a sua cunhada e irmão, que actualmente esta de viagem, propõe se para contractar o referido orphão pelo tempo de quatro annos, pagando as sol-

dadas, sustentando-o e dando vestuário e cuidado, em caso nescessario, (...)acrescendo mais que o supplicante não vai aproveitar os serviços do menor pois que ficará elle em poder de sua mai e padrasto onde foi e continuara ser estimado e presado, recebendo as caricias de seos pais, cabendo apenas ao supplicante a saptisfação de conservar com a mai extremosa o filho presado.

A contratação de serviços de órfão, na segunda geração dos Domingues do Bairro do Jabuticabal, revelava o lugar social em que tal prática se inseria. Apesar de pobre, Emydio tinha uma ascendência melhor localizada socialmente do que os outros meninos e meninas contratados para servir as famílias afortunadas. Talvez esse seja um dos motivos pelos quais os parentes reagiram à orientação do juiz; seguramente, também influiu a necessidade que a família tinha dos braços de Emydio, conforme declarou a mãe:

(...)visto que a mesma tem precisão para estar em sua companhia na lavoura.

De fato, o juiz equivocou-se. Emydio estava numa família que, empobrecida nas últimas décadas, tinha condições para criá-lo, ainda que precariamente. Mas o juiz repetia o encaminhamento de tantas outras situações, em que havia muitas crianças de famílias ou mães que não podiam sustentá-las. Os contratos de órfãos revelaram-se mais um dos arranjos da sociedade brasileira na transição do trabalho escravo para o livre; mostraram, sobretudo, que era marcadamente pobre a sociedade em que tantas crianças trabalhavam, apesar da economia cafeeira e da prática de comprar na cidade.

Emydio e Beraldo – o filho da escrava Belmira, que conhecemos poucas páginas atrás –, um livre e outro escravo, eram crianças expostas ao trabalho que, diferentemente da maioria restante, tinham parentes que puderam resgatá-las para a vida familiar.

Socorro era um mundo de convivências disparatadas, em que a realidade do trabalho e a religiosidade não se despregavam. Aqui, as cruzes espalhadas pelos caminhos e os santos nos cantos de toda casa conviviam com a falta de lugar para as crianças pobres. A caridade dos mais ricos garantia a libertação de suas almas quando eles deixavam esmolas aos pobres nos testamentos. Mas a mesma caridade não se expressava no trato cotidiano com os pobres, com aqueles que estavam no serviço dia após dia.

Considerações finais

Os grupos familiares socorrenses estudados nestes capítulos surgiram de um movimento migratório na Província de São Paulo na primeira metade do século XIX, em que a maior parte dos ascendentes veio de Bragança e de Atibaia, dirigindo-se para uma área de expansão agrícola. Nenhum de seus filhos retornou a essas cidades, preferindo mudar-se para novas zonas cafeeiras, como Amparo, Serra Negra e Rio Claro. Entre os que se instalaram em Socorro, apenas retornaram para Bragança três grandes comerciantes viúvos que haviam se mudado na ocasião do casamento.

Portanto, era pouca a mobilidade entre a gente que vivia em torno dos inventariados. Seus antepassados vieram de outro lugar e uma parte muito pequena de seus descendentes não fixou residência em Socorro. Uns poucos deixaram a região; no mais das vezes, a permanência dos filhos casados nos núcleos rurais dos antepassados fez do sítio original, ora fragmentado no papel que firmara a partilha, um bairro que congregava os descendentes de um mesmo tronco familiar.

Ao longo dos capítulos, em todos os cantos, foi possível ver a endogamia em que vivia a população: no Pico Agudo, nas Lavras, no Jabuticabal e no núcleo urbano. Trata-se de endogamia nos variados sentidos, pois os socorrenses casavam-se com quem estava por perto: os parentes entre si, os pobres com os que eram próximos geograficamente e os ricos com os socialmente próximos, como os casos dos filhos de comerciantes casados com comerciantes ou parentes diretos de comerciantes.

Entre 1840 e 1895, Socorro mostrou-se, nos inventários, uma sociedade em que as transformações nos costumes familiares quase inexistiram, o que poderia sugerir imutabilidade ou fixidez. No entanto, sequer a legislação civil, canônica ou qualquer poder mais próximo foram capazes de regrar essa localidade, eivada de filhos ilegítimos e de uniões que prescindiam do casamento, o que implicou esconderijos no meio da documentação oficial e, de vez em quando, uma fluidez penosa para o historiador.

Pouco vimos as mulheres livres que não fossem de alguém: viúva de fulano, esposa de sicrano, filha de um, irmã de outro, era assim que apareciam na documentação. Parindo a cada dois anos, as mulheres que sobreviviam aos pós-partos cuidavam, muitas vezes, até dos parentes incapacitados do marido, acolhendo doentes e *desmemoriados* em casa. Nesse cenário, freqüentemente, elas protagonizavam nos estabelecimentos comerciais, nas capelas e na administração dos bens da família, criando seus lugares de atuação.

Desejava ver os paulistas antes da cafeicultura; não cheguei a fazê-lo, pois quando apareceram as propriedades rurais dos inventariados, na metade do Oitocentos, já havia cafezais naqueles morros da Mantiqueira e da divisa com Minas Gerais.

O café estava difundido na região desde meados do século XIX e, à medida que ia se tornando um forte empreendimento, principalmente no final da década de 1870, passava a ser proibitivo para os mais pobres, sobretudo sua produção em escala suficiente para gerar excedente. Isso não significa que a cafeicultura tenha passado a existir somente nas grandes fazendas; nos sítios mais modestos o café "para o gasto" continuava a ser produzido e no grupo 2 – com riquezas entre um e três contos de réis – aumentaram os cafeeiros depois de iniciados os anos 90.

Neste estudo, a cafeicultura mostrou uma face que não víamos na historiografia, ou seja, a de atividade realizada em pequenas propriedades, nos sítios dos homens que não eram ricos, mas cujo excedente chegava a ir além das fronteiras nacionais. Lavradores, que nada tinham além do cafezal e do chão que este ocupava, faziam seus sacos de café chegar ao mercado exportador por meio das lojas e armazéns dos grandes negociantes socorrenses, com quem trocavam os tais sacos de café por um pouco de dinheiro, roupas e, principalmente, mantimentos.

Vimos que a posse de escravos foi a fronteira que separou os socorrenses mais pobres dos demais homens livres, pois entre os inventariados de riqueza inferior a um conto não havia nenhum senhor ou senhora de escravos. Em anos um pouco posteriores, nas últimas três décadas do Oitocentos, os cafezais fizeram o mesmo, já que não atingiam os mil pés nos sítios daqueles que não tinham o capital inicial para a compra das mudas e para a espera da primeira colheita. De todo modo, muitos foram os proprietários de terra a mostrar que os grandes cafeicultores socorrenses do final do século eram membros de famílias abastadas e herdaram a capacidade de investir no crescimento de seus cafezais. Lembremos que, na região de Socorro, entendemos por grandes cafeicultores os que alcançaram ter mais de 10.000 pés de café, o que era pouco, se confrontado com o conjunto da cafeicultura paulista.

Fazer-se mais rico, gerar e aumentar sua riqueza, foi possível apenas para os cafeicultores, os tropeiros e os comerciantes/*capitalistas*, ou seja, apenas para aqueles cuja atividade transpunha os limites socorrenses e apresentava maior grau de inserção na expansão da cafeicultura. Sobretudo, a riqueza afluía para as burras daqueles que, por meio do comércio, forneciam crédito e todo tipo de gêneros ao sitiante, ficando com o produto de seus cafezais para usá-lo nos negócios com os homens de Santos, Rio de Janeiro, São Paulo e Bragança, que, por sua vez, faziam o café socorrense sair do Brasil.

A relação entre os sitiantes e os comerciantes, em que estes eram pagos pelos primeiros com café – raramente, com um porco ou milho –, ajuda a entender a ausência de moeda em todo o período estudado. Certamente, os familiares evitavam inserir o dinheiro no arrolamento dos bens que o inventariado deixara; mas isso não explica tudo. O crédito estava concentrado nos grandes comerciantes, que eram, ao mesmo tempo, negociantes de café. Muita gente falecida em meados do século deixava nas dívidas ao comerciante o que levara de sal, querosene, sapatos e outros tipos de mantimento. No final do século, na década de 1890, as dívidas ultrapassavam muito aquelas das décadas anteriores, pois incluíam os empréstimos tomados para viabilizar o plantio do cafezal, sua manutenção e a colheita.

Como acontecia em outras regiões do país, as fortunas de Socorro não eram suficientemente grandes para garantir estabilidade ou, o que se vê mais acentuadamente, para fazer possuidores de mesma riqueza todos os membros de uma família. Em cada grupo familiar, há gente abastada e gente que vive à míngua. Aquilo que se apresenta como sólido patrimônio é, sucessivas vezes, repartido para as heranças; basta ver os quadros genealógicos para notar a tendência geral ao empobrecimento ao longo das gerações.

Os maiores proprietários socorrenses foram se desfazendo mais cedo dos escravos e, como os documentos mostraram fartamente, fizeram vários arranjos para a substituição do trabalho do negro escravizado; os grupos de senhores de patrimônio um pouco mais modesto também se serviram de tais arranjos.

Já na década de 1850 – e crescendo nas décadas posteriores – havia nos inventários *camaradas* que tinham serviço na lavoura por receber ou pagar. Os imigrantes igualmente apareceram nos autos dos inventários, vistos mais nas suas lojas, ofícios e querelas urbanas do que nas fazendas de café, nas poucas casas de colonos que se deixaram documentar.

No entanto, a mais corriqueira das arrumações trazidas pelos documentos para fazer as vezes dos cativos eram os contratos de órfãos. Entrados os anos de 1880, acelerada a crise da escravidão, aumentada a concentração da propriedade escrava, comerciantes e muitas outras famílias contrataram órfãos de pais pobres – por vezes de pais forros ou escravos – para serviços domésticos ou nas lojas, mais raramente na lavoura. Assim, nos contratos de serviço, com as crianças pobres ou com os camaradas, mantinha-se o jeito escravista de lidar com o trabalhador e o desejo de controlá-lo nos projetos que tivesse, nas saídas que quisesse fazer e, principalmente, no destino que pretendesse dar às quantias que recebia.

A maior permeabilidade da sociedade socorrense estava nos seus pontos mais fortes. A economia que lhe era exterior interferia no valor e na quantidade dos escravos, no preço das mercadorias trazidas aos armazéns e lojas e no chão que concedia para a entrada dos cafezais. Foi nesses pontos que houve maior transformação durante o período estudado; aí estava o pulso dessa sociedade, onde as mudanças se expunham. Mudou o comércio rural, que, além dos estabelecimentos maiores que surgiam com o desenvolvimento dos cafezais, deslocou-se do abastecimento e atendimento aos que passavam no caminho de Minas Gerais ou de Bragança, e passou a cuidar dos que viviam próximos, no trato do café, com um sortimento de mercadorias que antes só se via nas lojas urbanas, sobretudo nos gêneros alimentícios.

A zona urbana socorrense, em seu aspecto físico, pouco se diferenciou do meio rural ao longo das últimas seis décadas do Oitocentos. As ruas de terra – freqüentemente tornada lama –, os quintais e pastinhos, os animais de montar, de transportar e de comer, as casinhas espaçadas, ruinosas e cobertas de palha, as montanhas que se impunham na paisagem, tudo fazia o domínio do marrom e do verde, seguindo a tonalidade rural. Lugares de maior bulício só mesmo o Largo da Matriz e a Rua do Comércio, onde o olhar de quem caminhava era barrado pelas casas de duas ou mais portas, nas quais moravam e negociavam os donos das lojas e armazéns.

Podemos afirmar que, apesar das mudanças que apontamos, Socorro movimentava-se muito lentamente na direção do desenvolvimento econômico que o café traria a partir de 1910. Mais ainda, muito pouco do que existia entre 1840 e 1895 acenava para os ramais férreos que viriam, para o telégrafo, para a iluminação pública e para os teatros. Quase nada prenunciava esse devir.

Vemos nos sítios de Socorro uma população que, nas lidas cotidianas, fazia muita barganha, mantinha negócios na zona rural e estava em contato com outras zonas além da província. Durante o período que analisamos, os socorrenses tiveram uma vida material muito simples, cujos objetos permaneceram os mesmos; na morada continuava o mesmo mobiliário tosco, constituído principalmente de bancos e catres. As mudanças que se operavam na vida de cada um pouco ecoavam aquelas transformações que, há alguns anos, a historiografia insistia em fazer valer para todo o território brasileiro.

Em Socorro, a grande aceleração viria com a ferrovia, na primeira década do século XX. Na década de 1890 já existiam as grandes fazendas de café, os novos arranjos de trabalho e de produção; mas seria preciso esperar pela morte dos grandes fazendeiros para vê-los melhor documentados.

Quase nada do que existia nas atividades econômicas de Socorro na última metade do século XIX caberia nos bordões que durante muito tempo foram utilizados para caracterizar o Brasil naquele período: modernização das relações de trabalho e de produção, desenvolvimento da urbanização, participação do capital estrangeiro e incremento do mercado interno. Como teses, essas afirmações soam agradáveis, porque estão num único tom. No entanto, escutando os ruídos do dia-a-dia da gente socorrense, percebemos que boa parte dela nunca tocava a moeda que lhe pagaria os serviços prestados; os que chegavam a comprar nas lojas, viviam e morriam devendo o que consumiram. Mais que tudo, em todo lugar, estava a gente pobre teimando em escapar dos laços escravistas que insistiam em permanecer até onde já não havia escravos.

Fontes e bibliografia

Documentos oficiais manuscritos

- **Ofícios Diversos** – Bragança Paulista e Amparo, Latas/Ordens 1291, 1293 e 1295; Arquivo do Estado de São Paulo.
- **Inventários** do Cartório do 1º Ofício de Socorro, 1840 a 1910; Arquivo morto do Fórum da Comarca de Socorro.
- **Livros Primeiro, Segundo e Terceiro de Atas da Câmara** da Vila e Cidade de Socorro, 1871 a 1898; Prefeitura Municipal de Socorro.
- **Primeiro Livro do Tombo da Capela Curada de Nossa Senhora do Socorro**, 1829 a 1881; Arquivo Particular do Prof. Alcindo de Oliveira Santos.
- Diversos documentos não catalogados cujas datas e nomes mais precisos encontram-se citados ao longo do texto: **Apreensão de Menor, Divisão de Terras, Termo de Tutoria, Termo de Curadoria, Contrato de Órfão, Execução Cível, Arrecadação de Bens, Arrematação, Processo por Injúrias (verbais, manuscritas e impressas), Contrato de Locação de Serviços, Licença para Casamento, Falência** etc., 1854 a 1930; Biblioteca do Fórum de Socorro.

Bibliografia

ALANIZ, Anna Gicelle García. **Ingênuos e libertos: estratégias de sobrevivência familiar em épocas de transição, 1871-1895**. Campinas: Unicamp, 1997.

ALENCASTRO, Luiz Felipe de. **O trato dos viventes. Formação do Brasil no Atlântico Sul, séculos XVI e XVII**. São Paulo: Companhia das Letras, 2000.

ALGRANTI, Leila Mezan. **O feitor ausente. Estudo sobre a escravidão urbana no Rio de Janeiro (1808-1821)**. São Paulo: FFLCH/USP, 1983, dissertação de mestrado.

ALMEIDA, Angela Mendes de et alii. **Pensando a família no Brasil; da colônia à modernidade**. Rio de Janeiro: Espaço e Tempo/UFRJ, 1987.

ALMEIDA, Aluísio de. **Vida e morte do tropeiro**. São Paulo: Martins, 1971.

ANDERSON, Michael. **Elementos para a história da família ocidental: 1500-1914**. Lisboa: Querco, 1984.

BACELLAR, Carlos de Almeida Prado. **Os senhores da terra: família e sistema sucessório entre os senhores de engenho do oeste paulista, 1765-1855**. Campinas: Centro de Memória-Unicamp, 1997.

BACHELARD, Gaston. **A poética do espaço**. São Paulo: Martins Fontes, 1988.

BASTIDE, Roger. "Itinerário do Café", in: **Brasil: terra de contrastes**. São Paulo: Difel, 1973, p. 127-140.

BEIGUELMAN, Paula. **A formação do povo no complexo cafeeiro: aspectos políticos**. São Paulo: Pioneira, 1977.

BLAJ, Ilana. **A trama das tensões: o processo de mercantilização de São

Paulo colonial (1621-1781). São Paulo: Humanitas/Fapesp, 2002.

BLOCH, Marc. **Les caractères originaux de l'histoire rurale française.** Paris: Armand Colin, 1960.

BOSCHI, Caio César. **Os leigos e o poder (Irmandades leigas e política colonizadora em Minas Gerais)**. São Paulo: Ática, 1986.

BRIOSCHI, Lucila Reis. **Criando história: paulistas e mineiros no nordeste de São Paulo (1725-1835)**. São Paulo: FFLCH/USP, 1995, tese de doutorado.

BUENO, José Geraldo Silveira. "A produção social da identidade do anormal". in: FREITAS, Marcos Cezar (org.). **História social da infância no Brasil**. São Paulo: Cortez, 1997, p.159-181.

CANABRAVA, A. P. **O desenvolvimento da cultura do algodão na Província de São Paulo (1861-75)**. São Paulo: Edição do Autor, 1951.

____."Uma economia de decadência. Níveis de riqueza na Capitania de São Paulo, 1765-1767", in: **Revista Brasileira de Economia**, v. 26, 1972, número 4, p. 95.

CANDIDO, Antonio. **Os parceiros do Rio Bonito. Estudo sobre o caipira paulista e a transformação dos seus meios de vida**. São Paulo: Duas Cidades, 1987.

____."The Brazilian family", in: SMITH, Lynn; MARCHAND, Alexander (eds.). **Brazil, portrait of half a continent**. New York: Dryden Press, 1951, p.291-311.

CHALHOUB, Sidney. **Cidade febril. Cortiços e epidemias na Corte imperial**. São Paulo: Companhia das Letras, 1996.

____.Visões da liberdade. **Uma história das últimas décadas da escravidão na corte**. São Paulo: Companhia das Letras, 1990.

CHARTIER, Roger. **A história cultural: entre práticas e representações**. Lisboa: Difel, 1988.

CONRAD, Robert. **Os últimos anos da escravatura no Brasil.1850-1888**. Rio de Janeiro: Civilização Brasileira, 1978.

COSTA, Emília Viotti da. "O escravo na grande lavoura", in: **História Geral da Civilização Brasileira,** Tomo II, Livro Segundo, Capítulo I, São Paulo: Difel, p. 145-157.

COSTA, Iraci del Nero da. "Populações mineiras: sobre a estrutura populacional de alguns núcleos mineiros no alvorecer do século XIX", in: **Ensaios Econômicos**, São Paulo, 7, 1981.

DAVATZ, Thomas. **Memórias de um colono no Brasil (1850)**. São Paulo: Martins, 1941.

DEAN, Warren. **Rio Claro. Um sistema brasileiro de grande lavoura (1820-1920)**. Rio de Janeiro: Paz e Terra, 1977.

DELFIM NETTO, A. **O problema do café no Brasil**. São Paulo: IPE/USP, 1981.

DEMOS, John. **A little commonwealth. Family life in Plymouth Colony**.

New York: Oxford University Press, 1970.

DIAS, Maria Odila Leite da Silva. **Quotidiano e poder em São Paulo no século XIX: Ana Gertrudes de Jesus**. São Paulo: Brasiliense, 1984.

_____. "Hermenêutica do quotidiano na historiografia contemporânea", in: **Projeto História**. São Paulo. p. 223-258, n.17, nov./1998.

_____. "Sociabilidades sem história: votantes pobres no Império, 1824-1881", in: FREITAS, Marcos Cezar (org.) **Historiografia brasileira em perspectiva**. São Paulo: Contexto, 1998, p. 57-72.

_____. "Forros e brancos pobres na sociedade colonial", in: **Historia General de América Latina**. Madrid: 2001, v. 3, cap. 14.

D'INCAO, Maria Angela (org.). **Amor e família no Brasil**. São Paulo: Contexto, 1989.

ELLIS JUNIOR, Alfredo. **A evolução da economia paulista e suas causas**. São Paulo: Editora Nacional, 1937.

EISENBERG, Peter Louis. **Homens esquecidos: escravos e trabalhadores livres no Brasil, séculos XVIII e XIX**. Campinas: Unicamp, 1989.

FARGE, Arlette. **La vie fragile. Violence, pouvoirs et solidarités à Paris au XVIIIe siècle**. Paris: Hachette, 1986.

FARIA, Sheila de Castro. **A Colônia em movimento: fortuna e família no cotidiano colonial**. Rio de Janeiro: Nova Fronteira, 1998.

FERREIRA, Graça. **Nazaré Paulista e suas relações com a região bragantina e a Grande São Paulo**. São Paulo: FFLCH/USP, 1976, dissertação de mestrado.

FIGUEIREDO, Luciano. **O avesso da memória. Cotidiano e trabalho da mulher em Minas Gerais no século XVIII**. Rio de Janeiro: José Olympio, Brasília: Edunb, 1993.

FRAGA FILHO, Walter. **Mendigos, moleques e vadios na Bahia do século XIX**. São Paulo: Hucitec, Salvador: Edufba, 1996.

FRAGOSO, João Luís. **Homens de grossa aventura: acumulação e hierarquia na praça mercantil do Rio de Janeiro (1790-1830)**. Rio de Janeiro: Civilização Brasileira, 1998.

FRANCO, Maria Sylvia de Carvalho. **Homens livres na ordem escravocrata**. São Paulo: Kairós, 1983.

FUKUI, Lia Freitas Garcia. **Sertão e bairro rural (parentesco e família entre sitiantes tradicionais)**. São Paulo: Ática, 1979.

FURET, François. "O quantitativo em história", in: **História: novos problemas,** direção J. Le Goff e P. Nora. Rio de Janeiro: Francisco Alves, 2ª edição, 1979, p. 49-63.

GEBARA, Ademir. **O mercado de trabalho livre no Brasil (1871-1888)**. São Paulo: Brasiliense, 1986.

GOMES, Flávio dos Santos e REIS, João José. **Liberdade por um fio. História dos quilombos no Brasil**. São Paulo: Companhia das Letras, 1996.

GRAHAM, Sandra Lauderdale. **Proteção e obediência: criadas e seus patrões no Rio de Janeiro (1860-1910)**. São Paulo: Companhia das Letras, 1992.

GREVEN JR, Philip J. **Four generations: population, land and family in colonial Andover, Massachusetts**. Ithaca: Cornell University, 1974.

HAHNER, June E. **Pobreza e política. Os pobres urbanos no Brasil – 1870/1920**. Brasília: Edunb, 1993.

HENRY, Louis. "O levantamento dos registros paroquiais e as técnicas de reconstituição das famílias", in: MARCILIO, Maria Luiza (org.). **Demografia histórica**. São Paulo: Pioneira, 1977, p. 41-63.

HERMANN, Lucila. **Evolução da estrutura social de Guaratinguetá num período de 300 anos**. São Paulo: IPE, 1986.

HOLANDA, Sérgio Buarque de. **Caminhos e fronteiras**. Rio de Janeiro: José Olympio, 1975.

____.**Monções**. São Paulo: Alfa-Ômega, 1976.

____."A herança colonial – sua desagregação", in: **História Geral da Civilização Brasileira,** Tomo II, Livro Primeiro. São Paulo: Difel, 1985, p. 9-39.

____."São Paulo", in: **História Geral da Civilização Brasileira,** Tomo II, Livro Quinto, Capítulo I. São Paulo: Difel, 1985, p. 415-472.

HOLLOWAY, Thomas H. **Imigrantes para o café: café e sociedade em São Paulo, 1886-1934**. Rio de Janeiro: Paz e Terra, 1984.

KARASCH, Mary C. **A vida dos escravos no Rio de Janeiro (1808-1850)**. São Paulo: Companhia das Letras, 2000.

KOWARICK, Lúcio. **Trabalho e vadiagem. A origem do trabalho livre no Brasil**. São Paulo: Brasiliense, 1987.

LADURIE, Emmanuel Le Roy. **Montaillou, village occitan de 1294 à 1324**. Paris: Gallimard, 1982.

LANNA, Ana Lúcia Duarte. **Uma cidade na transição: Santos 1870-1913**. São Paulo: Hucitec, Santos: Prefeitura Municipal, 1996.

LAPA, José Roberto do Amaral. **A cidade: os cantos e os antros. Campinas 1850-1900**. São Paulo: Edusp, 1996.

____.**A economia cafeeira**. São Paulo: Brasiliense, 1993.

LASLETT, Peter. "Família e domicílio como grupo de trabalho e de parentesco, comparações entre áreas da Europa Ocidental", in: MARCILIO, Maria Luiza (org.). **População e Sociedade**. Petrópolis: Vozes, 1984, p. 137-170.

LEITE, Beatriz Westin de Cerqueira. **Região Bragantina. Estudo econômico-social (1653-1836)**. Marília, Faculdade de Filosofia, Ciências e Letras, s.d.

LEITE, Miriam Moreira (org.). **A condição feminina no Rio de Janeiro, século XIX**. São Paulo:Hucitec, Brasília: INL-Fundação Pró-Memória, 1984.

____.**Retratos de família: leitura da fotografia histórica**. São Paulo: Editora da Universidade de São Paulo, 1993.

LEMOS, Carlos A.C. **Cozinhas, etc**. São Paulo: Perspectiva, 1976.

LENHARO, Alcir. **As tropas da moderação (O abastecimento da Corte na formação política do Brasil. 1808-1842)**. São Paulo: Símbolo, 1979.

LEWKOWICZ, Ida. "As mulheres mineiras e o casamento: estratégias individuais e familiares nos séculos XVIII e XIX", in: **História**, São Paulo, v.12, 1993.

LONDOÑO, Fernando Torres. "A origem do conceito menor", in: PRIORE, Mary del (org.). **História da criança no Brasil**. São Paulo: Contexto, 1996.

MACHADO, Alcântara. **Vida e morte do bandeirante**. Itatiaia: Belo Horizonte, Edusp: São Paulo, 1980.

MACHADO, Maria Helena P.T. **Crime e escravidão. Lavradores pobres na crise do trabalho escravo, 1830-1888**. São Paulo: Brasiliense, 1987.

_____. **O plano e o pânico: os movimentos sociais na década da abolição**. Rio de Janeiro: UFRJ, São Paulo: Edusp, 1994.

MAIA, Tom e MAIA, Thereza Regina de Camargo. **O folclore das tropas, tropeiros e cargueiros no Vale do Paraíba**. Rio de Janeiro: MEC-SEC: Funarte: Instituto Nacional do Folclore, São Paulo: SEC: Univ.de Taubaté, 1981.

MAIOR, Armando Souto. **Quebra-quilos: lutas sociais no outono do Império**. São Paulo/Brasília/Recife: Nacional/INL/Instituto Joaquim Nabuco de Pesquisas Sociais, 1978, Coleção Brasiliana, v. 366.

MALUF, Marina. **Ruídos da memória**. São Paulo: Siciliano, 1995.

MARCILIO, Maria Luiza.**Crescimento demográfico e evolução agrária paulista, 1700-1836**. São Paulo: FFLCH/USP, 1974, tese de livre-docência.

_____. "A roda dos expostos e a criança abandonada na história do Brasil, 1726-1950". in: FREITAS, Marcos Cezar (org.). **História social da infância no Brasil**. São Paulo: Cortez, 1997, p. 75-76.

MARINS, Paulo Garcez. "Quotidiano e cultura material no séc. XIX através de inventários", in: **Historical Archaeology in Latin America,** Jan/1995.

MARQUES, Manuel Eufrásio de Azevedo. **Apontamentos históricos, geográficos, biográficos, estatísticos e noticiosos da Província de São Paulo: seguidos da cronologia dos acontecimentos mais notáveis desde a fundação da Capitania de São Vicente até o ano de 1876.** Belo Horizonte: Itatiaia, São Paulo: Edusp, 1980.

MARTINS, José de Souza. **O cativeiro da terra**. São Paulo: LECH-Livraria Editora Ciências Humanas, 1981.

MARTINS, Valter. **Nem senhores, nem escravos. Os pequenos agricultores em Campinas (1800-1850)**. Campinas: Centro de Memória Unicamp, 1996.

MATOS, Odilon Nogueira de. **Café e ferrovias. A evolução ferroviária de São Paulo e o desenvolvimento da cultura cafeeira**. São Paulo: Alfa-Omega, 1974.

MATOS, Raimundo José da Cunha. **Corografia histórica da Província de Minas Gerais (1837)**. Belo Horizonte: Itatiaia, São Paulo: Edusp, 1981.

MATTOS, Hebe Maria. **Ao sul da história: lavradores pobres na crise do trabalho escravo**. São Paulo: Brasiliense, 1987.

_____.**Das cores do silêncio: os significados da liberdade no Sudeste escravista, Brasil século XIX. Rio de Janeiro: Nova Fronteira, 1998.

____ e SCHNOOR, Eduardo (orgs.). **Resgate: uma janela para o oitocentos**. Rio de Janeiro: Topbooks, 1995.

MATTOSO, Kátia de Queirós. "A Família e o Direito no Brasil no Século XIX. Subsídios Jurídicos para os Estudos em História Social", in: **Anais do Arquivo do Estado da Bahia**, (44):217-244, Salvador, 1979.

____.**Ser escravo no Brasil**. São Paulo: Brasiliense, 1982.

____.**Bahia, século XIX: uma província no Império**. Rio de Janeiro: Nova Fronteira, 1992.

____ "O filho da escrava", in: PRIORE, Mary Del (org.). **História da criança no Brasil**. São Paulo: Contexto, 1996, p.76-97.

MAURO, Frédéric. **O Brasil no tempo de Dom Pedro II**. São Paulo: Companhia das Letras, 1991. (A vida cotidiana)

MELLO, Evaldo Cabral de. **O norte agrário e o império (1871-1889)**. Rio de Janeiro: Nova Fronteira, Brasília: INL, 1984.

MELLO, Zélia Maria Cardoso de. **Metamorfoses da riqueza. São Paulo (1845-1895)**. São Paulo: Hucitec/Secretaria Municipal de Cultura, 1985.

METCALF, Alida. **Families of planters, peasants and slaves: strategies for survival in Santana de Parnaíba, Brazil, 1720-1820**. PhD, University of Texas, 1983.

____. "A vida familiar dos escravos em São Paulo no século XVIII. O caso de Santana de Parnaíba", in: **Estudos Econômicos**. São Paulo: FIPE/USP, v.17, no. 17, 1987, p. 229-244.

MILLIET, Sérgio. **Roteiro do café e outros ensaios**. São Paulo: Hucitec/Instituto Nacional do Livro, 1982.

MONBEIG, Pierre. **Pioneiros e fazendeiros de São Paulo**. São Paulo: Hucitec/Polis, 1984.

MONTEIRO, John. **Negros da terra. Índios e bandeirantes nas origens de São Paulo**. São Paulo: Companhia das Letras, 1994.

MORSE, Richard M. **Formação histórica de São Paulo. (De comunidade à metrópole)**. São Paulo: Difel, 1970.

MOTT, Luiz. "Cotidiano e vivência religiosa: entre a capela e o calundu", in: SOUZA, Laura de Mello e (org.). **História da vida privada no Brasil. Cotidiano e vida privada na América portuguesa**. São Paulo: Companhia das Letras, 1997.

MOURA, Ana Maria da Silva. **Cocheiros e carroceiros. Homens livres no Rio de Janeiro de senhores e escravos**. São Paulo: Hucitec, Brasília: CNPq, 1988.

MOURA, Denise A.S. de. **Saindo das sombras: homens livres e pobres vivendo a crise do trabalho escravo. Campinas, 1850/1888**. São Paulo: FFLCH/USP, 1996, dissertação de mestrado.

MÜLLER, Marechal Daniel Pedro. **Ensaio d'um Quadro Estatistico da**

Provincia de São Paulo. Ordenado pelas Leis Provinciaes de 11 de Abril de 1836 e 10 de Março de 1837. São Paulo: O Estado de S. Paulo, 1923, reedição literal.

NASCIMENTO, Anna Amélia Vieira. **Dez freguesias da cidade do Salvador. Aspectos sociais e urbanos do século XIX.** Salvador: Fundação Cultural do Estado da Bahia, 1986.

PARDAILHÉ-GALABRUN, Annik. **La naissance de l'intime. 3000 foyers parisiens, XVIIe-XVIIIe siècles.** Paris: Presses Universitaires de France.

PESEZ, Jean-Marie. "História da cultura material", in: LE GOFF, J. **A História Nova.** São Paulo: Martins Fontes, 1990.

PETRONE, Isabel. **A lavoura canavieira em São Paulo. Expansão e declínio. (1765-1851).** São Paulo: Difel, 1968.

PINTO, Maria Inez Machado Borges. **Cotidiano e sobrevivência. A vida do trabalhador pobre na cidade de São Paulo (1890-1914).** São Paulo: Edusp/Fapesp, 1995.

PRADO JR., Caio. **Formação do Brasil Contemporâneo.** São Paulo: Brasiliense, 1965.

PRIORE, Mary Del. "Ritos da vida privada", in: SOUZA, Laura de Mello e (org.). **História da vida privada no Brasil: cotidiano e vida privada na América portuguesa.** São Paulo: Companhia das Letras, 1997, p. 319-324.

QUEIROZ, Maria Isaura Pereira de. **Bairros rurais paulistas. Dinâmica das relações bairro rural-cidade.** São Paulo: Duas Cidades, 1973.

REIS, João José. **A morte é uma festa. Ritos fúnebres e revolta popular no Brasil do século XIX.** São Paulo: Companhia das Letras, 1991.

_____ "O cotidiano da morte no Brasil oitocentista", in: ALENCASTRO, Luiz Felipe de (org.). **História da vida privada no Brasil. Império: a corte e a modernidade nacional.** São Paulo: Companhia das Letras, 1997.

Revista Brasileira de História. São Paulo, ANPUH/Marco Zero, no. 18. "A Mulher e o Espaço Público"

_____.São Paulo, ANPUH/Marco Zero, v.9, no. 17. "Família e Grupos de Convívio"

ROCHE, Daniel. **Le peuple de Paris.** Paris: Aubier-Montaigne, 1981.

SAIA, Luís. **Morada paulista.** São Paulo: Perspectiva, 1978.

SAINT-HILAIRE, Auguste de. **Segunda viagem do Rio de Janeiro a Minas Gerais e a São Paulo (1822).** Belo Horizonte: Itatiaia, 1974.

SAMARA, Eni de Mesquita. **A família brasileira.** São Paulo: Brasiliense, 1986.

SANTOS FILHO, Lycurgo. **História Geral da Medicina Brasileira.** São Paulo: Hucitec/Edusp, 1991.

SCARANO, Julita. **Devoção e escravidão. A Irmandade de Nossa Senhora do Rosário dos Pretos no Distrito Diamantino no século XVIII.** São Paulo: Companhia Editora Nacional, 1978.

SCHWARTZ, Stuart. **Segredos internos. Engenhos e escravos na sociedade colonial, 1550-1835**. São Paulo: Companhia das Letras, 1988.

SLENES, Robert W. "Escravidão e Família: Padrões de Casamento e Estabilidade Familiar numa Comunidade Escrava (Campinas no Século XIX)", in: **Estudos Econômicos**. 17, 2 (1987), p. 217-227.

_____. **Na senzala, uma flor: esperanças e recordações na formação da família escrava, – Brasil Sudeste, século XIX**. Rio de Janeiro: Nova Fronteira, 1999.

_____. "Senhores e subalternos no Oeste Paulista", in: ALENCASTRO, Luiz Felipe de (org.). **História da vida privada no Brasil. Império: a corte e a modernidade nacional**. São Paulo: Companhia das Letras, 1997.

SOUZA, Laura de Mello e. "Formas provisórias de existência: a vida cotidiana nos caminhos, nas fronteiras e nas fortificações", in: **História da Vida Privada no Brasil: cotidiano e vida privada na América portuguesa**. São Paulo: Companhia das Letras, 1997, p.41-81.

SPIX, Johann Baptist von e MARTIUS, Carl Friedrich Philipp von. **Viagem pelo Brasil: 1817-1820**, trad. Lúcia Furquim Lahmeyer. Belo Horizonte/São Paulo: Itatiaia/Edusp, 1981.

STEIN, Stanley J. **Grandeza e decadência do café no Vale do Paraíba, com referência especial ao Município de Vassouras**. São Paulo: Brasiliense, 1961.

STOLCKE, Verena. **Homens, mulheres e capital (1850-1980)**. São Paulo: Brasiliense, 1986.

TAUNAY, Affonso d'Escragnole. **Pequena história do café no Brasil, 1727-1937**. Rio de Janeiro: Departamento Nacional do Café, 1945.

THOMPSON, E.P. **Costumes em comum. Estudos sobre a cultura popular tradicional**. São Paulo: Companhia das Letras, 1988.

TSCHUDI, J.J. von. **Viagem às Províncias do Rio de Janeiro e S. Paulo**. São Paulo: Martins, 1953.

VAINFAS, Ronaldo (org.). **História e sexualidade no Brasil**. Rio de Janeiro: Graal, 1986.

VENÂNCIO, Renato Pinto. "Os expostos e o alcaide das mulheres grávidas: um documento", in: **Populações**, boletim do CEDHAL, no. 4, jul-dez/1996, p. 10.

VIEIRA, Zara Peixoto. **Estudo onomástico do Município de Socorro: reconstituição dos antropotopônimos e da memória da imigração**. São Paulo, Departamento de Letras/FFLCH/USP, 2000, dissertação de mestrado.

VOLPATO, Luiza Rios Ricci. **Cativos do sertão. Vida cotidiana e escravidão em Cuiabá (1850-1888)**. São Paulo: Marco Zero, Cuiabá: Univ. Fed. Mato Grosso, 1993.

WISSENBACH, Maria Cristina Cortez. **Sonhos africanos, vivências ladinas. Escravos e forros em São Paulo (1850-1880)**. São Paulo: Hucitec/História Social-USP, 1998.

WITTER, José Sebastião. **Um estabelecimento agrícola dos meados do século XIX na província de São Paulo. São Paulo: FFLCH/USP, 1968, dissertação de mestrado.

ZALUAR, Augusto Emílio. **Peregrinação pela província de São Paulo (1860-1861)**. Belo Horizonte: Itatiaia, São Paulo: Edusp, 1975.

ZEMELLA, Mafalda P. **O abastecimento da Capitania das Minas Gerais no século XVIII**. São Paulo: Hucitec/Edusp, 1990.

Mapas e Gráficos

Mapa 1: Socorro hoje

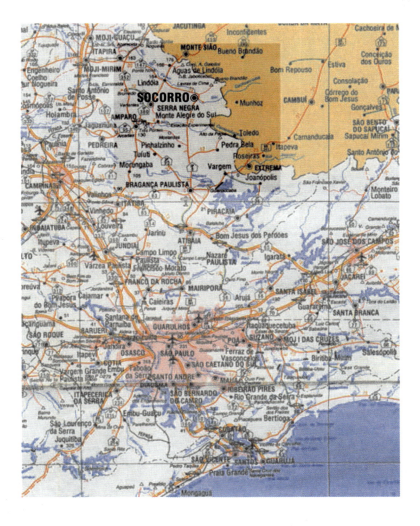

Escala 1: 1.250.000

Mapa 2: Esquema de localização de Socorro e arredores

Tabela 1

Período	Grupos 1 Qtde	%	2 Qtde	%	3 Qtde	%	4 Qtde	%	5 Qtde	%	Total Qtde	%
1840-45	0	0%	2	2%	1	1%	0	0%	0	0%	3	1%
1846-50	0	0%	4	3%	2	3%	0	0%	1	1%	7	2%
1851-55	9	11%	10	8%	2	3%	4	12%	1	1%	26	7%
1856-60	7	9%	11	9%	5	7%	3	9%	7	9%	33	9%
1861-65	9	11%	8	7%	5	7%	3	9%	8	11%	33	9%
1866-70	13	16%	10	8%	6	9%	4	12%	6	8%	39	10%
1871-75	9	11%	8	7%	3	4%	3	9%	6	8%	29	8%
1876-80	7	9%	20	16%	12	17%	3	9%	12	16%	54	14%
1881-85	6	8%	19	16%	5	7%	1	3%	10	13%	41	11%
1886-90	17	21%	14	11%	11	16%	3	9%	5	7%	50	13%
1891-95	3	4%	16	13%	17	25%	9	27%	20	26%	65	17%
TOTAL	80	21%	122	32%	69	18%	33	9%	76	20%	380	100%

Gráfico 1

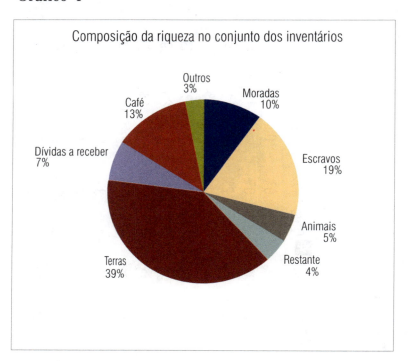

Gráfico 2

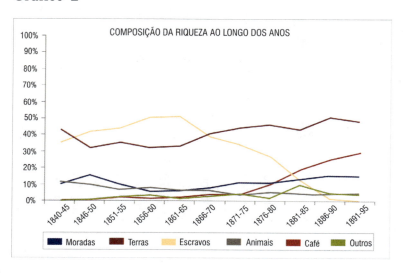

GRUPO 1 – até 1 conto de réis
Gráfico 3

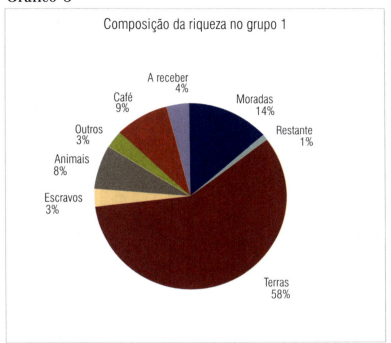

Gráfico 4

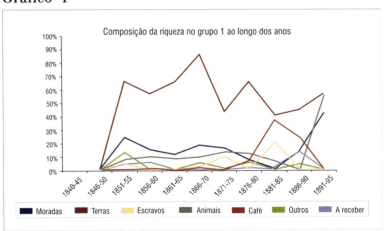

GRUPO 2 – de 1 a 3 contos de réis

Gráfico 5

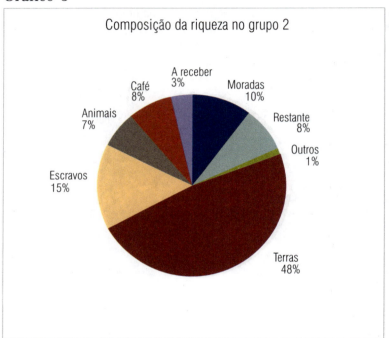

Gráfico 6

GRUPO 3 – de 3 a 6 contos de réis

Gráfico 7

Gráfico 8

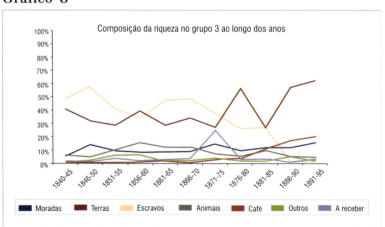

GRUPO 4 – de 6 a 10 contos de réis

Gráfico 9

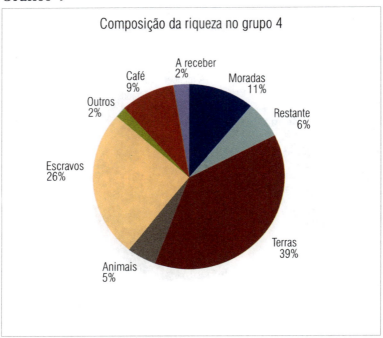

Gráfico 10

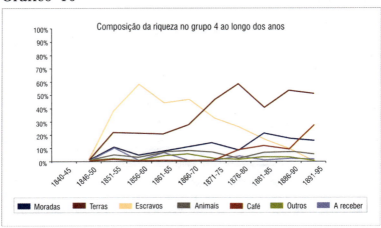

GRUPO 5 – mais de 10 contos de réis

Gráfico 11

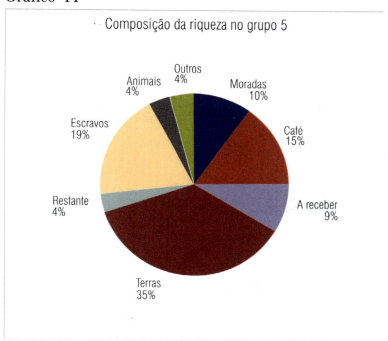

Gráfico 12

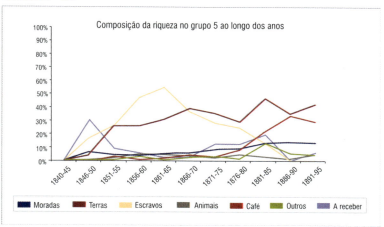

LEGENDA DOS QUADROS GENEALÓGICOS

- primeira geração
- segunda geração
- terceira geração
- quarta geração
- quinta geração
- residência urbana
- 18xx   data de abertura de inventário
- desmemoriado

——————— primeiro casamento
═══════ segundo casamento
≡≡≡≡≡≡≡ terceiro casamento
·················· continuidade

$ patrimônio inferior a 1 conto de réis
$$ patrimônio entre 1:001$000 e 3 contos
$$$ patrimônio entre 3:001$000 e 6 contos
$$$$ patrimônio entre 6:001$000 e 10 contos
$$$$$ patrimônio acima de 10 contos de réis

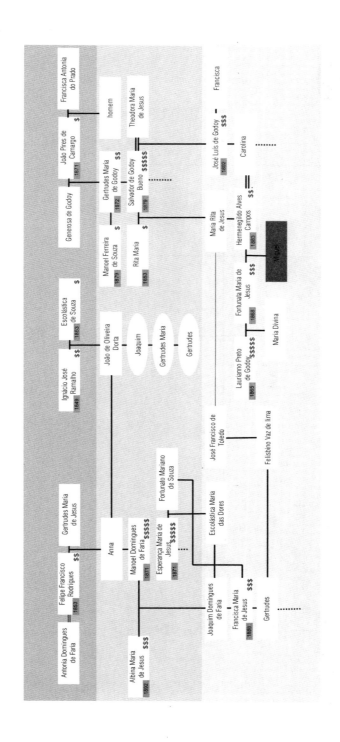

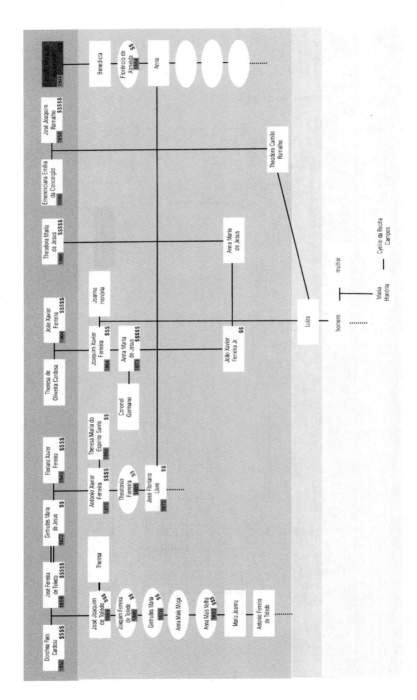

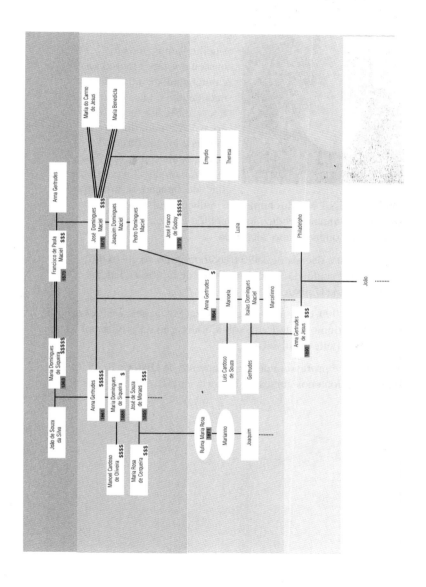

Sobre a autora

Lucília Santos Siqueira nasceu e sempre morou na capital paulista, mas é filha e neta de gente nascida em Socorro/SP. Ali, no escritório do avô Alcindo, durante as muitas e longas férias de verão, conheceu as famílias que vinham do sítio para fazer sua "declaração de produtor rural"; para isso, aqueles homens e mulheres lembravam com vagar o que tinham produzido e vendido em suas lavouras e criações ao longo do ano decorrido.

Durante toda a década de 1990 trabalhou junto ao curso de Turismo da Faculdade Ibero-Americana de Letras e Ciências Humanas, hoje Unibero.

No final de 1999, doutorou-se em História Social pela USP, com a tese que originou este livro, sob a orientação da professora Maria Odila Leite da Silva Dias.

Atualmente, é professora do Departamento de História da PUC-SP, onde leciona nos cursos de História e de Turismo.